AF401575

LA
PROCÉDURE CRIMINELLE
AU XVIIᵉ SIÈCLE

HISTOIRE DE L'ORDONNANCE DU 28 AOUT 1670
SON INFLUENCE SUR LES LÉGISLATIONS QUI L'ONT SUIVIE, ET
NOTAMMENT SUR CELLE QUI NOUS RÉGIT ACTUELLEMENT

PAR

ED. DETOURBET

ANCIEN AVOCAT GÉNÉRAL

PARIS

LIBRAIRIE NOUVELLE DE DROIT ET DE JURISPRUDENCE

ARTHUR ROUSSEAU, ÉDITEUR

14, RUE SOUFFLOT ET RUE TOULLIER, 13

1881

LA PROCÉDURE CRIMINELLE AU XVIIe SIÈCLE

PROCÉDURE CRIMINELLE

AU XVIIe SIÈCLE

HISTOIRE DE L'ORDONNANCE DU 28 AOUT 1670 ;
SON INFLUENCE SUR LES LÉGISLATIONS QUI L'ONT SUIVIE, ET
NOTAMMENT SUR CELLE QUI NOUS RÉGIT ACTUELLEMENT

PAR

ED. DETOURBET

ANCIEN AVOCAT GÉNÉRAL

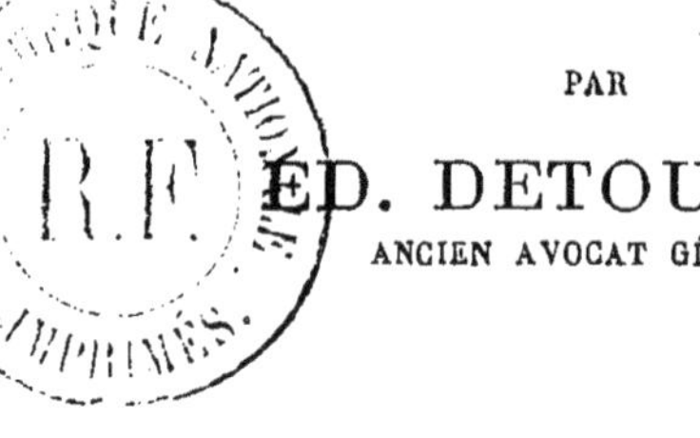

PARIS

LIBRAIRIE NOUVELLE DE DROIT ET DE JURISPRUDENCE

ARTHUR ROUSSEAU, ÉDITEUR

14, RUE SOUFFLOT ET RUE TOULLIER, 13.

1881

INTRODUCTION.

L'ordonnance de 1670 constitue, au point de vue du droit criminel, le principal monument législatif du dix-septième siècle; mais elle n'a pas le caractère d'une œuvre originale; elle ne contient guère que des modifications de détails sur celle de 1539 qui l'a précédée. Se contenter d'analyser, d'une façon à peu près exclusive, la partie technique de l'ordonnance criminelle de Louis XIV serait présenter une étude incomplète.

Pour bien comprendre cette législation, qui nous est aujourd'hui si étrangère, il faut, de toute nécessité, faire un retour sur le passé. Après avoir retracé son *histoire* et mis en relief ses principales dispositions, nous aurons à indiquer *l'influence qu'elle a exercée sur l'administration de la justice.*

Nous passerons ensuite en revue, en négligeant ce qui a trait exclusivement à l'histoire des faits contemporains, les écrits qui ont signalé, soit les vices de l'ordonnance de 1670, soit les erreurs judiciaires, qui en furent la conséquence. Nous analyserons les efforts des écrivains, qui, en stigmatisant les abus qu'ils avaient sous les yeux, ont préparé et facilité la révolution uridique, laquelle a suivi, sinon précédé, la révolution politique de 1789.

Les réformes alors revendiquées ne tendaient le plus souvent qu'à un retour à d'anciennes institutions, qui, dans le cours des âges, avaient disparu.

Aujourd'hui encore, un grand nombre des réformes réclamées ne seraient-elles pas moins une conquête de l'esprit moderne qu'un retour aux errements du passé?

On a souvent assimilé la civilisation, dont les conquêtes ne s'enregistrent qu'après des luttes qui remplissent les siècles, à une marche, et les améliorations réalisées dans l'ordre social, politique, ou judiciaire, aux départs, aux stationnements et aux combats d'une armée. Selon le caractère, les aspirations, l'âge des nations, l'état des mœurs, ou le mouvement de l'esprit humain, les lois répressives, aussi bien d'ailleurs que les lois civiles, se sont métamorphosées, succédant à l'usage et à la cou-

tume, corrigées ensuite par le progrès et la raison des peuples ;
elles ont varié, eu égard aux nécessités du présent et aux prévi-
sions de l'avenir ; elles se sont surtout transformées avec les
constitutions des gouvernements.

Pillage, guerres, talion, vengeance, violences de toutes
sortes..., voilà le prologue.

Comparée à cet état primitif, la coutume, même barbare, est
une amélioration. Le développement des intelligences, l'esprit
philanthropique du législateur, le temps, contribuent à de nouvelles conquêtes. Les lois remplacent l'arbitraire ; celui-ci
même a des degrés.

La procédure criminelle subit le contre-coup des transformations qu'éprouvent les institutions politiques ou sociales. Quand
celles-ci seront généreuses et libérales, elles faciliteront une
instruction criminelle loyale et impartiale ; quand elles seront
inspirées par l'erreur ou par l'ignorance, l'information portera
la trace de l'abandon des principes humanitaires et subira comme
le reflet de l'éclipse qui obscurcira les règles primordiales de la
civilisation (1). Après des vicissitudes diverses, le despotisme
cédera la place aux théories libérales, invincibles, sinon toujours victorieuses.

C'est ainsi que la publicité, soit dans l'instruction, soit dans
les débats des procès criminels, de même que la liberté de la
défense, ou le jugement par jurés, après avoir existé à Rome
au temps de la République, disparurent sous le despotisme im-
périal, pour revivre ensuite, s'évanouir de nouveau, enfin reprendre place dans la législation, ou être l'objet des vœux des
réformateurs.

Par suite de la même évolution, le jugement par jurés et
l'absence de torture se remarquent aux antipodes de la civilisation.

Il en est ici, comme du flux et du reflux de la mer, les anciennes institutions s'évanouissent et reviennent comme les
coquillages que les flots jettent et reprennent sur le rivage :

> Multa renascentur quæ jam cecidere, cadentque
> Quæ nunc sunt in honore.

(1) Il y a quelques années, l'*Académie des sciences morales et politiques*
a proposé comme sujet de concours : « L'étude de l'influence que les progrès de la civilisation ont exercée sur ceux de l'instruction criminelle. »
(Voir le rapport fait à la séance du 14 juin 1850.)

Durant toutes ces phases, un perpétuel antagonisme se produit entre deux intérêts contraires : celui de la société , celui de l'individu.

Là où une exagération de l'intérêt social engendre l'absolutisme, la liberté individuelle est sacrifiée à la superstition, à l'ignorance, à la force; et de fatales erreurs, ou des cruautés inqualifiables affligent l'humanité. Là au contraire où le respect dû au citoyen prévaut, les lois criminelles semblent n'avoir pour objectif que les garanties à accorder à l'individu, et le rempart à opposer à l'injustice.

Aucune étude ne peut intéresser davantage, a dit Montesquieu (1); elle offre un puissant attrait à quiconque recherche les origines de l'idée de justice, aussi bien qu'aux magistrats qui ont pour mission d'appliquer les lois (2).

(1) *Esprit des lois*, liv. XII, ch. 2.
(2) *Les lois pénales* s'inspirent surtout de la philosophie ou de la morale et ont pour objectif l'intérêt social. *Les lois de la procédure criminelle* constituent le Code des libertés publiques et sont la sauvegarde de nos droits.
Toutes deux protègent l'ordre civil.

LA PROCÉDURE CRIMINELLE AU XVIIe SIÈCLE.

HISTOIRE DE L'ORDONNANCE DU 28 AOUT 1670;

SON INFLUENCE SUR LES LÉGISLATIONS QUI L'ONT SUIVIE, ET NO-
TAMMENT SUR CELLE QUI NOUS RÉGIT ACTUELLEMENT.

PREMIÈRE PARTIE.

L'ORDONNANCE DE 1670, ÉTUDIÉE DANS SON HISTOIRE
ET DANS SES DISPOSITIONS.

LIVRE PREMIER.

PRÉCÉDENTS HISTORIQUES DE L'ORDONNANCE DE 1670.

CHAPITRE PREMIER.

ANTIQUITÉ. LÉGISLATIONS GRECQUE ET ROMAINE. BARBARIE (1).

Dans les premiers âges de l'humanité, l'idée de justice n'apparaît pas. Le sentiment qui domine est celui de la vengeance. L'homme se protège lui-même. La force prime le droit. Le contrat tacite assurant la protection des uns et la punition des

(1) Les sources du droit durant l'époque barbare sont les *lois et coutumes des barbares* (lois Gombette, Ripuaire, Salique, etc.), les *capitulaires des rois*, le *droit romain*, le *droit canonique*. — Cons. l'intéressant ouvrage de M. Roland, intitulé: *De l'esprit du droit criminel aux différentes époques*, Paris, Arthur Rousseau, 1880.

autres, l'action publique, l'action privée, tendant toutes les deux à un but de sécurité ou de réparation, le respect de la liberté individuelle marquent les premières étapes de l'humanité.

La législation romaine, qui fut redevable des plus salutaires perfectionnements à l'école stoïcienne, peut se caractériser par un grand esprit d'équité qui apparaît dans le mode d'accusation, dans l'oralité et la publicité des débats, dans le choix des preuves, dans le souci de la liberté individuelle, dans le respect presque exagéré témoigné au prévenu et dans l'impartialité des juges. *Reum non audiri latrocinium est, non judicium;* telle était la règle philosophique qui, déjà à cette époque, caractérisait la législation (1). Quand le christianisme eut fait prévaloir les maximes d'indulgence et de pardon, la morale fut véritablement associée à la justice (2). Ce n'est pas que des critiques ne puissent être adressées à ces premières formes de la procédure : le rôle complaisant de l'accusateur fictif ; le scandale de certains acquittements ; l'absence d'un écrit fixant les faits précis sur lesquels l'accusateur devait baser son système, et le prévenu sa défense, constituaient des vices qu'on ne saurait oublier. Néanmoins l'éternel honneur des Romains sera d'avoir, dans les premiers âges, réformé ce que l'ignorance avait établi et mis en relief les progrès que devaient plus tard poursuivre les esprits éclairés.

On sait qu'avant la ruine de l'empire romain, cette belle législation que nous citons comme exemple reçut des atteintes.

Avec les invasions des barbares, l'humanité rétrograda ; pendant de longues années, l'individualisme et l'égoïsme régnèrent de nouveau.

CHAPITRE II.

FÉODALITÉ.

Dans les premiers siècles de l'ère chrétienne, il convient de distinguer deux phases différentes, celle de la vengeance privée,

(1) Cette règle se trouve indiquée dans les écrits d'Ammien Marcellin, auteur latin du quatrième siècle.

(2) Nous renvoyons, sur ce point, aux excellents développements, si connus, si souvent reproduits, par lesquels M. Faustin Hélie (*Instruct. crim.*, t. I), a véritablement épuisé la matière, en ne laissant rien à dire, après lui.

et celle de la vengeance seigneuriale. Et pour indiquer la physionomie générale de la législation correspondante, il suffit de rappeler que l'accusé pouvait être condamné sans audition (1). Qu'ajouter à ce laconique exposé des mœurs judiciaires que personnifiaient la force brutale et le privilège? Il peint assez la désorganisation qui s'était produite, depuis le jour où Rome avait perdu, avec sa grandeur, l'empire du monde (2).

CHAPITRE III.

DU NEUVIÈME AU TREIZIÈME SIÈCLE (3).

—

§ 1. — *Tribunaux de droit commun.*

La défaite du pouvoir royal par la féodalité, qui, « semblable au chêne antique, étendit au loin son feuillage, tandis que ses racines s'implantaient profondément dans le sol (4), » ainsi que la lutte incessante de la royauté contre l'ennemi qui l'avait dépossédée de son pouvoir et de son prestige, enfin la revanche obtenue par la monarchie contre son antagoniste, ont commencé avec saint Louis et rempli les quatre siècles suivants.

En conquérant la puissance, les seigneurs imposèrent leur juridiction au lieu et place de la centralisation qui disparaissait. Le mode de poursuite ou de répression des crimes, la désignation de juges pris au hasard, manquant d'intelligence, d'équité, d'indépendance, obéissant au caprice du maître et n'offrant aucune garantie à l'accusé, le serment (5), les épreuves judiciaires (6), enfin et surtout l'immense arbitraire qui dominait

(1) Montesquieu, *Esprit des lois*, liv. XII, ch. 2.
(2) Consulter, sur ce point, M. Beaune, *La justice sous le régime féodal* (*Revue catholique*, numéro d'avril 1880).
(3) Les sources du droit pendant cette période sont les coutumes locales qui ont pris la place des lois barbares (telles que les Leis), les Assises de Jérusalem, les *Consuetudines feudorum*, les Etablissements de saint Louis, les coutumes de Beauvoisis, le droit romain, le droit canonique et diverses ordonnances, telles que celle de Monthil-lès-Tours en 1453. — Consulter l'ouvrage de M. Roland, déjà cité.
(4) Montesquieu, *loc. cit.*
(5) La formalité du serment paraît avoir pour origine une décrétale d'Innocent IV (M. Du Boys, *Histoire du droit criminel en France*, t. I).
(6) M. Tissot, *Le Code pénal étudié dans ses principes*, t. II, p. 507 et 527; et Dessessarts, *Histoire des tribunaux*, t. II, p. 340 et suiv.

toutes les phases de l'instruction, ont été assez souvent signalés pour que nous n'y insistions pas.

§ 2. — *Tribunaux ecclésiastiques* (1).

Durant le moyen âge, l'Eglise avait acquis une quantité considérable de biens. Ses corporations jouissaient pour ce motif de droits et de privilèges particuliers; elles élevèrent promptement la prétention d'échapper aux juridictions de droit commun et puisèrent des armes dans les *décrétales* des papes, dont le moine Gratien venait de donner la compilation. Dès qu'elles eurent atteint le but poursuivi, elles songèrent à transformer la sauvagerie brutale des lois germaniques, et à faire des emprunts au droit romain. Ce sont les souvenirs de cette vieille et belle législation, dont le clergé pouvait seul comprendre et interpréter les textes qui servirent de point de départ et de modèle pour opérer la réforme projetée; l'influence du clergé devint aussitôt considérable.

En même temps, sa juridiction s'établit et prospéra. Ses tribunaux nommés *officiaux* ou *officialités* eurent des attributions d'abord limitées, ensuite étendues, et partout populaires. Chacun voulut bientôt être justiciable des tribunaux ecclésiastiques, dont les magistrats éclairés et impartiaux constituaient une juridiction perfectionnée. Au douzième siècle, ce fut le clergé qui donna le signal des améliorations, et qui plus tard contribua à la défaite de la féodalité. Ingrate et jalouse, la royauté, dont l'influence diminuait peu à peu, crut devoir, pour reconquérir son prestige, livrer assaut à l'Eglise, en cherchant à ruiner l'autorité que lui donnaient ses juridictions, et lui porter un coup mortel, au quatorzième siècle, avec le concours des parlements, au moyen des appels comme d'abus.

Les officiaux commencèrent par juger les crimes et les délits imputés aux clercs, puis tout ce qui se rattachait à la foi religieuse, enfin la presque totalité des procès criminels, en l'absence de toute définition permettant de distinguer les crimes ou délits ecclésiastiques, des crimes ou délits ordinaires. Cette incertitude n'avait en outre pas peu contribué à rendre inces-

---

(1) M. Labroquère, *De l'influence du droit canonique sur la législation criminelle*, discours prononcé le 3 novembre 1877 devant la cour de Bastia. — Et Bernardi, *De l'origine et des progrès de la législation française*.

santes les revendications de l'Eglise, pour étendre ses attributions judiciaires et accroître sa puissance.

Laissant de côté, soit les imperfections de la juridiction ecclésiastique, soit ses retours mal inspirés vers le passé, soit l'établissement de cette néfaste Inquisition, qui rendit la France une des nations les moins libres et les plus tourmentées du treizième siècle, nous ne terminerons pas cette analyse rapide sans rappeler que, durant la période que nous étudions, d'utiles innovations furent introduites dans la procédure : dénonciation des crimes, poursuite d'office, enquêtes par écrit (que fit revivre l'étude du droit romain), preuve testimoniale remise en honneur, meilleur choix des juges, soin apporté à l'information.

L'honneur revient au clergé d'avoir livré le dernier combat à la force brutale, pour faire triompher l'idée de justice, d'avoir posé ce principe éternellement vrai que l'accusé n'a pas à établir son innocence et qu'il incombe à la partie publique de démontrer la culpabilité du prévenu; d'avoir cherché l'amendement du coupable par la peine; d'avoir, en un mot, pris en main les intérêts généraux de l'humanité.

Le règne de saint Louis (1) a marqué une des étapes du progrès, dont les voies s'ouvrirent dès ce moment à notre pays.

CHAPITRE IV.

DU TREIZIÈME SIÈCLE A L'ANNÉE 1498.

On ne louera jamais assez les efforts de la royauté pour détruire la féodalité.

Forte de son prestige, de l'éclat de ses armes, de la sympathie qu'elle conquit à raison de l'émancipation accordée au peuple, elle put, après avoir triomphé, assurer les fruits de sa victoire, en suscitant une révolution, dont celle de 1789 n'a été que la suite. Elle comprit que le droit de rendre la justice devait être un de ses attributs essentiels, et lui assurer un de ses moyens d'influence les plus considérables. Le souverain allait

(1) Ce roi a prohibé les combats judiciaires, puni les faux dénonciateurs, accordé à l'accusé le bénéfice résultant de l'égalité des preuves, établi les cas royaux, etc.

désormais « exercer le pouvoir judiciaire, non comme seigneur féodal, mais comme roi (1). »

L'exception des *cas royaux* commença par porter une atteinte mortelle aux justices seigneuriales. Les prérogatives royales, grâce au concours précieux des *légistes*, s'augmentèrent ensuite non par une loi, mais pour ainsi dire fatalement, car le besoin de magistrats assidus et éclairés se faisait partout sentir.

Le personnel judiciaire, attaché à la royauté, peu nombreux d'abord, s'augmenta rapidement.

Ce sont au premier plan les *prévôts*, créés au treizième siècle, constituant la juridiction inférieure, établis à l'instar des magistrats seigneuriaux du même nom, statuant sur les affaires de la terre et assistés de *prudentes homines* (2).

Ce sont ensuite les *baillis* (appelés *sénéchaux* dans les provinces du Midi), dont l'origine remonte à la fin du douzième siècle. — La monarchie, ne pouvant au début exercer sa juridiction hors des terres de son domaine, avait établi sur celles-ci des surveillants ou représentants appelés « grands sénéchaux. » Quand le domaine royal se fut accru, les grands sénéchaux ne purent suffire à leur tâche et ils furent remplacés en 1190, sous Philippe-Auguste, par quatre *grands baillis* (3), qui héritèrent des attributions de leurs prédécesseurs. Ils se transportaient dans les principaux centres pour y tenir des assises et jugeaient assistés de personnes sages ou notables appelées *jurés* ou *hommes du fief*, puis plus tard (4) à l'aide d'auxiliaires désignés sous le nom de *praticiens* ou de *gens de loi*. Leur compétence s'étendait : 1° en appel, aux sentences rendues tant par les juges seigneuriaux que par les prévôts, et ne prononçant aucune peine afflictive corporelle ; 2° en premier ressort, aux *cas privilégiés*, concernant les nobles, les clercs, les officiers de judicature, ainsi qu'aux *cas royaux*, c'est-à-dire aux actes de nature à porter une perturbation dans l'ordre public. — Les baillis pouvaient se faire remplacer par des *lieutenants* criminels (5) ou civils, qui avaient auprès d'eux des assesseurs. Ils gardaient

---

(1) M. Du Boys, *Histoire du droit criminel en France, depuis le seizi'me siècle jusqu'au dix-neuvième siècle*, t. I, ch. 10, p. 188 et suiv.

(2) Bernardi, *De l'origine et des progrès de la législation française.*

(3) *Bailli* était synonyme de gardien.

(4) Ordonnance de 1498.

(5) L'institution des lieutenants criminels paraît remonter à 1422.

également les terres des seigneurs qui leur déléguaient leurs pouvoirs judiciaires.

A côté des baillis, s'établirent en qualité de conseillers, puis plus tard à titre de juges, les élèves des universités où s'enseignait le droit romain, et qu'on désignait sous le nom de *légistes*. Organes de la loi, dont ils s'efforçaient d'inspirer le respect et de rehausser l'autorité, serviteurs dévoués de la monarchie, qu'ils défendirent dans sa lutte, soit contre la noblesse et le clergé, soit plus tard contre la Ligue, « parlant seuls le langage « de la conciliation, attachés à la foi catholique, mais ennemis « de la force ou de la violence, » ils ont pris, durant plusieurs siècles, l'initiative de sages réformes ; et le pays doit leur être reconnaissant de leur zèle éclairé, aussi bien que de leur administration vigilante (1).

Les juridictions se multiplièrent, suivant le cours des années. Leur nomenclature, qui se trouvera plus loin (2), est considérable.

Un nombre infini de crimes ou de délits étaient de la compétence de magistrats spéciaux, parmi lesquels nous citerons : la connétablie, l'amirauté, les juges des greniers à sel et des eaux et forêts, les prévôts des maréchaux, les lieutenants criminels de robe courte, les vice-baillis, les vice-sénéchaux, etc., etc.

Au-dessus de ces diverses juridictions siégeaient les *parlements*, dont l'origine paraît remonter à Philippe le Bel (3), ainsi que le *conseil du roi*, lequel pouvait évoquer, reviser, ou casser les procès et régler les juges.

Ces modifications dans le personnel judiciaire entraînèrent dans l'accusation, l'enquête et le jugement, des changements, dont le premier fut heureux, et dont les deux derniers constituèrent une aggravation des vices de la législation existante.

Accusation. — Dès que le souverain cessa d'être le premier seigneur de son royaume, ses mandataires, chargés de veiller à la sécurité des citoyens et d'assurer la répression des crimes, acquirent une importance plus grande (4). Originairement

(1) M. Brugnon, *Du rôle des légistes.* (Discours prononcé en 1866 à la conférence des avocats de Paris.)
(2) V. première partie, liv. II, ch. 2, sect. 1.
(3) M. Faustin Hélie, *Instr. crim.* (édit. de 1845), t. I, p. 446 et suiv.
(4) M. Faustin Hélie, *Inst. crim.* (édit. de 1845), t. I, ch. 8, sect. 1, § 74.

simples chargés d'affaires du roi, les *procureurs* (1) eurent, dans la suite, un rôle plus élevé ; ils devinrent les gardiens des intérêts de la société ; l'exercice de l'action politique et le soin de poursuivre les crimes furent confiés aux officiers du ministère public, qui ne purent ni pardonner, ni transiger. La faiblesse opprimée aura désormais un protecteur. « La partie publique veille pour les citoyens, a dit Montesquieu ; elle agit ; ils sont tranquilles (2). » Cette heureuse innovation rencontra à peine quelques opposants, parmi lesquels on est surpris de trouver le chancelier de l'Hôpital.

Par contre, l'action privée, prépondérante depuis la république romaine jusqu'au milieu du moyen âge, fut réduite au second rang. Le dénonciateur devint presque exclusivement un demandeur en dommages-intérêts, en raison du préjudice qu'il avait éprouvé.

Enquête. — La royauté victorieuse ne laissa échapper aucune occasion de démontrer que tout pouvoir émanait d'elle, et que toute autorité devait lui revenir. C'est dans ce but que fut autorisé et même encouragé le droit d'appel contre les décisions rendues en premier ressort. Par voie de conséquence, le transport des témoins étant difficile et onéreux, on fut naturellement conduit à recourir à un autre mode d'information. Telle fut l'origine de la procédure écrite, qui se substitua peu à peu à l'instruction orale.

Durant cette période, l'enquête se fit, tantôt en l'absence de l'accusé, tantôt en sa présence et avec sa participation. On donnait le nom d'*enquête* proprement dite et « *d'à prise* » à ces deux modes de procéder.

Les témoins étaient désignés au juge enquêteur, qui dressait procès-verbal de leurs dépositions et communiquait ensuite cette pièce à la partie poursuivante, aussi bien qu'à l'accusé qui la discutait devant lui. Cette communication ne tarda pas à être remplacée par la confrontation des témoins et du prévenu.

De la sorte, il n'était plus nécessaire de recommencer l'instruction devant les juges du second degré, en cas d'appel. Un simple transport des pièces de l'information suffisait.

---

(1) Avant d'être mentionnés dans l'ordonnance de 1355, ils le sont à la date de l'année 1254, dans les *Olim* ou registres du Parlement, au dire de Biener. Le souverain s'était dessaisi, à leur profit, du droit de poursuite.
(2) *Esprit des lois*, liv. VI, ch. 8.

En même temps que l'oralité disparaissait, la publicité, qui témoigne à un si haut degré du respect des magistrats pour les citoyens, était supprimée, ce qui faisait perdre à cette phase de l'instruction son double caractère. — Pourquoi enlever, par un inexplicable retour au passé, la plus précieuse des garanties dues à l'accusé? Les motifs paraissent avoir été de plusieurs sortes : l'incapacité des juges enquêteurs, des acquittements trop fréquents et scandaleux, la multiplicité des crimes qui marquèrent les règnes de Louis XI et de Louis XII, enfin, au dire de Beccaria, la prédominance de la procédure de l'Inquisition.

La société voulait se venger. Les accusés furent victimes de l'injuste réaction qui se produisit (1).

Jugement. — La suppression de la publicité, qui joue dans la procédure le même rôle que la lumière dans l'ordre physique, ne s'appliqua d'abord qu'à l'information. Mais, au bout de quelque temps, l'audience fut secrète, et le jugement rendu à huis clos.

Un terrain considérable avait ainsi été perdu. Enregistrons ce nouvel indice de l'oppression à laquelle les citoyens vont ensuite être livrés.

Torture. — Déjà, par un singulier contraste, dans le temps où le combat judiciaire, vestige des siècles d'ignorance, était abandonné, où on pouvait espérer une ère de progrès, la torture reprenait en France la place qu'elle avait autrefois occupée dans les législations criminelles les plus barbares et les plus anciennes (2).

Recommandée aux juges, par une ordonnance de saint Louis (3), sous prétexte de fortifier leur conviction et de leur fournir un nouvel élément de preuve, fatale aux innocents dont le tempérament était débile, favorable aux coupables dont la santé était robuste, choquant à la fois le bon sens public et les sentiments humains, elle va maintenant constituer la partie intégrante du nouveau système de procédure, de même que celui-ci va se résumer pour ainsi dire dans cette sorte d'assassinat légal, qui aura droit de cité dans notre législation jusqu'à la veille de la Révolution française.

(1) M. Faustin Hélie, *op. cit.*, édit. de 1866, t. I, p. 434.
(2) M. Faustin Hélie, *op. cit.*, édit. de 1866, p. 541, 542, 555.
(3) Ordonnance de 1254 (art. 24).

En résumé, durant les treizième, quatorzième et quinzième siècles, l'unité du pouvoir royal s'affirma de plus en plus, au détriment de la tradition romaine et de la féodalité. La lutte fut vive, et il semble véritablement que le prix en était la liberté individuelle, si on songe à la façon dont le vainqueur prétendit assurer sa victoire. — Tous les procès criminels instruits à cette époque nous offrent en effet le désolant spectacle de l'antagonisme entre la force, la violence, la ruse d'une part, et la faiblesse, la souffrance, l'ignorance d'autre part. La procédure criminelle, reflet de l'organisation politique et des métamorphoses de la société, se caractérise par la partialité dans la poursuite, le secret dans l'information, et la rigueur envers le prévenu, tandis que celui-ci ne compte que sur le hasard ou l'imprévu, et ne peut guère espérer faire prévaloir son innocence.

Pour expliquer ce fâcheux état de choses, il faut remonter à l'appréciation que le législateur de la fin du moyen âge fit de ses attributions. Se méprenant tout à la fois et sur ses devoirs et sur le rôle qu'avaient joué jadis chez les Romains les accusateurs publics, il s'imagina qu'il n'avait, comme ceux-ci, d'autre but à poursuivre que la démonstration de la culpabilité du prévenu. Il le fit avec un véritable acharnement, sans se montrer scrupuleux sur le choix des moyens.

De la part des accusateurs publics, qui n'étaient que des mandataires isolés et de simples individualités, la passion se comprenait. Mais le pouvoir royal des treizième et quatorzième siècles méconnaissait son rôle. Au lieu de se contenter d'être le tuteur des intérêts de tous, il cherchait à faire prédominer, avec une déplorable rigueur, le principe de l'autorité, sur celui de la liberté, perpétuant ces éternels et regrettables conflits entre la société et l'individu, que nous avons signalés au début de ces observations et qui remplissent notre histoire.

Nous avons donc le droit de conclure, en disant que la royauté fit un mauvais usage de sa victoire, et qu'elle doit être personnellement déclarée responsable de la défectueuse organisation judiciaire que nous avons maintenant à examiner, et qui va régir la période suivante.

CHAPITRE V.

DE LA FIN DU QUINZIÈME SIÈCLE A L'ANNÉE 1670.

La procédure criminelle a été complètement transformée par une série d'ordonnances (1), dont les principales sont celles de Blois (mars 1498) (2), et de Villers-Cotterets (août 1539) (3), qu'on a nommées les *titres de propriété* de la monarchie, et qui, par leur réunion, forment le premier code complet de législation criminelle, publié en France (4).

Nous insisterons peu sur les dispositions de cette dernière, qui seront reproduites plus loin, et que nous aurons fréquemment occasion de mettre en regard des textes de l'ordonnance de 1670.

§ 1. — *Ordonnance de 1498.*

A l'actif de ce monument législatif, nous n'avons guère à faire figurer que les règles nouvelles, concernant l'appel, la compétence, ou les faits justificatifs (5).

En revanche, son économie générale produit la plus fâcheuse impression à quiconque porte ses regards sur ses principaux articles.

L'ordonnance de Blois a consacré législativement la procédure secrète, ou *extraordinaire* (6), qui, comme nous venons de le voir, tendait, depuis quelques années, à se généraliser et à se substituer à la procédure dite accusatoire (7).

(1) Les anciens édits royaux prirent le nom d'*ordonnances*, qui durent être enregistrées par les cours souveraines.

(2) Isambert, t. XL; Du Boys, *loc. cit.*, t. I, p. 192 et suiv.

(3) Nous ne donnerons pas à ces ordonnances tous les développements que comporterait leur importance. Toutefois, nous ne saurions oublier que l'ordonnance de 1670 se lie si intimement à celles de 1498 et 1539 qu'on peut dire qu'elle n'en est que le complément.

(4) Pithou a également composé un recueil des maximes fondamentales de nos libertés.

(5) Ordonnance de 1498, art. 157.

(6) Ainsi nommée par opposition à la procédure ordinaire, qui soumettait les procès criminels aux mêmes règles que les procès civils. La procédure extraordinaire s'appliquait aux crimes graves. Pour les autres, on procédait sommairement. C'est, du treizième au seizième siècle, que la procédure criminelle commença à être séparée de la procédure civile.

(7) *Voltaire* (édit. Paul Dupont, 1827, t. XXI) cherche à expliquer de la

L'enquête sera faite par les soins du juge, dont la partialité dénaturera souvent à huis clos les dépositions orales. Le récolement sera précédé du serment. Les charges ne seront plus communiquées à l'accusé. Celui-ci n'aura plus d'avocat ou de conseil (1). Les exclamations à peine intelligibles que lui arrachera la rigueur du supplice, seront considérées comme le criterium de la vérité.

La constatation des faits et la recherche des éléments de preuve deviennent très difficiles sous cette législation, ce qui entraîne, par voie de conséquence, comme compensation ou comme remèdes prétendus, la confession du prévenu, par une série de moyens cruels ou habiles. Impatient dans ses investigations, peut-être irrité de leur inutilité, le juge ne songe qu'à interroger par les supplices (2), croyant pouvoir asservir la pensée, souveraine et libre dans son essence.

Trop souvent, dans l'espoir de recueillir des aveux, il promet à l'accusé une impunité qu'il se garde bien ensuite de lui accorder (3).

Avec de semblables agissements, de quelle indépendance, de quelle fermeté, de quelle sincérité même peuvent faire preuve les témoins, qui, parfois à leur insu ou par entraînement, souvent, hélas! après réflexion et avec préméditation, sont les complices de ce complot ourdi par le juge, pour arracher à l'homme qu'il interroge l'aveu du crime qu'il lui reproche et qui n'a pas toujours été commis? Que d'encouragements au parjure pour les témoins malhonnêtes! Que de causes d'incertitude ou d'hésitation, pour ceux que la crainte domine ou dont l'intelligence est peu développée! Quelle épreuve pour une conscience loyale!

Ne nous étonnons donc pas si, à la fin du quinzième siècle, la preuve testimoniale a perdu la plus grande partie de son ancien prestige, ainsi que la valeur qu'elle avait antérieurement

façon suivante l'adoption des règles nouvelles de la procédure secrète :
« On s'imagina, en lisant le titre VI, *De testibus,* au Code, que ces mots :
« *Testes intrare judicis secretum* signifiaient, qu'à Rome, les témoins
« étaient interrogés en secret, tandis que, dans la phrase qui précède, *secre-*
« *tum* signifie le cabinet du juge. *Intrare secretum,* pour dire parler *secrè-*
« *tement,* ne serait pas latin. Ce fut un solécisme qui fit cette partie de
« notre législation. »

(1) Ordonnance de 1498, art. 95-102, 110, 112, 113 et 115.

(2) Servan (Discours prononcé en 1766 devant le parlement de Grenoble, sur l'administration de la justice).

(3) La Roche Flavin (*Les parlements,* liv. III, ch. 39).

conquise, lorsqu'elle était entourée des garanties essentielles à sa manifestation.

Toutes les armes de la défense se brisent ainsi, successivement, entre les mains de l'accusé, qui se trouve abandonné de toutes parts, arraché violemment à sa famille, troublé par une détention prolongée, privé de conseil et soumis, pendant les épreuves morales, au plus cruel de tous les supplices.

§ 2. — *Ordonnance de 1539.*

L'inspirateur et le principal rédacteur de l'ordonnance de Villers-Cotterets fut, comme on sait, le chancelier Poyet, qui insista pour obtenir, dans ce monument législatif, la prohibition faite à l'accusé de récuser les témoins, tant avant la notification du nom de ceux-ci qu'à partir du moment où commencerait la lecture de la déposition.

Cinq ans plus tard, convaincu de concussion et de péculat, déconcerté au cours de l'instance par les déclarations de témoins, dont la plupart étaient inconnus, Poyet sollicita un délai, pendant lequel il espérait se renseigner sur la moralité de ceux qui l'accablaient, et s'adresser à un avocat qui présenterait ses justifications. — Mais les juges répondirent à la requête de l'ancien chancelier par ces mots, devenus historiques, et qui durent frapper comme un reproche sanglant l'auteur de l'ordonnance de 1539 : *Patere legem quam ipse tulisti!*

Faisant plus tard allusion à cet incident, Dumoulin disait : *Vide tyrannicam impii Poyeti opinionem, vide duritiem per quam etiam aufertur defensio! Sed nunc judicio Dei justo redundat in auctorem.*

Le but principal de l'ordonnance de Villers-Cotterets a été de priver l'accusé de tous les moyens qu'il possédait auparavant pour se disculper, et plus spécialement de lui refuser l'assistance d'un conseil, sous prétexte que le prévenu n'ayant qu'à nier ou à avouer son crime, les amplifications oratoires étaient inutiles, et qu'une laconique réponse suffisait (1). C'était abroger d'un seul trait une règle fondamentale de procédure et une garantie précieuse, vieille de plusieurs siècles (2).

---

(1) Voir les art. 144, 145, 149, 152, 153, 154, 157, 158, 159, 162, 173 de l'ordonnance de 1539.

(2) L'art. 12 de l'ordonnance de décembre 1364 interdisait aux avocats

La procédure écrite était maintenue, de même que le secret, dans l'information. L'instruction à décharge se faisait à l'insu de l'accusé et seulement après que l'instruction préliminaire était terminée. Les fonctions des avocats du roi et des procureurs près les baillis, les prévôtés ou les justices seigneuriales, étaient délimitées (1). L'ordonnance de 1539 réglementait en outre les juridictions, proclamait la permanence des juges, successeurs directs des clercs, des pairs et des jurés, supprimait l'accusation, enfin édictait des règles nouvelles, relativement aux récolements et aux confrontations.

Cette ordonnance ne réalisait aucun progrès. Elle aggravait les vices et les abus de la législation précédente, c'est-à-dire le bon plaisir du roi, qui pouvait à son gré bouleverser toutes les juridictions, et ainsi jeter le trouble dans l'administration de la justice, l'absence de règles fixes pour les juges, l'arbitraire dans l'application des peines (2), le plus complet dédain pour le sort des prisonniers, l'inertie du législateur pour prévenir les crimes, et sa cruauté pour les punir. Comme sous la législation précédente, le juge cherchait encore plus à arracher une confession qu'à découvrir la vérité, ce qui faisait dire à Montaigne : « Qu'il a eu trop souvent le dépit de voir les juges attirer, par fraude et fausses espérances de faveur ou de pardon, le criminel à découvrir son fait et y employer la pipperie et l'impudence. » La préoccupation des sanctions à infliger aux coupables passait avant le droit des citoyens. Cette erreur devait durer jusqu'au jour où les défenseurs de l'humanité feraient entendre leur voix.

§ 3. — *Ordonnances postérieures à 1539 et antérieures à 1670.*

Les monuments législatifs postérieurs à l'année 1539 sont peu nombreux. Nous n'avons à citer que les ordonnances d'Or-

---

de parler plus de deux fois dans la même affaire, et leur infligeait une peine, lorsque, dans leur réplique, ils reproduisaient ce qu'ils avaient dit. Mais, du moins, cette ordonnance maintenait l'exercice de la plaidoirie, qui, de longue date, était considéré comme un usage.

(1) Une ordonnance de juillet 1493 avait déjà défini les fonctions du procureur général et des avocats généraux près le Parlement.

(2) On était loin de la codification des lois répressives, multiples, éparses. Chaque parlement avait ses usages et suivait la coutume, pour appliquer les peines. Enfin l'idée de proportionner celles-ci aux délits n'avait pas encore germé dans les esprits.

léans en 1560, de Moulins en 1566, de Blois en 1579, enfin celle de janvier 1629, appelée *Code Michaud*.

Toutes ces ordonnances contiennent, en même temps que des dispositions législatives, des considérations de l'ordre le plus élevé, visant l'amélioration du sort des citoyens, ou celle de l'administration de la justice, et attestent une véritable sollicitude pour les intérêts des justiciables.

La première, celle de janvier 1560 (1), expose la nécessité d'éviter la multiplicité des juridictions ; elle supprime les officiers de judicature, ainsi que les officiers des requêtes ; elle réglemente la procédure d'appel ; elle interdit aux magistrats de recevoir des dons ; elle les astreint à la résidence ; elle détermine les attributions des greffiers, des baillis ou sénéchaux, des prévôts, dont elle fixe la compétence, au regard des juges royaux ; elle exige que les officiers de justice subissent, avant leur investiture, un examen, et qu'une enquête préalable soit faite sur leur capacité (2) ; elle recommande la célérité dans les poursuites ; elle pose en principe que le juge du lieu du délit aura une compétence privilégiée ; elle restreint les communications de la procédure, faites aux procureurs, à moins qu'il ne s'agisse de l'élargissement d'un prisonnier, cas auquel cette communication est indispensable ; elle impose aux procureurs l'obligation de désigner à l'accusé absous le dénonciateur, afin que celui-ci puisse, le cas échéant, être actionné civilement ; elle règle la taxe des frais, ainsi que la marche des pièces concernant les magistrats eux-mêmes ; elle enjoint aux baillis et sénéchaux d'expulser les vagabonds ou bohémiens ; enfin le roi se réserve le droit exclusif d'accorder les lettres de rémission ou de pardon.

L'ordonnance de janvier 1563 (3) impose aux appelants l'obligation de se constituer prisonniers ; elle décide que, dans un même rayon, les juges seigneuriaux et les juges royaux pourront, chacun durant trois mois, exercer alternativement leurs fonctions ; elle s'occupe également des flagrants délits, de l'appel des décisions des juges royaux, de la confiscation des biens des contumax, des épices, des frais divers, etc. ; elle

---

(1) Ordonnance d'Orléans, art. 30-104 ; Isambert, t. XIV, p. 63 et suiv.
(2) Ordonnance d'Orléans, art. 55.
(3) Ordonnance, dite de Roussillon, art. 17-35 (Isambert, t. XIV, p. 160 et suiv.).

limite à une seule la juridiction du premier degré, dans les bourgs ou villes ; elle donne la préférence à la procédure ordinaire, sur celle extraordinaire ; enfin, à l'avenir, une sentence définitive pourra toujours être rendue, nonobstant appel, sauf dans le cas où une question de compétence sera soulevée.

L'ordonnance de février 1566 (1) rappelle ou sanctionne la plupart des réformes précédemment décidées, notamment celles qui avaient trait à la compétence du lieu du délit, aux contumaces, aux garanties que devaient présenter les candidats aux fonctions judiciaires (2). Elle innove, en réduisant le nombre des juridictions, en restreignant le nombre des justices privilégiées, en décidant (3) que la connaissance du crime, contrairement à la règle posée par l'art. 8 de l'ordonnance de Roussillon, appartiendra désormais au juge résidant dans le ressort où le crime aura été commis. Elle supprime un certain nombre de juges présidiaux (4), afin d'augmenter par ce moyen les traitements des magistrats conservés, traitements qui seront désormais payés par le roi. Elle pose les règles de la discipline judiciaire ; elle fixe la compétence des présidiaux ; elle défend de porter, en appel, devant les parlements, les causes jugées par les présidiaux ; elle se réfère aussi à la recherche des accusés, aux attributions des sergents, huissiers, à celles des prévôts, des maréchaux, des vice-baillis, des vice-sénéchaux, de leurs lieutenants, ainsi qu'à la compétence de tous ces magistrats, à l'exécution immédiate des sentences portant condamnation à des sommes pécuniaires, à la compétence du parlement pour le procès des nobles, des gens d'Eglise, etc., à la procédure à suivre pour instruire les demandes de grâce ou de rémission. Elle interdit aux citoyens de donner asile aux accusés, et aux juges de rien recevoir des parties. Les instructions contre les gens d'Eglise seront commencées par les juges royaux, qui se dessaisiront ensuite, au profit de la juridiction ecclésiastique.

L'ordonnance de mai 1579 (5) se réfère à la suppression

---

(1) Ordonnance de Moulins, art. 1-49 (Isambert, t. XIV, p. 189 et suiv.).
(2) *Ibid.*, art. 12. — Désormais, on s'enquerra de la capacité du futur magistrat.
(3) Ordonnance de Moulins, art. 35.
(4) *Ibid.*, art. 14.
(5) Ordonnance de Blois, art. 97-209 (Isambert, t. XIV, p. 405 et suiv.)

des évocations ou de toutes juridictions exceptionnelles, aux vacances des offices de judicature, à l'âge des magistrats, à l'alliance pouvant exister entre les magistrats d'une même juridiction, à la prohibition pour les cours de juger leurs membres, à l'interdiction qui leur est faite de solliciter et de chercher des procès, à la punition des avocats qui auront en plaidoiries allégué un fait faux, à la nécessité de rendre les arrêts dans un bref délai, à la désignation comme rapporteur du magistrat qui aura procédé aux récolements, aux congés des magistrats, au règlement de service fait par les présidents, à l'institution des mercuriales, aux questions de compétence, à la juridiction des prévôts des maréchaux, aux informations commencées concurremment par les juges des présidiaux ainsi que par les prévôts des maréchaux, aux dessaisissements, à l'obligation pour les citoyens de prêter main-forte aux officiers de police judiciaire, aux demandes de grâce et de rémission, à l'établissement des grands jours annuels.

L'ordonnance recommande ensuite aux juges de s'assurer de la sincérité des témoins.

Enfin, plusieurs de ses textes contiennent des dispositions exclusivement pénales. — Citons, par exemple, celles qui concernent les outrages adressés aux magistrats ou sergents, l'asile donné aux accusés, la complicité d'assassinat.

Elle prononçait en outre de « grosses amendes » contre les magistrats qui n'auraient pas poursuivi avec assez de diligence ce dernier crime.

L'ordonnance de Paris, appelée *Code Michaud,* rendue en janvier 1629, sur les plaintes des Etats assemblés à Paris et de certaines assemblées de notables, est de beaucoup la plus importante, surtout au point de vue pénal (1).

Elle se divise en plusieurs parties. Celle qui concerne l'administration de la justice (2) rappelle à l'observation des anciennes ordonnances, notamment en ce qui touche la parenté ou l'alliance entre les membres des compagnies judiciaires, cause de nombreuses évocations, les grands jours, la compétence parallèle, soit des lieutenants criminels et des prévôts des maréchaux, soit des cours de parlements, soit des cours des aides,

____

(1) Ordonnance de janvier 1629 (Isambert, t. XVI, p. 224 et suiv.).
(2) *Ibid.,* art. 53-113 (Isambert, p. 239-260).

les mercuriales, la discipline intérieure des cours, les rapporteurs des procès, la signature des arrêts, le nombre des voix nécessaire pour appliquer une peine, la suppression ou diminution des juridictions exceptionnelles, la célérité à donner aux affaires, l'exécution des arrêts, la taxe des dépens, les élargissements, les récusations.

Elle prescrit aux chanceliers ou gardes des sceaux de visiter, d'inspecter les cours, bailliages et autres juridictions, d'y recevoir les plaintes dirigées contre l'administration et la dignité de la justice, à laquelle elle témoigne une généreuse sollicitude (1), d'informer d'office, s'il y a lieu, et de signaler ensuite au roi les abus constatés. Elle cherche à abréger la lenteur des procédures (2).

Le grand conseil sera compétent pour connaître de la contrariété existant entre les arrêts. Dans le cas de règlement de juges, l'accusé devra se constituer prisonnier. Le privilège de *committimus* sera restreint et accordé à un nombre très limité de personnes. Les registres des greffes seront visités mensuellement. Les justiciables appartenant à la religion réformée bénéficieront de certaines faveurs.

Les art. 170-343 de l'ordonnance de 1629 constituent un véritable Code abrégé des délits et des peines. Sans prévoir tous les crimes ou délits, ainsi que tous les châtiments à infliger, cette partie de l'ordonnance (3) se réfère à la rébellion, aux écrits diffamatoires, aux intelligences avec l'ennemi, à la violation par les magistrats de leurs devoirs professionnels, à l'interrogatoire des accusés par les prévôts, aux prévarications, au port et au transport d'armes, aux associations illicites, aux délits de chasse.

Ses derniers articles s'appliquent plus spécialement à la police militaire (4).

§ 4. — *Résumé et conclusion.*

Jetons, avant d'aborder la partie capitale de notre travail, un dernier regard sur les quinze siècles que nous avons traversés :

(1) Ordonnance de janvier 1629, art. 55 et 53.
(2) *Ibid.*, art. 64 et suiv.
(3) *Ibid.*, Isambert, t. XVI, p. 274 et suiv.
(4) *Ibid.*, art. 215-343.

La vengeance privée ; les crimes instruits comme les affaires civiles ; la vengeance publique ; l'apparition de l'autorité sociale ; le principe de la peine ; l'aveu considéré comme la preuve par excellence, et cherché par des moyens, tantôt bizarres, tantôt cruels ; la générosité, la clémence, et l'humanité introduites par les corporations religieuses possédant des attributions judiciaires ; le serment prêté par le prévenu et considéré par l'Eglise comme une sorte d'absolution ; l'accusé, tour à tour protégé, quand il a joui de la liberté de la défense, ou profité de la publicité des débats, puis opprimé, quand il a été privé de ces garanties, inséparables de toute idée de justice... Voilà le tableau d'ensemble que nous présente le résumé des coutumes, des édits et des ordonnances qui s'étaient succédé sans qu'on sût s'ils étaient maintenus ou abrogés, et qui ouvraient le labyrinthe, au lieu de le fermer. Tous ces monuments législatifs, bien qu'inspirés par un même sentiment et que tendant à un même résultat, semblent, par un décevant mirage, résultant des souvenirs du passé ou de l'indifférence de la nation dans le présent, s'être éloignés du but, au moment d'y toucher.

Ils peuvent être compris dans deux catégories et se rattachent à deux types très distincts : la procédure accusatoire, la procédure inquisitoriale (1).

Avec la première, il y a deux parties dont la situation est égale dans le débat et entre lesquelles le juge prononce impartialement : un accusateur qui relève les charges et fournit les preuves du crime, un accusé qui a toute latitude pour se défendre, soit par l'interrogatoire, soit par les témoignages, soit par la publicité des débats.

Avec la seconde (2), l'accusateur, exagérant la nature et l'étendue du mandat qu'il a reçu de la société, procède arbitrairement, iniquement, avec passion. L'infériorité de l'accusé, dont la voix n'est plus entendue, éclate durant toutes les phases de l'information ; son interrogatoire, loin de servir à le disculper, ne doit que fournir des preuves contre lui ; le secret de l'instruction le laisse dans une ignorance fatale. Le juge, sou-

----

(1) Ortolan, *Histoire du droit criminel en Europe*, édit. de 1840, p. 122, 123 et *Introduction aux éléments du droit pénal*, édit. de 1855.

(2) Elle remonte au commencement du treizième siècle, et à l'époque de la croisade contre les Albigeois.

vent prévaricateur, conduit l'enquête à son gré, et statue arbitrairement sans contrôle. La défense est supprimée. La rigueur est la règle. Les souvenirs de la barbarie sont l'exemple. Les défenseurs du passé l'emportent sur ceux du progrès. L'humanité est lésée dans la personne des accusés. La civilisation n'a qu'à prendre le deuil.

Qu'on compare en effet les grands procès instruits au seizième siècle avec ceux qui ont immortalisé les grands avocats de la république romaine. Combien les débats criminels sont maintenant étouffés et rétrécis ! Quelle ampleur, au contraire, n'avaient-ils pas à l'âge où Cicéron et Hortensius faisaient retentir le forum de leurs immortelles harangues, dans des instances contradictoires entre l'accusateur et l'accusé, devant le peuple comme témoin, avec l'opinion publique comme sanction !...

L'ordonnance de 1498 est un mélange de la procédure accusatoire, qui n'était point encore complètement abandonnée (1), et de la procédure inquisitoriale, qui, depuis plus d'un siècle, tendait à se substituer à la première.

Les ordonnances de 1539 et 1670 organiseront exclusivement la procédure inquisitoriale, qui ne recevra d'atteintes que de la part des écrivains du dix-huitième siècle, et de modifications que par les ordonnances de Louis XVI.

C'est au moment où la France, plus éclairée, pouvait tenir compte des leçons de l'histoire, ou des aspirations que fait naître la philosophie, et se trouvait par conséquent mûre pour les réformes judiciaires, qu'une funeste réaction, dont les années auront seules raison, s'opéra tout à coup vers l'erreur, l'ignorance, la superstition, le despotisme et la cruauté.

L'étonnement le dispute aux regrets, quand on constate que l'ordonnance de Villers-Cotterets fut promulguée dans un temps, où vivaient Dumoulin, Pithou, L'Hôpital, Loysel, Cujas et Domat.

L'honneur des citoyens, leur vie, leurs propriétés cessèrent d'être sauvegardés. Et cependant les hommes les plus autorisés se turent !

Ne soyons cependant pas ingrats envers un écrivain et deux

(1) L'adjonction des *praticiens* au juge avait lieu dans la procédure accusatoire.

jurisconsultes illustres, qui défendirent courageusement la cause de l'humanité.

De tous ses contemporains, Montaigne est celui qui a présenté les réflexions les plus judicieuses, les plus saisissantes et les critiques les plus vraies, les plus vives, contre l'usage de la torture (1), et contre les erreurs judiciaires (2).

Ayrault, lieutenant criminel du présidial d'Angers, réclama aussi (3) avec chaleur et conviction les conquêtes perdues.

Quelques années plus tard, Loyseau (4), dans ses *Offices*, dirigeait de sévères critiques contre les juridictions seigneuriales, les abus d'autorité des gentilshommes, qui empêchaient la poursuite des crimes, contre l'oppression sans nom que subissaient les vassaux, et surtout contre la façon scandaleuse et immorale dont la justice était, de son temps, rendue en France (5).

Malheureusement leurs voix restèrent sans écho.

Signalons enfin l'indépendance de quelques parlements, qui, pour protester contre la nouvelle organisation judiciaire, refusèrent d'enregistrer les ordonnances de 1498 et de 1539.

(1) « C'est, dit-il, une épreuve de patience, mais non un moyen d'arriver « à la découverte de la vérité. L'homme qui a la force de la subir, aussi bien « que celui qui est débile, peuvent tous les deux mentir. La douleur ne contraint « pas nécessairement à dire vrai. Dans l'espoir de sauver sa vie, le « coupable cherchera toujours à supporter héroïquement l'épreuve à laquelle « on le soumet. Son innocence sera-t-elle pour cela démontrée ?... Certes, si « la conscience avait assez de puissance sur l'homme pour l'affaiblir quand il « a commis une action criminelle et pour le fortifier quand il est irréprochable, « l'épreuve serait significative. Mais, ordinairement, elle n'est qu'une « cause d'erreur... *Etiam innocentes cogit mentiri dolor.* Le résultat « le plus saillant est que celui qu'on accuse injustement meurt ainsi innocent « et de plus supplicié. La torture est en outre un supplice illogique : Le « juge hésite en effet pour savoir si un homme est coupable ou non, et dans « ce doute, au lieu de l'absoudre, il fait plus que de le tuer, il le martyrise, « il l'assassine, avant qu'il ne puisse subir la peine qui devrait plus tard lui « être infligée » (*Essais*, liv. II, ch. 5).

(2) « Combien ai-je vu, ajoute-t-il, de condamnations plus criminelles que le crime ! »

(3) Dans son ouvrage sur l'*instruction judiciaire*. Ayrault, né en 1536, est mort en 1601.

(4) Né en 1566, *Loyseau* est décédé en 1627.

(5) Consulter, sur ce sujet, M. Allard, *Histoire de la justice criminelle au quatorzième siècle*, p. 4-12.

LIVRE II.

ORDONNANCE DE 1670.

Nous avons rapidement esquissé, en suivant l'ordre chronologique, les nombreuses variations qu'ont subies les législations, ainsi que les crises et les transformations qu'a éprouvées la société durant les seize premiers siècles de l'ère chrétienne.

Nous nous sommes efforcé de mettre en relief ce qui caractérise les grandes époques de notre histoire, en indiquant où devait tendre le progrès, objectif de tout législateur.

Nous savons quelles lois criminelles avaient survécu à l'épreuve du temps, quelles autres avaient été abandonnées.

Nous avons rappelé les sources auxquelles vont puiser les rédacteurs de l'ordonnance de 1670, ainsi que les matériaux qu'ils auront à leur disposition.

Il nous reste à indiquer l'usage qui en a été fait.

CHAPITRE PREMIER.

PRÉPARATION DE L'ORDONNANCE DE 1670. RÉUNION DE LA COMMISSION CHARGÉE DE SA RÉDACTION.

Si Mazarin avait négligé l'administration intérieure du royaume, il avait du moins, à son lit de mort, légué à Louis XIV un successeur, dont l'application exceptionnelle aux affaires de toute nature devait permettre au grand roi de s'illustrer autrement que par la gloire des armes (1). C'est à l'influence permanente de Colbert, à ses inspirations heureuses, à sa vigilante sollicitude, qu'il convient d'attribuer la résolution prise

---

(1) Il n'est pas sans intérêt de remarquer que Charlemagne, Louis XIV et Napoléon, guerriers tous trois, furent également législateurs pendant la paix. Tous trois immortalisèrent leurs noms aussi bien par le succès de leurs armes que par les réformes législatives dont ils ont pris l'initiative.

par Louis XIV de reconstituer successivement les finances, l'armée, la marine, l'agriculture, le commerce, l'industrie, enfin de codifier les lois.

Cormier, Corbin, et quelques autres avaient autrefois songé à réunir les ordonnances royales, et à coordonner ensemble leurs dispositions principales (2) ; mais la difficulté de cette entreprise les avait empêchés de terminer leur œuvre.

En ce qui concerne plus spécialement la législation pénale, Dumoulin et Brisson avaient tenté, à défaut de codification, des rapprochements, intéressants au point de vue historique, mais inefficaces pour faire cesser la confusion qui existait dans l'application des peines. Un même fait (crime contre la religion, duel, etc., par exemple) se trouvait réprimé différemment par les ordonnances qui s'étaient succédé. Tout était incertitude, obscurité, contradiction, et par suite arbitraire, dans la justice répressive.

Aussi, les idées de réforme devinrent le sujet de l'entretien et le programme de tous les esprits éclairés. Que de plaintes ne légitimaient pas la censure et les lettres de cachet !

Lamoignon, un des premiers, conçut l'idée de changements sérieux ; mais Colbert se substitua habilement à Lamoignon, et s'associa Pussort pour accomplir cette tâche (3).

L'œuvre de la réforme judiciaire commença, pendant les plus belles années (2) dont ait joui notre patrie, alors qu'elle grandissait par la paix, et que tout était prospère dans l'Etat, dans le laps de temps qui s'écoula entre le traité d'Aix-la-Chapelle et la guerre de Hollande. Le souverain et le ministre se mirent à l'œuvre en 1661.

L'ordonnance civile de 1667 parut d'abord. Les codes des eaux et des forêts, les statuts pour les manufactures, l'ordonnance criminelle suivirent.

Pour préparer cette dernière, le Parlement avait été chargé par Lamoignon de provoquer et de réunir des mémoires sur les points controversés et de nature à entraîner des divergences probables d'opinions, lors de l'examen qu'allait en faire des commissions spéciales. Celles-ci, après délibérations, motivèrent

____

(1) M. Ortolan, *Eléments de droit pénal*, introduction.
(2) Bernardi, *loc. cit.*
(3) M. Henri Martin, *Histoire du règne de Louis XIV*; et M. Marmier, *discours de réception à l'Académie française*, prononcé le 3 novembre 1879.

leurs avis sous forme de rapports, que Fourcroy classait et re-
voyait.

Un grand conseil, composé des plus remarquables légistes
de l'époque (1), fut chargé, sous la présidence du roi, d'étudier les matières. Une députation du parlement de Paris, composée du premier président, des présidents de chambre, des
conseillers doyens, de quelques avocats, et de plusieurs membres du ministère public, fut adjointe à ce conseil.

Tous ces travaux furent réunis à ceux des commissaires
royaux par les soins des avocats Auzanet, Lhoste, Ragueneau,
Gomont, Bilain et Foucaut, qui faisaient partie du grand conseil.

Les projets d'articles furent ensuite soumis au roi, qui présenta des observations.

Lorsque l'ordonnance eut ainsi reçu sa forme préparatoire
définitive, elle fut soumise à l'assemblée générale, dont la première réunion eut lieu le 6 juin 1670 ; elle tint sept séances (2)
et était ainsi composée :

MM. les commissaires du conseil ;

M. le chancelier Séguier ;

MM. les conseillers d'Etat : d'Aligre, de Morangis, d'Es-
tamples, de Sève, Poncet, Boucherat, Pussort, Voisin, Hotman;

MM. les députés du Parlement ;

M. le premier président Lamoignon ;

MM. les présidents : de Maisons, de Novion, de Mesmes, Le
Coigneux, de Bailleul, Molé de Champlatreux, de Nemond ;

MM. les conseillers de la grand'chambre : De Catinat, de
Brillat, Fayet, de Refuges, Paris, Roujault ;

MM. les députés des enquêtes ;

Le Parlement ainsi composé :

(1) Au dire du président Hesnault, ce conseil était ainsi composé : le
chancelier Séguier, le maréchal de Villeroi, Colbert, d'Aligre, Ormesson,
Lezeau, Machault de Sève, Ménardeau, de Morangis, Poncet, Boucherat, de
la Marguerie, Pussort, Voisin, Hotman et Marin.

(2) Les séances ou conférences eurent lieu les 6, 7, 10, 14, 17, 18 juin
et le 8 juillet 1670. Procès-verbal en a été dressé (V. les « extraits » de ces
procès-verbaux, et l'ouvrage de Bornier intitulé : *Conférences des ordonnances de Louis XIV avec les anciennes ordonnances*).— Le recueil des procès-verbaux, document très intéressant, est aujourd'hui très rare. Nous re-
gardons comme une bonne fortune d'avoir pu le consulter. Il est la préface
obligée des textes du monument législatif que nous allons étudier. Il reproduit les controverses de jurisprudence; il indique l'origine et les motifs des
principaux articles du projet, dont le plus grand nombre, disons-le de suite,
n'a subi aucune modification après la discussion générale.

Première chambre : MM. Potier de Blancmesnil (président); de Bermond (conseiller);

Deuxième chambre : MM. de Bragelonne (président) ; Mandat (conseiller) ;

Troisième chambre : MM. de Fourcy (président) ; Faure (conseiller);

Quatrième chambre : MM. Le Pelletier (président) ; Le Vasseur (conseiller) ;

Cinquième chambre : MM. Maupeou (président) ; Malo (conseiller) ;

Requêtes du palais : MM. Charton (président); Le Bouet (conseiller);

MM. les gens du roi : deHarlay, procureur général; Talon, premier avocat général; Bignon, deuxième avocat général.

En cas de difficultés, l'assemblée en référait au roi.

Lamoignon, au nom du Parlement, Talon, au nom des gens du roi, Pussort, au nom des commissaires royaux, supportèrent principalement le poids de la discussion.

L'histoire nous fait connaître ces hommes distingués.

Lamoignon, magistrat laborieux, juste, d'un esprit élevé, libéral, homme de grandes vertus et de grandes lumières, occupant depuis 1658 la première présidence du parlement de Paris, était, ainsi que nous l'avons rappelé tout à l'heure, un des principaux partisans du projet de codification des lois françaises. Il se montra, au cours des débats, très soucieux des intérêts de l'accusé et des droits de la défense. Si ses idées avaient prévalu, l'ordonnance de 1670 eût constitué un véritable progrès, en révélant un caractère à la fois juridique, philosophique et humanitaire. On peut dire de cet illustre magistrat qu'il devança constamment son siècle (1).

Oncle de Colbert, Pussort devait surtout sa notoriété à l'acharnement avec lequel il avait requis contre Fouquet. Il était partisan d'une sévérité excessive, défenseur à outrance des prérogatives du pouvoir, oublieux trop souvent des droits de la défense, imbu de toutes les théories juridiques ayant cours au dix-septième siècle, d'un caractère austère, d'un esprit chagrin,

_____

(1) Voir le *Journal* de l'avocat Barbier. — Voir également les *Mémoires* de Saint-Simon, t. IV et VII.

étroit, entier, impérieux, surnommé par ses contemporains
« fagot d'épines, » ou « l'ennemi des hommes (1). »

Cent vingt ans plus tard, Prost de Royer, faisant connaître
son opinion sur le protégé de Colbert, s'exprimait ainsi : « Il
« y avait là un M. Pussort, grand faiseur, qui, quand on n'était
« pas de son avis, revenait avec une prétendue décision de
« Louis XIV, qui n'avait rien vu. C'est à cette manière de ter-
« miner les objets les plus importants et les plus difficiles qu'il
« faut attribuer les vices de l'ordonnance criminelle, aperçus,
« mais combattus vainement par le vertueux Lamoignon (2). »
Il est établi, en effet, que l'autoritaire conseiller d'Etat se montra constamment l'adversaire intraitable et habile de l'éminent
premier président, insistant avec énergie pour refuser à son
éminent contradicteur les concessions que celui-ci s'efforçait
de lui arracher.

La lutte séculaire de la liberté et de l'autorité que nous avons
suivie aux différentes époques, se personnifia dans deux
hommes, champions de cet interminable procès, au moment
de la discussion de l'ordonnance de 1670.

Disert, ingénieux, prudent et peu réformateur, Talon, sans
se rallier toujours à l'opinion de Lamoignon, lui prêta cependant à plusieurs reprises l'appui et l'autorité de sa parole.

CHAPITRE II.

ORDONNANCE DE 1670. TRAVAUX PRÉPARATOIRES. TEXTE DÉFI-
NITIF. EXPOSÉ DU DROIT PÉNAL PROPREMENT DIT, A LA MÊME
ÉPOQUE.

Abordant la partie technique de notre travail, nous allons
passer en revue les principales difficultés juridiques qui se sont
produites pendant les sept séances qu'a tenues l'assemblée
générale. Nous analyserons les textes au sujet desquels un débat s'est élevé, ainsi que les modifications apportées aux articles originaires, enfin les réformes introduites dans les anciennes règles de la procédure criminelle.

(2) *Voltaire* (édit. Dupont, Paris, 1827. T. XX, p. 260 et t. XXI,
p. 419).

(1) Prost de Royer, *Dictionnaire de jurisprudence*. Paris, 1784, préface,
p. 104 en note.

L'ordonnance de 1670 n'est qu'un code d'instruction criminelle. Le droit pénal proprement dit, c'est-à-dire la détermination des faits délictueux et l'énumération des peines, n'y a point
trouvé place. Mais, comme notre travail doit comprendre une
étude d'ensemble sur le droit criminel, nous ne saurions imiter
le silence du législateur de 1670. Après avoir exposé les règles
principales qu'il édicte en matière de procédure et d'instruction
criminelle, nous essaierons d'esquisser à grands traits le système
de pénalités et d'incriminations qui, à la même époque, semblait prévaloir.

SECTION I.

INSTRUCTION CRIMINELLE.

L'ordonnance de 1670 porte le préambule suivant :

« Louis, etc... Les grands avantages que nos sujets ont reçus
« des soins que nous avons employés à réformer la procédure
« civile, par nos ordonnances des mois d'avril 1667 et d'août
« 1669, nous ont porté à donner une pareille application au
« règlement de l'instruction criminelle, qui est d'autant plus
« importante que non seulement elle conserve les particuliers
« dans la possession paisible de leurs biens, ainsi que la civile,
« mais encore elle assure le repos public et contient par la
« crainte des châtiments ceux qui ne sont pas retenus par con
« sidération de leurs devoirs.

« A ces causes, de l'avis de notre conseil et de notre certaine
« science, pleine puissance et autorité royale, nous avons dit,
« déclaré et ordonné, disons, déclarons et ordonnons et nous
« plaît ce qui en suit (1). »

L'ordonnance criminelle se compose de vingt-huit titres qu
réglementent l'organisation judiciaire et la procédure.

La commission chargée d'en préparer la rédaction avait rédigé vingt-neuf titres : l'un d'eux, le dix-neuvième, fut supprimé après la discussion qui eut lieu en assemblée générale.

Ces vingt-huit titres peuvent être groupés sous cinq sections
correspondant aux cinq phases principales de la procédure inquisitoire : 1º poursuite, action, organisation judiciaire et com-

____

(1) V. Isambert, *Lois anciennes*, t. XVIII, p. 371.

pétence; 2º information; 3º procédure définitive, règlement à l'extraordinaire; 4º jugements et sentences; 5º appels et pourvois contre ces sentences.

A envisager cette procédure dans son ensemble, et avant d'entrer dans les détails, voici quels étaient les actes et les formalités diverses correspondant aux cinq phases que nous venons d'indiquer.

La première question qui se pose, soit à la partie publique, soit à la partie privée, c'est la détermination du juge compétent. Celui-ci, une fois régulièrement saisi, procède à l'audition des témoins, dont les dépositions sont recueillies par écrit et secrètement; il décerne les moniroires, dont le résultat sera communiqué au ministère public, décrète l'accusé, c'est-à-dire rend sur le vu des charges un jugement préparatoire, dont l'effet peut être d'ordonner son incarcération préventive, l'interroge sous serment, ou, s'il y a lieu, instruit la contumace, puis il examine les *exoines* et rend à ce sujet une nouvelle décision. Si le coupable avoue son crime, l'instruction est abrégée. Dans le cas contraire, il peut y avoir lieu de statuer sur les demandes de provision, à faire procéder à une expertise, ou bien à prononcer l'absolution du prévenu.

Les pièces sont alors communiquées au procureur du roi, qui donne des conclusions tendant, soit à la conversion du procès en litige civil, soit au règlement à l'extraordinaire.

Le règlement à l'extraordinaire commence par le récolement et la confrontation des témoins, faits en secret. Puis le juge examine les défenses, moyens, récusations et reproches proposés par l'accusé. La procédure est de nouveau communiquée au procureur du roi qui donne ses conclusions définitives. C'est à cette période de l'instruction que la partie civile intervient et formule par requête ses réclamations.

Vient ensuite la visite des pièces, comprenant le rapport de l'affaire, l'interrogatoire sur la sellette, les moyens de défense, la preuve des faits justificatifs, et la question, ou torture, dans certains cas. Avant de rendre la sentence, le juge devait réunir les preuves et examiner, soit leur nature, soit leur importance.

Sa décision était définitive, préparatoire ou interlocutoire. Lorsqu'il avait prononcé une peine, celle-ci devait être exécutée, à moins qu'il n'y eût appel.

Tel est le tableau général de la procédure criminelle, d'après l'ordonnance de 1670.

Ce document législatif est trop important pour que nous nous bornions à un exposé si rapide. Nous devons entrer dans plus de détails, en étudiant séparément chacune des cinq phases que nous avons déjà déterminées. Nous le ferons, en nous inspirant des procès-verbaux des séances de la commission chargée par Louis XIV de rédiger l'ordonnance (1), ou des principaux commentaires qui en ont été donnés, notamment par Jousse (2), Serpillon (3), Bornier (4), Muyart de Vouglans (5) et Pothier (6). Mais à côté de la question théorique il y a la question pratique : nous essaierons de montrer, par quelques exemples, comment l'ordonnance criminelle était mise à exécution, et de retracer, dans ce qu'elle avait de plus saillant, la physionomie d'un débat judiciaire au dix-septième siècle. Ce sera, croyons-nous, le complément très utile de l'exposé théorique. Nous nous inspirerons pour cette partie de notre travail des mémoires du temps, mais surtout de l'ouvrage de M. Ravaisson : *Les archives de la Bastille* (7), d'autant plus intéressant pour nous qu'il nous fait assister aux premières applications de l'ordonnance de 1670.

Enfin nous compléterons l'ordonnance elle-même, en disant un mot de l'organisation judiciaire.

Mais, au-dessus de toute cette organisation judiciaire, au-dessus de toutes les lois et de tous les arrêts, planait le pouvoir royal, illimité, absolu, dont l'action incessante se faisait sentir à tous les degrés de la hiérarchie et à toutes les phases de la procédure ; c'est un point que nous développerons, en terminant cette étude du droit pénal au dix-septième siècle.

---

(1) *Procès-verbaux des conférences tenues par ordre du roi, entre MM. les commissaires du conseil d'Etat et MM. les députés du parlement de Paris, pour l'examen des articles de l'ordonnance criminelle d'août* 1670, in-4, 1778.

(2) *Nouveau commentaire de l'ordonnance de* 1670. Un vol. in-12, Paris, 1761.

(3) *Code criminel ou commentaire de l'ordonnance de* 1670. 4 vol. in-4, Lyon, 1767.

(4) *Conférences des ordonnances de Louis XIV avec les anciennes ordonnances du royaume,* 1760.

(5) *Les lois criminelles de France.* Paris, 1780.

(6) *Traité de la procédure criminelle.*

(7) *Archives de la Bastille,* documents inédits, publiés par M. Ravaisson. Paris, 1868.

§ 1. — *De la compétence, de l'action et de la poursuite, d'après l'ordonnance de 1670.*

De l'action. — Tout acte criminel ou délictueux offense à la fois les particuliers qui en sont victimes, et la société, qui représente l'ensemble des citoyens; de là, deux intérêts en présence, également respectables, et qui doivent l'un et l'autre être sauvegardés.

Les particuliers ont le droit d'obtenir une réparation pécuniaire représentant le dommage éprouvé par eux. La société doit exiger une punition immédiate, sévère, exemplaire.

Il en résultait, à l'époque que nous étudions, que la poursuite des faits criminels ou délictueux pouvait avoir lieu, soit sur l'instigation de la personne lésée, qui s'adressait alors à un officier de police judiciaire, notamment, à Paris, au commissaire du Châtelet (1), soit par l'intervention directe des agents de la société. On pouvait aussi saisir, soit le procureur du roi, soit les juges (2). L'action privée et l'action publique correspondaient à ces deux hypothèses.

L'action privée, purement facultative, tendait à l'obtention de dommages-intérêts; elle passait aux héritiers de la personne lésée; elle était susceptible de transaction; elle visait, non seulement les auteurs du dommage eux-mêmes, mais aussi leurs pères, maîtres, commettants, etc. (3); elle pouvait être exercée par mandataires.

La seconde, au contraire, était confiée aux procureurs généraux, aux procureurs du roi, ou aux procureurs fiscaux, compris sous la dénomination générale de *partie publique* ou d'*officiers royaux* (4).

Ils étaient tenus, comme représentant le pouvoir social, de poursuivre l'acte coupable et d'en déférer les auteurs aux tri-

----

(1) *Mémoires de Beaumarchais*, t. IV, affaire Korman.
(2) V. M. Hiver, *L'ordonnance de 1670 et la législation de la Révolution française.*
(3) L'édit de mars 1685 a encore étendu ce principe.
(4) « La *plainte* est la déclaration faite au juge du tort qu'on a souffert.
« — La *dénonciation* est une déclaration de même nature, mais secrète.
« L'accusation est la poursuite qui a lieu, soit au nom du prince, soit à la
« requête d'un particulier » (De Pastoret, *Les lois pénales,* liv. I, 1re partie,
ch. 6, p. 77).
C'est ainsi que l'action des officiers royaux était mise en mouvement de deux manières.

bunaux de répression. L'art. 8 du titre III de l'ordonnance pose
ce principe que le droit de poursuite directe leur appartenait,
alors même que la partie civile n'était point intervenue. Bien que
dans la discussion cette disposition ait été restreinte aux affaires graves (1), elle n'en constitue pas moins une des règles
essentielles et fondamentales de la nouvelle procédure criminelle.

Une autre innovation a été consacrée par l'art. 5 du même
titre : Désormais le plaignant ne sera considéré comme partie
civile qu'autant qu'il l'aura formellement déclaré.

Nous devons signaler ici la confusion qui existait au dix-
septième siècle, et que reflète l'ordonnance de Louis XIV, entre
les crimes et les délits. Théoriquement une distinction paraissait, il est vrai, avoir été établie entre eux : elle aurait reposé
sur le degré plus ou moins grand de sévérité dans le châtiment ;
et Jousse l'indique dans son commentaire. Mais au fond elle
était sans portée et sans effet, puisque les juges jouissaient d'un
pouvoir absolu quant à l'application de la peine.

Comment dès lors, avec les incessantes variations résultant
de cette faculté, conserver comme fixe et certain le criterium
auquel le législateur, ainsi que les commentateurs, paraissent
avoir voulu se rattacher?

Une règle claire, précise, uniforme, faisait défaut (2) ; on
remarque incessamment en consultant les textes.

Une autre remarque qui a bien son importance, c'est que les
contraventions de simple police n'étaient pas comme aujour-
d'hui jugées par un tribunal spécial : elles étaient punies ad-
ministrativement.

Quant aux règlements de police, ils étaient faits, soit par la
municipalité, soit par les juges royaux et seigneuriaux (3).

Poursuite. — La poursuite était intentée d'office par le juge,
qui pouvait la commencer sans réquisition de la partie (4) civile, soit par l'initiative des officiers royaux, soit à la suite

(1) Procès-verbaux, etc. Discussion de l'art. 8 du titre III.
(2) Dans le cours de ce travail, nous emploierons ordinairement, pour
plus de clarté, le mot *crime*, d'une façon générique, afin de désigner tout fait
punissable par la loi, sans faire la distinction ci-dessus, quant à la gravité
de la peine.
(3) V. M. Hiver, *L'ordonnance de 1670 et la législation de la Révolution
française.*
(4) L'obligation pour le juge de ne rendre des décrets que sur des conclusions des procureurs du roi n'est nullement une dérogation à la faculté
ci-dessus, ou à l'usage ancien consacré par l'ordonnance de 1539.

d'une plainte (1), dernier vestige de l'ancienne accusation populaire.

Lorsque le juge commençait lui-même la poursuite, il ne pouvait continuer l'information, sans le concours des procureurs royaux, puisqu'il était tenu, ainsi que nous le verrons plus loin (2), de leur communiquer les pièces aux différentes phases de l'instruction.

Un registre spécial était destiné à recevoir la dénonciation des crimes et la désignation des coupables, tant pour obliger les dénonciateurs à signer leurs déclarations que pour éviter que celles-ci fussent divulguées (3). Quelquefois, sans doute, quand la dénonciation était peu explicite, on procédait immédiatement à l'interrogatoire de celui qui l'avait faite. C'est ce qui arriva notamment dans le procès de Parauzy, accusé de complot contre la vie de la Dauphine : le roi fit ordonner au premier président du parlement de Dijon de se transporter à Vitteaux, pour interroger le dénonciateur (4). Mais, d'autres fois, on prenait moins de précautions; et il semble résulter des mémoires du temps que les officiers royaux accueillaient avec la plus grande facilité toute dénonciation, quelque peu fondée qu'elle parût, surtout quand le fait dénoncé présentait une certaine gravité. Une lettre anonyme suffisait souvent pour motiver une arrestation (5). De sorte que, dans la pratique, les prescriptions très sages de l'ordonnance de 1670 étaient souvent méconnues (6).

Dans un grand nombre de cas, les deux actions publique et privée étaient concomitantes : le plaignant se portait partie civile; le ministère public se joignait alors à lui et suppléait à ses omissions.

Le plaignant faisait les actes nécessaires et acquittait les frais de la procédure.

Il avait vingt-quatre heures pour retirer sa plainte; passé ce délai, l'accusé pouvait demander contre lui des dommages-

---

(1) V. art. 145 de l'ordonnance de 1539.

(2) Titres VII, X, XI de l'ordonnance de 1670.

(3) Linguet, dans ses *Annales* (t. XV, p. 337 et suiv.), donne des détails intéressants sur la procédure en matière de plainte et de poursuite; il cite notamment une dénonciation portée en 1788 contre un ministre et un ancien garde des sceaux.

(4) M. Ravaisson, *Archives de la Bastille*, t. VIII, p. 223.

(5) *Ibid., Archives de la Bastille*, t. VIII, p. 142-145.

(6) Sur la forme des plaintes et dénonciations, voy. art. 1, 2 et 4 du titre III.

intérêts, en cas de mauvaise foi ou de calomnie. Dans l'ancien droit, même après ce délai, et à n'importe quelle phase de la procédure, une transaction pouvait intervenir entre le plaignant et l'accusé (1).

C'est cette disposition que le projet primitif de l'ordonnance de 1670, dans les art. 19, 20, 21 du titre XXV, voulait abroger, en prononçant, d'une manière absolue, la nullité de toute transaction pour des crimes passibles de peines afflictives et infamantes. Mais, au cours de la discussion, Lamoignon fit observer que, la partie civile ne poursuivant qu'un intérêt pécuniaire, la transaction faite par elle sur ses droits ne préjudiciait en rien à l'action publique ; que, d'ailleurs, lesdits droits pouvant toujours faire l'objet d'une cession, la règle proposée par les art. 19 et suivants serait toujours éludée. Pussort reconnut dans le même sens que la disposition projetée aurait pour effet de refuser sans raison à des parties fatiguées par un long procès, et souvent ruinées, de transiger, notamment à raison des frais. Après discussion, on décida, dans l'art. 19 du texte définitif du titre XXV, que les accommodements seraient possibles de la part de la partie civile, mais que, nonobstant les arrangements ainsi intervenus, les procureurs devraient poursuivre les crimes capitaux. L'action publique suffira désormais à sauvegarder l'intérêt général, la transaction demeurant un indice vraisemblable de la culpabilité du prévenu.

On ne peut méconnaître qu'il y eut là un incontestable progrès, en même temps qu'une vraie sauvegarde pour les citoyens, puisque désormais les crimes publics, c'est-à-dire ceux passibles de peines afflictives, ne seront pas sans répression.

L'action publique s'éteignait par la mort de l'accusé, sauf dans les cas exceptionnels de procès fait au cadavre. Pothier les énumère dans son traité de la *Procédure criminelle* (2).

La prescription était de vingt ans. Le crime de lèse-majesté seul ne se prescrivait pas.

Organisation judiciaire et compétence. — «En France, disait Loyseau, la confusion de la justice n'est guère moindre que celle des langues lors de la tour de Babel.» Ce qui nous frappe, en effet, dans l'organisation judiciaire, c'est l'absence

(1) Ordonnance de 1567.
(2) Sect. I, § 3.

de tout ordre apparent, en même temps que le nombre et la diversité des juridictions. Le désir de centraliser la puissance judiciaire, d'affaiblir les justices seigneuriales et d'obtenir dans certains cas une répression plus prompte et plus énergique, avait fait créer, pour un grand nombre de délits, des tribunaux extraordinaires. Mais on était promptement tombé dans un tel excès que l'ordre judiciaire, l'*ordo judiciorum*, était un dédale, où le plus souvent plaideurs et juges cherchaient en vain le fil conducteur. De là, le morcellement de l'autorité, au lieu de la centralisation que l'on voulait, et des lenteurs incalculables, là où l'on avait voulu la célérité des procédures :
« Les juges des lieux, disait un lieutenant criminel du prési-
« dial d'Angers, ont les mains liées de récusations, appellations,
« préventions, incompétence et autres formalités, par dessus
« lesquelles, s'ils passent outre, ils ont des cours, juges et par-
« ties : s'ils y défèrent, *rei amittuntur*. Le second juge nuit au
« premier; si l'un emprisonne, l'autre eslargit; si l'un fait
« défenses, l'autre les lève ; brief, les tribuns du peuple n'em-
« peschoient point tant les actions de ceux qui bon leur
« sembloient que les juges s'entre-nuisent et empeschent
« eux-mêmes (1). »

Un tel état de choses devait nécessairement frapper les yeux de quiconque, de près ou de loin, s'occupait de l'administration de la justice. Une réforme radicale était nécessaire : il fallait supprimer la plus grande partie des tribunaux extraordinaires et réduire le nombre des degrés de juridiction. L'ordonnance de 1670 n'osa pas l'entreprendre, et le titre Ier qu'elle consacre à la *compétence des juges* se réfère à la compétence *proprement dite,* mais non à l'organisation judiciaire et à la hiérarchie des juridictions. L'ordre ancien subsista tel qu'il était ; nous allons l'exposer brièvement (2).

Les juges se divisaient en juges *ordinaires* et en juges *extraordinaires* ou d'exception, en juges de *première instance* et *juges d'appel,* selon qu'ils connaissaient de tous les crimes ou de certains crimes, selon qu'ils statuaient à charge d'appel ou souverainement.

---

(1) V., sur les conflits de juridiction, Serpillon, *Commentaire de l'ordonnance de* 1670.

(2) Voir, pour plus de développements, les commentaires déjà cités de l'ordonnance de 1670, et M. Berriat Saint-Prix, *Procédure des tribunaux criminels,* introduction, p. LXXX et suiv.

Les juges ordinaires de première instance se divisaient en juges *seigneuriaux* et juges *royaux*.

La compétence des juges seigneuriaux variait, selon qu'ils étaient hauts, moyens ou bas justiciers. Les hauts justiciers pouvaient même condamner à mort. Les deux premiers avaient un procureur attaché à leur juridiction ; il n'y en avait pas près des bas justiciers. Un juge pouvait avoir plusieurs seigneuries différentes sous sa juridiction ; de là, de grands déplacements pour les justiciables. Quelquefois le roi et le seigneur partageaient le droit de justice ; on disait alors que la justice était « *en pariage.* » Les juges seigneuriaux étaient à la discrétion des seigneurs, qui pouvaient les révoquer ; on devine quels inconvénients devaient en résulter.

Les seigneurs pouvaient vendre leurs droits de justice : quelquefois alors ils se réservaient le droit d'appel, au profit de la portion qu'ils conservaient. Les nouveaux acquéreurs pouvaient aussi faire des cessions partielles. C'est ainsi que la justice, ce patrimoine inaliénable de l'humanité, s'émiettait, était mise à l'encan, vendue, aliénée, morcelée, grevée de droits d'usage ou de servitude ! — Qu'en résulta-t-il ? C'est que la multiplicité des juridictions allait jusqu'à l'infini et qu'en 1788 il y avait jusqu'à six degrés de juridiction dans un ressort. Quatre degrés étaient en tout cas chose fréquente, bien que les ordonnances de 1560 et de 1563 eussent prescrit qu'il n'y aurait qu'un degré de juridiction en première instance.

Louis XIV, par ses édits de 1702 et 1708, perpétua et aggrava encore ces abus.

Les juges seigneuriaux prenaient le nom de *juges royaux*, et la dénomination de *prévôts, viguiers royaux*, lorsqu'ils tenaient au domaine du roi, Leurs juridictions se nommaient *bailliages* ou *sénéchaussées*. Elles se composaient d'un bailli ou sénéchal, qui présidait, d'un lieutenant criminel, chargé de l'instruction, d'assesseurs, d'un procureur du roi et d'un greffier. Ces juridictions connaissaient, comme tribunal d'appel, des sentences des juridictions inférieures. Leurs attributions au petit criminel étaient considérablement réduites au profit de juges d'exception.

Les juges extraordinaires ou d'exception en première instance étaient très nombreux, nous nous contenterons de donner l'énumération des principaux. C'étaient : 1° les *abbés et supérieurs*, dont la juridiction s'étendait sur les religieux placés sous leur autorité ; 2° les *officialités ou tribunaux ecclésiastiques*, ayant juridiction sur les clercs ; 3° les *amirautés*, tribunaux compétents pour tout ce qui touchait les gens de mer ; 4° le *bureau des finances*, connaissant des contraventions aux règlements, touchant la police des bâtiments et des routes ; 5° la *justice des canaux*, chargée de la police des canaux ; 6° les *élus*, compétents en matière d'aides, tailles et impôts (1) ; 7° la *connétablie*, connaissant des excès des gens de guerre ; 8° les *eaux et forêts*, dont les juges se nommaient *grands maîtres, gruyers, maîtres, capitaines royaux ;* 9° les *gabelles, ou juges du grenier à sel*, connaissant des délits de *faux saunage* (2), etc. ; 10° le *guet de Paris*, qui commandait la garde de police de ce nom ; 11° les *tribunaux de l'hôtel de ville*, exerçant une juridiction sur les délits de police ; 12° l'*échevinage* (3) constituait dans certaines villes une juridiction élective : l'accusé était jugé par ses pairs ; comme pouvoir judiciaire, l'échevinage prenait la place des juges seigneuriaux et avait compétence exclusive pour les crimes commis dans la cité ou la banlieue, sauf pour les cas royaux. Les échevins jugeaient assistés de jurés choisis parmi les bourgeois de la ville, réminiscence de l'ancien plaid. A l'origine, la procédure était orale et la défense était libre. Mais les formes changèrent avec les ordonnances de 1498 et de 1539. Plus tard l'ordonnance de Moulins de 1566 désorganisa un peu l'échevinage, en lui enlevant les affaires civiles. Du reste, la royauté voyait de mauvais œil l'établissement d'une juridiction aussi indépendante ; elle fut vivement attaquée. On peut encore ajouter que le peu d'aptitude des échevins pour les fonctions judiciaires contribua à jeter quelque discrédit sur l'institution. Henri IV lui porta le dernier coup. Dès lors sa compétence fut restreinte à ce que nous appellerions aujourd'hui les contraventions de simple police, jusqu'à ce qu'elle disparut en 1789 avec l'ancien régime. Notons toutefois que cette idée d'une magistrature élective, que l'on voit apparaître au douzième siècle, devait être reprise comme base de toute l'organisation

(1) V. *Almanach royal de* 1789, p. 357.
(2) V. Muyart de Vouglans, *Lois crim.*, p. 574.
(3) V. sur l'échevinage d'Amiens, M. Laferrierre, *Hist. du droit*, t. IV ; Bouthors, *Sur la coutume du bailliage d'Amiens ;* Du Cange, *Gloss. méd. ;* M. Noyelle, substitut du procureur général à Amiens. (Discours de rentrée prononcé en 1879, sur « l'Echevinage d'Amiens »).

judiciaire, sept cents ans plus tard, par la loi des 16-24 août 1790, et que c'est peut-être par un souvenir de l'ancienne juridiction des échevins que notre Code d'instruction criminelle investissait le maire des fonctions de juge de simple police dans les limites de sa commune (1); 13° les *juridictions consulaires*, jugeant les délits relatifs au commerce; 14° les *lieutenants généraux de police;* 15° les *lieutenants criminels de robe courte*, qui commandaient les compagnies de maréchaussée; 16° les *magistrats d'épée*, tels que prévôts des maréchaux, chevaliers du guet, qui siégeaient comme juges et commandaient une force militaire; 17° la *juridiction de la marque des fers*, qui connaissait des contraventions en cette matière; 18° la *juridiction des monnaies;* 19° les *tribunaux de police;* 20° les *présidiaux ;* c'étaient des bailliages connaissant en appel et en dernier ressort d'affaires dont le principal était inférieur à 2,000 livres, et de préférence aux prévôts des maréchaux, pourvu qu'ils eussent décrété avant ceux-ci, des crimes commis par les vagabonds; 21° la *prévôté de l'Hôtel ;* c'était l'officier de la maison du roi; il connaissait des délits commis dans les maisons royales ; 22° les *prévôts des marchands*, chargés de la police des quais, etc.; 23° les *prévôts des maréchaux* chargés de l'instruction des crimes et du jugement de certains autres, dits *cas prévôtaux*, avec l'assistance, soit des baillis, soit de leurs lieutenants (2) ; 24° les *juges des traites foraines*, compétents pour ce qu'on appelle aujourd'hui les douanes; 25° les *tribunaux de l'Université*, ayant juridiction sur les étudiants : le tribunal de l'université de Dijon présentait cette particularité que le procureur général y était élu par les étudiants; à Dôle, le recteur était un étudiant choisi par ses condisciples ; 26° les *tribunaux militaires;* 27° les *juges du point d'honneur*, statuant sur les offenses entre officiers et gentilshommes; 28° les *viguiers*, institués en Provence pour juger les filous pris en flagrant délit dans les foires du Midi ; 29° les *juridictions par commissions extraordinaires.*

Les juridictions du second degré se divisaient aussi en tribunaux ordinaires et en tribunaux d'exception.

Le juge d'appel de droit commun était le Parlement; il se

____

(1) Nous avons cru devoir donner quelques détails sur la justice de l'échevinage, à cause de son caractère tout particulier et du silence que gardent sur elle les auteurs.

(2) Au sujet de cette juridiction, il serait intéressant de se reporter aux *Mémoires* si intéressants de Beaumarchais (t. VI de ses *Œuvres*, p. 286).

composait de la grand'chambre, de la chambre des enquêtes, de la chambre des requêtes, et de la Tournelle.

Les tribunaux d'exception au second degré étaient : 1° la *chambre des comptes*, cour établie pour statuer sur les comptes des deniers publics ; 2° la *cour des aides* ; 3° les *chambres souveraines des eaux et forêts* ; 4° la *cour des monnaies* ; 5° le *grand conseil*, statuant sur les délits commis à propos des bénéfices ; 6° la *chambre des bâtiments* ; 7° la *chambre des requêtes de l'Hôtel*, jugeant les affaires concernant les officiers de la maison du roi ; 8° les *officialités métropolitaines* ; 9° *le conseil privé*, compétent pour certaines demandes en cassation (1).

Malgré l'abondance de ces juridictions, le roi, dans un intérêt purement fiscal, ne cessait d'en créer de nouvelles. Une paroisse, une communauté, une corporation, un fonctionnaire même avaient leur juridiction spéciale. On en serait promptement arrivé à ce point que chaque justiciable aurait eu son tribunal. Il n'était pas rare que, dans une même commune, la justice du seigneur, celle du fief, celle de l'hôtel de ville, celle du grenier à sel, le bailliage, etc., etc. (nous en passons), fussent simultanément mises en action pour la même affaire (2). — D'autresfois les règles des procédures étaient si mal fixées qu'il fallait traverser les limites d'un parlement pour se faire juger dans un autre (3). Ajoutons à ces vices la multiplicité des privilèges de toute sorte, dont on trafiquait comme d'une marchandise publique tarifée, et nous aurons une idée de cette confusion des juridictions, qui choquait si fort Loyseau.

En 1670, on n'essaya même pas de remédier à ces abus, et la commission royale, comme l'ordonnance elle-même, a laissé de côté l'organisation judiciaire, pour ne s'occuper que de quelques détails de compétence.

L'ordonnance de 1539 et les suivantes posaient déjà le principe de la compétence du juge du lieu où le crime avait été

---

(1) L'énumération qui précède n'est pas complète ; elle ne comprend que les principales juridictions. — L'*Histoire des tribunaux* de Desessarts en donne l'énumération très développée ; cet auteur en compte 85 ! (V. t. III, p. 49 et suiv.)

(2) M. Daussy, conseiller à la cour d'Amiens, a publié à ce sujet une très curieuse étude, intitulée : *Deux bancs dans l'église d'Albert* (Somme), où il montre que, dans cette commune, plus de vingt juridictions furent mises en mouvement, à la suite de l'usurpation d'une place dans un banc d'église.

(3) Linguet, *Annales*, t. XIV.

commis (1) : cette disposition fut conservée. Lamoignon chercha vainement à y apporter quelques tempéraments. Le domicile de l'accusé, le lieu de la capture, celui de la résidence du juge auquel la plainte avait été adressée (2), tels étaient encore les éléments destinés à fixer la compétence.

Mais ces règles générales souffraient un grand nombre de dérogations, soit en raison de la qualité de l'accusé, soit à cause de la nature du crime. Nous avons vu en effet combien étaient nombreuses les juridictions exceptionnelles. L'ordonnance de 1670 n'en a pas supprimé une seule; et, dans son art. 12, elle se réfère à l'étendue de la compétence des prévôts, des maréchaux, des lieutenants criminels de courte robe, des vice-baillis, des vice-sénéchaux (3).

Lors de la discussion de cet art. 12, on contesta l'utilité des prévôts des maréchaux, mais en définitive leur juridiction fut conservée et les dossiers trouvés à la Bastille, et recueillis par M. Ravaisson, attestent la fréquence des délits qui lui étaient soumis.

Relativement à la compétence des lieutenants criminels, dont le rôle, à peu près identique à celui de nos juges d'instruction, consistait à faire les actes d'information (4), on se demanda si le jugement qui la prononcerait serait considéré comme rendu en premier ou en dernier ressort. La seconde opinion fut adoptée avec cette restriction véritablement illusoire et qui ne constituait nullement une sauvegarde pour l'accusé, ainsi que le président de Novion et d'autres l'ont judicieusement remarqué, à savoir, que l'accusé serait « averti au commencement de son interrogatoire que le procès sera fait en dernier ressort (5). »

Le projet de l'art. 9 établissait, contrairement à l'usage en vigueur, la préférence des juges royaux sur les juges subalternes. Lamoignon et Talon s'opposèrent à cette innovation, qui ne fut pas maintenue dans le texte définitif. Les juges subal-

---

(1) Art. 1er, titre I.
(2) Art. 2, titre I. — Ce texte interdisait au plaignant de s'adresser à deux juges différents et prononçait une fin de non-recevoir. Les fins de non-recevoir étaient rarement édictées. Cependant nous voyons l'art. 3 du même titre I en prononcer une pour le cas où le renvoi devant un autre juge ne serait pas demandé en temps voulu, par l'accusé, lors de la confrontation.
(3) Les trois derniers ordres de juridiction ont été supprimés par l'édit de mars 1720.
(4) M. Hiver, op. cit.
(5) Art. 18, titre I.

ternes continueront par conséquent à ne pas être prévenus par les baillis et les sénéchaux, pourvu qu'ils aient informé et décrété dans les vingt-quatre heures, après le crime commis.

Lamoignon voulait que les cas royaux, dont la connaissance était privativement attribuée à certains magistrats, ne fût pas fixée législativement, mais délimitée suivant les circonstances par les parlements. Son avis ne prévalut pas ; et l'art. 12 du titre Ier reproduisit la nomenclature des différents cas royaux, mais en ajoutant : « et autres cas expliqués par nos ordonnances et règlements, » ce qui faisait, selon la remarque de Montesquieu (1), rentrer dans l'arbitraire, dont on venait de sortir. C'est en vain que dans la discussion Talon essaie de définir les cas royaux : « Tous les crimes dans lesquels la majesté du prince, la dignité de ses officiers et la sûreté publique dont il est le protecteur ont été violées. » Pothier (2) déclare qu'il est très difficile de les déterminer et que cette dernière expression de *violement de la sûreté publique* est très équivoque.

Avant l'ordonnance de 1670, des difficultés sérieuses et de nombreux abus résultaient de la prévention entre juges. Des conflits incessants, une scandaleuse impunité, ou la dépossession du juge logiquement désigné pour informer, étaient la conséquence de cet état de choses. L'art. 7 du titre Ier le rappelle et fait revivre la règle posée par les ordonnances de Blois et de Moulins, aux termes desquelles le magistrat qui aura informé et décrété connaîtra de l'affaire, s'il en est saisi dans les trois jours après le crime commis. Passé ce délai, les juges royaux ou supérieurs retiendront le procès.

L'accusé avait un délai de trois jours pour demander son renvoi pour cause d'incompétence (3); mais il était privé de cette faculté, dès que la lecture de la déposition d'un témoin lui avait été faite lors de la confrontation.

Si nous consultons les mémoires du temps, nous voyons que presque toujours les déclinatoires d'incompétence avaient pour but le renvoi de l'accusé devant un tribunal d'exception : quelquefois, ils étaient fondés sur le privilège de n'être jugé que par le Parlement; ce fut le motif qu'invoqua Fouquet pour se sous-

(1) *Esprit des lois.*
(2) *Traité de la procédure criminelle.* — Jousse a donné une énumération complète des cas royaux, dans son commentaire sur l'ordonnance de 1670.
(3) Sur cette partie de la procédure, voy. les *Mémoires* de Beaumarchais (t. III de ses *Œuvres*).

traire à la juridiction appelée à statuer sur son sort. D'autres fois l'accusé cherchait par là à éviter de comparaître devant la commission spéciale organisée pour le juger. C'est ainsi que le chevalier de Rohan déclina la compétence des commissaires chargés de l'interroger (1). Quand les déclinatoires étaient rejetés, le grand moyen usité à cette époque par les accusés était de refuser de répondre. Fouquet procéda de la sorte : il fallut le sommer trois fois. La chambre décida qu'on procéderait contre lui comme contre un muet volontaire et qu'il serait jugé sur pièces, ce qui nécessitait des réquisitions écrites du ministère public, et des mémoires écrits de l'accusé. Plus tard Fouquet, renonçant à son système, se déclara prêt à répondre (2).

Les rédacteurs de l'ordonnance de 1670 s'étaient flattés que les règles qu'ils venaient de poser sur la compétence accéléreraient la marche des procédures. Dans l'art. 1er du titre XXV, ils enjoignaient aux juges de travailler à l'expédition des affaires criminelles, par préférence à toutes autres; et l'art. 3 du titre XXIII, toujours dans le même but de célérité, supprime une série de formalités, telles que les forclusions, les appointements, etc., et ne laisse subsister que les requêtes. Ces innovations et la pensée qui les inspirait étaient excellentes; mais, hélas ! le but ne fut guère atteint, et même , après la promulgation de l'ordonnance, il n'était pas rare de voir des procès criminels durer trois, quatre, quelquefois six ans ! Mais, chose plus triste encore, nous signalerons, au cours de ce travail, des détentions préventives qui ont duré de longues années, sans que l'instruction de l'affaire fût seulement commencée. L'accusé était oublié dans les cachots ; et, quand son nom arrivait aux oreilles des procureurs du roi, c'était toute une difficulté pour retrouver la cause qui l'avait fait arrêter et détenir. Bien heureux encore quand l'ignorance de la cause de son incarcération n'était pas un motif pour la prolonger indéfiniment. — En mars 1679, Louvois écrivait au directeur de la Bastille, pour lui demander ce qu'avait bien pu faire un sieur Piat de la Fontaine qui y était détenu depuis cinq ans ! — En mai 1685, un nommé de Longueval, accusé d'avortements, fut écroué d'abord à la Bastille, puis ensuite à Saint-Lazare. Il y mourut quatorze ans plus tard, sans avoir été jugé, sans même que l'instruction de

(1) M. Ravaisson, *Archives de la Bastille*, t. VII, p. 446.
(2) *Ibid.*, t. II.

son procès ait été poursuivie (1). — En 1688, dans une affaire Leroux, il y eut erreur sur la personne du détenu : on fut près de deux ans sans s'en apercevoir, et l'innocent faussement arrêté passa vingt-trois mois à la Bastille (2).

De tels faits se passent de tout commentaire.

§ 2. — *De l'information.*

L'information a pour but de réunir le faisceau des preuves et de coordonner les éléments de la culpabilité de l'accusé (3). Pour y arriver, on recourait à une enquête secrète, désignée sous le nom de *procédure inquisitoire,* afin de rappeler son origine et son modèle : elle se rapprochait par certains côtés des anciennes enquêtes.

L'information se divise d'après l'ordonnance de 1670 en *information préparatoire,* ou en *information définitive,* selon qu'elle correspond à telle ou telle période de la procédure.

INFORMATION PRÉPARATOIRE.

Que l'instruction ait lieu d'office, en cas de flagrant délit, ou sur la plainte de la partie privée, la marche à suivre et le résultat à atteindre sont identiques. Il importe tout d'abord de constater le corps du délit. Dans ce but interviennent les transports sur les lieux, les expertises médicales, l'audition des témoins, les monitoires et les vérifications d'écritures.

Transports. — Dans ce but le juge se rendait sur les lieux, recevait les déclarations des victimes, ainsi que celles de tous témoins utiles.

L'inhumation des cadavres était différée jusqu'à l'arrivée du magistrat.

Expertises médicales, vérifications d'écritures. — Aussitôt après le crime, la victime se faisait parfois examiner par un médecin ou par un chirurgien. Le juge pouvait prescrire une seconde visite. L'accusé avait également le droit de la demander, s'il suspectait le rapport des médecins ou des chirurgiens

(1) *Archives de la Bastille,* t. VIII, p. 306-308; t. V, p. 248.
(2) *Ibid.,* t. VIII, p. 473.
(3) Letrosne, *Vues sur la justice criminelle.* (Discours prononcé au bailliage d'Orléans, en 1777.)

précédemment appelés. Ceux que la justice requérait prêtaient serment de remplir consciencieusement leur mission (1).

L'art. 15 du projet de l'ordonnance portant que, dans les affaires graves, la déposition des experts non corroborée par des preuves ou des présomptions ne pourrait entraîner de condamnation, a été supprimé. Tout en reconnaissant que « la science des experts était conjecturale et trompeuse, » on a voulu que le juge pût condamner sur le simple rapport des experts, afin, a-t-on dit, d'empêcher les faux. D'ailleurs, ajoutait-on, il y a des crimes qui se commettent toujours sans la présence d'un témoin (2).

Audition des témoins. — Dans les procès criminels, les dépositions des témoins constituent la preuve principale. C'est là que le juge puisera le plus souvent les éléments de sa conviction. Aucun mode d'investigation n'est, en effet, mieux approprié, que la preuve testimoniale, aux exigences de la pensée : sa souplesse la plie à toutes les opérations et rend faciles tous les examens : c'est un flambeau dont la lumière permet d'envisager un fait sur toutes ses faces, de pénétrer tous les systèmes, qui donne une vie nouvelle aux événements passés, leur rend toutes leurs couleurs, met en saillie tous leurs incidents. Aussi, toutes les législations anciennes l'avaient déjà admise comme base de leur procédure pénale. En Egypte, chez les Hébreux (3), à Athènes (4) et à Rome (5), le législateur l'avait réglementée.

Dans notre ancien droit, nous la voyons figurer dès le cinquième siècle dans la loi salique, ainsi que dans les lois des Alemans, des Wisigoths et des Ripuaires (6). Dans un temps où l'art d'écrire était si peu pratiqué, elle eut probablement une autorité absolue, même dans les débats civils. En géné-

---

(1) Depuis l'ordonnance de 1599, le premier médecin du roi avait le droit de désigner dans toute la France des médecins experts. Un édit de février 1692 a créé un médecin ordinaire du roi et des chirurgiens jurés qui, dans toutes les villes de France, devaient être désignés comme experts, pour la justice, de préférence à tous autres.

(2) V. procès-verbaux des séances, etc. Observation de Talon.

(3) Nomb., XXXV, 30 ; Deut., XIX, 18, 19 ; Exode, XX, 16.

(4) Samuel Petit, *Leges atticæ.* — Consulter aussi : *De l'esprit du droit criminel aux différentes époques, dans l'antiquité, dans les temps modernes et d'après les nouveaux principes de la science pénitentiaire*, par R. Roland, avocat, docteur en droit.

(5) L. 1, § 1 D. *De testibus;* L. 1 C. *eod. tit. ;* Pauli Sent., lib. V, tit. XV, § 4. — Voir M. Roland, *op. cit.*, 1re partie, liv. IV, p. 214.

(6) F. Paulus Canciani, *Barbarorum leges antiquæ; lex salica reformata*, titres L et LI.

ral, les lois barbares exigeaient pour un même fait la pluralité des témoignages : c'était l'application du vieil adage hébraïque : *Testis unus, testis nullus.*

Les Capitulaires édictèrent un certain nombre de prohibitions et d'incapacités. Des peines plus ou moins graves atteignirent le parjure, enfin tout témoin devait prêter serment et *être à jeun* pour être admis à déposer (1).

Ces mesures furent impuissantes à prévenir les abus : l'usage des *conjuratores*, l'introduction dans les mœurs du combat judiciaire, auquel on assujettissait les témoins eux-mêmes, ces causes et d'autres encore finirent par jeter, ainsi que nous l'avons déjà dit, le discrédit le plus complet sur la preuve testimoniale.

Au treizième siècle, le combat judiciaire, formellement proscrit dans les domaines royaux par l'ordonnance de 1260, ne tarda pas à disparaître des autres provinces, vaincu par le progrès des mœurs et par la raison publique mieux encore que par les efforts des magistrats et les décisions souveraines. « En *lieu de bataille*, disait l'ordonnance, nous mettons *preuves de témoins* (2). » L'abolition du combat judiciaire devait avoir en effet pour résultat inévitable de rendre à la preuve testimoniale la faveur qu'elle avait perdue. L'écriture, en assurant la durée de ses constatations, vint encore augmenter son importance.

Mais ce fut précisément ce progrès qui engendra l'abus qui devait la discréditer de nouveau.

Antérieurement à l'ordonnance de 1566, une première disposition décida qu'après avoir proposé leurs reproches, les parties s'éloigneraient et ne seraient pas présentes à l'audition des témoins. C'était un premier pas : on ne s'en tint pas là ; et peu à peu les enquêtes criminelles perdirent successivement tous leurs éléments de publicité. Exclusivement investis du droit de rechercher les témoins, les enquêteurs les entendaient en l'absence des inculpés. La discussion ne porta plus que sur les dépositions seules, telles qu'elles avaient été reçues et rédigées.

Ce mode d'instruction engendra de nombreux abus. Le mys-

<hr>

(1) *Capitulare aquisgranense*, anno 789, art. 62 ; *Capitul.*, liv. VII, art. 10 et 283 ; *Capitulare ex lege Longobardorum*, art. 23. Collection de Baluze, t. I.

(2) Ordonnance de 1260, § 1 et suiv. (Isambert, t. I, p. 284).

tère a toujours mis en péril la sincérité du témoignage humain :
il rend la dénonciation plus dangereuse encore. Malgré plusieurs dispositions destinées à sauvegarder la vérité, le mal subsista ; et, chose étrange, ce fut dans un secret encore plus absolu
qu'on en chercha le remède (1). Aux termes de l'ordonnance,
rendue à Blois en 1498, le procès dut se faire *le plus diligem-
ment et secrètement que se pourra, en manière qu'aucun n'en soit
averti, pour éviter les subornations et forgements* (2).

Cet ordre fut scrupuleusement suivi dans toutes les affaires
graves. Les procès-verbaux d'enquête cessèrent d'être communiqués aux accusés. Instructions, confrontations, interrogatoires, tout se passa dans l'ombre et le mystère (3). Le jugement seul fut prononcé publiquement, et cette dernière règle
eut elle-même ses exceptions (4). Les ordonnances de 1539 et
de 1670 ne firent que compléter en les confirmant les règles
de 1498.

Nous étudierons avec quelques détails les dispositions de
l'ordonnance de 1670 sur la preuve testimoniale et l'audition
des témoins.

Le magistrat instructeur procédait à l'audition des témoins
qu'il jugeait essentiel de mander devant lui (5), ou qui lui
avaient été désignés par le procureur et par les parties civiles
et qui avaient été préalablement assignés (6), sauf au cas de
flagrant délit. Cette dernière formalité était motivée par la
crainte qu'on avait que l'accusé, ou ses parents, fissent venir
des personnes dont le témoignage serait à décharge. La recherche passionnée de la preuve et le désir immodéré d'une
démonstration de culpabilité faisaient ainsi méconnaître aux
rédacteurs de l'ordonnance le principe fondamental de toute
information judiciaire, qui est la recherche de la vérité.

Tous témoins sans distinction, les ecclésiastiques eux-mêmes
devaient comparaître, sous peine d'amende, lorsqu'ils avaient
été cités (7).

(1) De la preuve testimoniale et de son autorité devant la justice (Discours de rentrée prononcé par M. Roe, avocat général. Grenoble, 1867).
(2) Ordonnance de Blois, mars 1498, art. 110 (*Collection Isambert*, p. 365,
année 1498).
(3) *Ibid.*, art. 111.
(4) *Ibid.*, art. 116.
(5) L'audition des témoins par un juge est une des novations de l'ordonnance de 1670.
(6) Art. 4, titre VI, ordonnance de 1670.
(7) Art. 3, titre VI, ordonnance de 1670.

Ils prêtaient serment de dire la vérité, indiquaient leurs noms, prénoms, âges, domiciles, afin de faciliter les reproches, le cas échéant.

Ils déposaient hors la présence des procureurs (1), d'ordinaire spontanément, sans être interrogés et avec l'assistance d'un interprète, si besoin était. Le juge ne devait ni les brusquer, ni les intimider ; il résumait ensuite leur déposition, aussi bien à charge qu'à décharge (2).

Les dépositions étaient reçues et es procès-verbaux dressés par un greffier sous la dictée du juge, afin que, lors de la visite du procès, il pût consulter ces pièces qui étaient comme le *tableau de l'instruction* (3).

Les témoins, le juge et le greffier signaient ces procès-verbaux, ou cahiers d'information, qui ne devaient contenir ni blancs, ni ratures non approuvées, ni interlignes.

Les témoins avaient droit à une taxe faite par le magistrat. Ils ne devaient pas être entendus deux fois sur le même fait.

A l'enquêteur incombait le soin de rechercher si la procédure renfermait quelque nullité (4) ; par exemple, si les dépositions présentaient des vices de forme. Dans ce dernier cas, un autre juge recevait la nouvelle déclaration du témoin. Cette prescription peut paraître bizarre. Il y avait quelque présomption, de la part du législateur, à exiger du magistrat enquêteur une sollicitude que devaient trop souvent combattre et son amour-propre, et son intérêt personnel, puisqu'au cas d'erreur de sa part, il était passible de peines pécuniaires.

. Afin que, lors du récolement, la partie civile ou l'accusé n'eussent pas connaissance des déclarations des témoins, il était interdit au greffier (5) de communiquer les pièces de la procédure, l'interrogatoire excepté, à d'autres qu'aux procureurs (6). Cette disposition de l'art. 15 du titre VI constituait une sérieuse atteinte au droit de la défense, en refusant à l'accusé la lecture des pièces d'où l'on allait induire sa culpabilité.

(1) Art. 157, ordonnance de 1539.
(2) Art. 10, titre VI, ordonnance de 1670.
(3) Art. 9, titre VI, ordonnance de 1670. — Bornier, *Commentaire de l'ordonnance de* 1670.
(4) Art. 8, titre XIV, ordonnance de 1670.
(5) Art. 15, titre VI, ordonnance de 1670.
(6) L'art. 12 du titre XXVI apportait toutefois un tempérament à cette disposition pour les cas d'appel de sentences ne portant pas condamnation à une peine afflictive. Une autre exception avait lieu pour les lettres de rémission, au cas où l'on voulait purger la mémoire d'un défunt.

Les commissions rogatoires étaient en usage ; l'art. 17 du titre VI de l'ordonnance les réglemente.

Les greffiers transmettaient chaque année un extrait de leur registre criminel aux baillis, lesquels donnaient avis de cet envoi aux procureurs généraux. Cette mesure excellente en elle-même avait pour objet de faire conserver les procédures avec soin.

Monitoires. — Une autre manière d'arriver à la preuve consistait dans l'emploi des monitoires, véritable provocation à la délation (1), dont l'origine remonte à la procédure ecclésiastique (2). « Ce sont des lettres qui, d'après la définition de Pothier, se publient aux prônes des paroisses, par lesquelles l'official du diocèse avertit les fidèles de révéler la connaissance qu'ils ont des auteurs et complices du crime, avec menaces d'excommunication contre ceux qui ne viendraient pas à révélation. » Il était défendu sous peine d'amende de nommer dans l'exposé des monitoires, ni même de désigner les personnes accusées ou soupçonnées du crime : on s'exprime, poursuit Pothier, par les termes de *certains quidams.*

D'après l'art. 1er du titre VII, tous les juges pouvaient permettre d'obtenir des monitoires ne contenant aucune désignation de personnes et reproduisant uniquement les énonciations du jugement qui les autorisait. Les curés étaient obligés de publier les monitoires.

Les révélations ainsi obtenues étaient adressées au greffe de la juridiction saisie du procès.

Toute procédure particulière, instruite en faveur de l'accusé, l'était à ses frais et à ses dépens.

Première communication aux procureurs. — Après l'audition des témoins et l'exécution des monitoires, les pièces étaient communiquées aux procureurs royaux ou fiscaux qui, dans le délai de trois jours, donnaient des conclusions auxquelles les juges ne devaient pas obligatoirement se conformer (3). Semblable communication était faite aux parties civiles.

Décrets et arrestations. — Le tribunal réuni en chambre du conseil, mais le plus souvent le juge instructeur seul (4), ren-

(1) De Pastoret, *Lois pénales*, 3e partie, liv. II, p. 121.
(2) Cette matière a été réglementée et complétée par l'art. 26 de l'édit d'avril 1695.
(3) Art. 1er, titre X, ordonnance de 1670.
(4) V. Serpillon, t. I, sous l'art. 1er du titre X. — *Bornier* refuse toutefois à un seul juge le droit de décréter; mais il a contre lui la majorité des auteurs.

dait après le constat, l'audition des témoins, ou les monitoires, une première décision, aux termes de laquelle l'accusé était, soit élargi, soit renvoyé à l'audience. Dans ce dernier cas, le prévenu était dit « décrété. » C'était le décret et non la plainte qui symbolisait l'accusation.

Le décret, qui est le germe de nos *mandats* modernes, était de trois sortes : *d'assigné pour être ouï*, — *d'ajournement personnel*, — *de prise de corps.*

C'est avec l'ordonnance de 1670 qu'on voit pour la première fois reparaître législativement *l'assignation pour être ouï*, forme de décret adoptée déjà depuis quelques années par la pratique et que consacra définitivement l'art. 3 du titre X de l'ordonnance de 1670, afin d'éviter une des conséquences trop rigoureuses de l'ajournement personnel, c'est-à-dire *l'interdiction* de toutes fonctions publiques (1).

Le décret d'*ajournement personnel* est celui par lequel le juge ordonne que l'accusé sera assigné à comparoir en personne, pour être interrogé sur les faits de l'information (2). Il diffère du décret d'*assigné pour être ouï* en ce que celui-ci, faute par l'accusé d'y avoir obéi, se convertit en décret d'ajournement personnel, au lieu que celui d'ajournement personnel se convertit en décret de prise de corps; enfin le décret d'ajournement personnel, à la différence de l'autre, emporte l'interdiction.

Le *décret de prise de corps* est un décret par lequel le juge ordonne que l'accusé sera saisi au corps et conduit dans les prisons.

Il résulte des observations présentées par les orateurs, lors de la discussion des articles, que dans la pratique on préférait la prise de corps par surprise à celle qui avait lieu directement, tant les arrestations présentaient alors de difficultés.

Il n'était pas rare de voir un prévenu opposer une résistance armée, et l'on se rappelle le programme de rébellion ouverte et d'insurrection que Fouquet avait rédigé et adressé à ses proches pour le cas où il viendrait à être arrêté : son plan consistait à se défendre dans Belle-Isle, à soulever les provinces, la flotte et l'armée (3).

(1) Art. 10 et 11, titre X, ordonnance de 1670.
(2) Pothier, *Traité de la procédure criminelle.*
(3) M. Ravaisson, *Archives de la Bastille*, t. II. p. 373.

Pour éviter tout scandale et toute résistance, le juge rendait un simple décret d'ajournement ou d'assigné pour être ouï, qui était converti immédiatement en un décret de prise de corps (1) dès que l'accusé se présentait. Quelquefois, à l'inverse, un décret de prise de corps était transformé en une assignation pour être ouï, quand le procureur du roi y consentait.

Le plus généralement, le juge avait une latitude complète et un pouvoir sans contrôle pour décréter, en tenant compte des circonstances, de la nature des crimes, de l'importance des charges et de la qualité des prévenus. Les art. 5, 6, 7, 8 et 9 du titre X indiquent des décrets spéciaux, qui devaient suivre les procès-verbaux dressés par les différents magistrats ou officiers de police judiciaire et être décernés dans des cas déterminés.

Si le délit était flagrant, le crime grave, le coupable désigné par la rumeur publique, ou s'il s'agissait d'un faux témoignage commis pendant une déposition, le juge écrouait les prévenus, sans être tenu de prendre auparavant avis des procureurs (2).

Les procureurs du roi faisaient deux fois par an aux procureurs généraux l'envoi des états d'écrou.

En principe, la prise de corps n'était pas ordonnée contre les individus domiciliés, à moins qu'il ne s'agît d'un crime emportant peine afflictive et infamante (3). D'autres fois, l'ajournement personnel devait seul être employé, par exemple, quand une peine afflictive n'était pas encore encourue.

En matière d'injures verbales, le juge ne décrétait pas : il se bornait à assigner sommairement pour une audience à désigner (4). Cette formalité a évidemment inspiré notre *citation directe*.

Quelquefois, même après un décret de prise de corps suivi de l'incarcération de l'accusé, celui-ci était mis en liberté provisoire. Il adressait une requête aux juges, laquelle était communiquée au procureur du roi. Quand celui-ci accordait la

---

(1) Voir la discussion des art. 3 et 4, titre X.

(2) Art. 9, titre VI.

(3) Art. 19, titre X. — Jousse, sous ce texte (p. 201 et suiv.), énumère quelques-uns des cas auxquels se référait l'art. 19. C'était un souvenir du droit romain. A Rome, la prise de corps n'était possible que contre les individus convaincus de crimes. Au dix-septième siècle, elle pouvait s'appliquer à ceux qui étaient simplement inculpés,

(4) V. la discussion sous l'art. 3 du titre X. — A cette époque déjà, *la vérité de l'injure* n'existait pas.

mise en liberté, il écrivait au bas de la requête : *N'empêche, si
l'accusé n'est détenu pour autre cause.* L'accusé était alors
relaxé sur l'ordonnance du président et après avoir donné
caution (1), et promis par serment de se présenter à première
réquisition : il devait élire domicile. Souvent des conditions
étaient imposées pour sa mise en liberté, telles que celles de
se rendre en tel lieu et de n'en pas sortir, de restituer une
somme déterminée ou de faire des révélations (2).

La partie civile avait toujours le droit de s'opposer à l'élargissement (3). Celui-ci était possible même en appel, dans certains cas (4).

Les décrets rendus tant contre des individus nettement désignés que contre des inconnus (5), s'exécutaient, nonobstant
appel, dans tous les ressorts, sans que pour cela une permission
fût nécessaire (6).

L'accusé pouvait être arrêté partout, même dans une église(7).
On punissait de peines sévères ceux qui recélaient des décré-
tés.

Autrefois, dans les affaires graves, le juge prescrivait d'employer des ménagements à l'égard des personnes qui devaient
être arrêtées ; il ordonnait, par exemple, que le prévenu serait
amené *sans scandale.* — L'art. 17 du titre X a pour but d'interdire aux magistrats de prendre à l'avenir de pareilles mesures.

Les sergents à cheval ou à pied, les huissiers, les commissaires au Châtelet et l'exempt de la prévôté étaient chargés de
l'exécution des décrets. Ils se rendaient au domicile de l'individu recherché. Si celui-ci habitait une maison louée, le pro-
priétaire répondait parfois en son nom propre de l'exécution de
l'ordre d'arrestation. A cette époque, la police avait déjà l'habitude de visiter les hôtels meublés et les garnis de la capitale,
afin d'y rechercher les personnes décrétées (8). Procès-verbal
était dressé de l'arrestation et remis au juge requérant.

---

(1) Cette caution s'appelait « caution juratoire. » V. M. Ravaisson, t. VII,
p. 358.
(2) *Ibid.*, t. III, p. 27, 63 ; t. VII, p. 307.
(3) Voir la discussion du titre X, ainsi que l'art. 29 du titre XIII.
(4) Art. 22, titre X.
(5) Art. 18, titre X.
(6) Art. 1 et 2, titre X.
(7) Art. 166, ordonnance de 1589.
(8) M. Ravaisson, *Archives de la Bastille*, t. VIII, p. 409.

Des exoines. — Afin que les accusés n'abusassent pas de la faculté qui leur était accordée de présenter des excuses ou exoines, celles-ci furent limitées par l'art. 1er du titre XI au cas de maladie et de blessure. L'ordonnance de 1670 innovait encore par cette disposition.

Les exoines étaient présentées sous forme de requêtes avec rapport de médecin. Les procureurs du roi vérifiaient la nécessité des motifs allégués ; s'ils paraissaient exacts et sérieux, on faisait droit à la requête et un sursis était accordé à l'exécution du décret; sinon, on passait outre.

Des prisons. — En parlant des décrets de prise de corps et des écrous, le législateur de 1670 fut naturellement amené à s'occuper des prisons. Tel est l'objet du titre XIII de l'ordonnance de 1670. Il y est question du règlement intérieur de ces établissements, de l'écrou, des recommandations (1), des transfèrements, des devoirs des geôliers ou des greffiers, de la communication des greffiers entre eux, des interdictions de communiquer, des détenus pour dettes, de la visite des maisons de justice (2), de la nourriture des prisonniers (3), des formalités qui suivaient l'élargissement des accusés, etc., etc.

Plusieurs réformes ont, sur ces différents points, modifié en 1670 l'ancienne législation : c'est ainsi que l'ordonnance décide que, dans le cas où les créanciers d'un débiteur incar-

---

(1) La recommandation était l'acte par lequel on donnait avis aux geôliers d'une cause d'emprisonnement différente de celle pour laquelle le prévenu avait été précédemment incarcéré : elle équivalait par conséquent à un second écrou.

(2) Les procureurs du roi devaient visiter les prisons chaque semaine (V. Hiver, *op. cit.*).

(3) Il semble résulter de quelques passages du livre de M. Ravaisson que, pour la Bastille du moins, c'étaient les lieutenants du roi, ou autres officiers de police qui subvenaient à la nourriture des dépenses, sauf ensuite à se faire rembourser par le roi du montant de leurs avances (*Archives de la Bastille*, t. VIII, p. 7, 76, 77). D'autre part, voici les détails curieux que Linguet nous a transmis sur le même sujet: « Le gouverneur en entreprend la nourriture à forfait et cette gargote royale est lucrative. Le ministère a fondé à la Bastille quinze places qui sont payées, occupées ou non, sur le pied de 10 louis de France par an, ce qui fait au gouverneur un revenu de près de 2,500 louis d'or par an. Ce n'est pas tout : en fabriquant une lettre de cachet qui lui donne un commensal, on ajoute à la fondation primitive une somme par tête proportionnée à sa qualité. Ainsi un colporteur, un homme de bas étage apporte à la marmite commune, outre la pistole fondée, un écu d'extraordinaire par jour ; un bourgeois, 100 sols; un prêtre, un juge ordinaire, 10 livres ; un conseiller au parlement, 15 livres; un lieutenant général des armées, 24 livres ; un maréchal de France, 36 livres... J'ignore quel est, dans ce cadastre ministériel, le taux d'un prince du sang » (*Mém. sur la Bastille*, ch. III).

céré consentent à son élargissement, ce détenu ne pourra être mis en liberté sans la permission du juge ; le geôlier qui contreviendra à cette prescription sera tenu de payer aux créanciers les sommes pour lesquelles ils auront fait incarcérer leur débiteur (1). Elle décide en outre que, si les geôliers exercent de mauvais traitements sur les détenus, six témoins (au lieu de dix, comme sous les anciennes ordonnances) suffiront pour démontrer la culpabilité de ces agents (2).

Ces réformes ont été continuées par les arrêts de règlement des 11 décembre 1697, 18 juin et 1er septembre 1717.

Sentences de provision. — Pour mentionner toutes les attributions du magistrat instructeur, nous devons encore indiquer celle que lui accordait le titre XII et qui lui permettait de rendre sur la demande du plaignant, et sans qu'il fût besoin des conclusions du ministère public, des sentences de provision, qui avaient pour but de pourvoir aux aliments ou médicaments réclamés.

Si les deux parties se portaient respectivement plaignantes et demandaient simultanément une provision, le juge supérieur décidait laquelle des deux prétentions lui paraissait le mieux fondée.

Aucun sursis n'était accordé en cette matière.

La saisie des provisions était impossible (3). Avant l'ordonnance de 1670, les défendeurs usaient de tous les stratagèmes pour en rendre l'adjudication illusoire.

Interrogatoires. — C'est au titre XIV ayant pour titre *Des interrogatoires* que les champions des doctrines libérales et les défenseurs du principe autoritaire paraissent s'être donné rendez-vous. La discussion eut lieu au sein de la commission dans la séance du 17 juin 1670.

Le texte primitif de l'art. 1er portait que les interrogatoires seraient faits « incessamment. » A la suite de la discussion, on a substitué à ce mot la formule suivante : « Les interrogatoires commenceront vingt-quatre heures après l'emprisonnement (4). » Cette disposition avait été édictée moins par souci de la liberté individuelle que dans le but de surprendre l'accusé

---

(1) Art. 31, titre XIII.
(2) Art. 37, titre XIII.
(3) Art. 8, titre XII ; art. 4, titre XXVI ; art. 8, titre XXV.
(4) Art. 1er, titre XIV.

et de l'empêcher d'organiser un système de défense tendant à déguiser la vérité (1). A mesure que nous avancerons dans l'examen de cette procédure, nous remarquerons que les préoccupations du législateur, comme les moyens employés pour instruire les procès criminels, ont toujours le même objectif, obtenir l'aveu de l'accusé (2).

L'obligation pour le magistrat d'interroger promptement l'accusé ne s'appliquait qu'aux crimes graves, et encore était-elle fort mal observée. Aussi la célérité dans les poursuites et la promptitude dans l'expédition des affaires étaient-elles en vain recommandées aux juges par les législateurs de 1539 et de 1670; en pratique, les procédures devenaient interminables et les procès s'éternisaient. Celui de Fouquet dura plus de trois ans : arrêté le 5 septembre 1661, ce fut seulement le 3 mars 1662 que la chambre de justice ordonna qu'il serait interrogé, et il ne fut jugé que le 20 décembre 1664 (3). — Dans l'affaire du marquis de Sortosville et de la femme Magnon, inculpés d'avoir fait assassiner le mari de celle-ci, l'instruction dura du 10 janvier au 22 septembre 1675 (4). — Peu après le procès de la Brinvilliers, il y eut un procès criminel assez célèbre qui dura de 1673 à 1682, c'est-à-dire neuf ans (5) !

Dans la discussion de l'art. 2, il fut implicitement entendu que le juge, chargé de procéder aux interrogatoires, tiendrait balance égale entre l'accusation et l'accusé. Signalons, puisque l'occasion se présente, ce triomphe des idées libérales.

L'accusé subissait l'interrogatoire, soit dans le lieu où se rendait la justice, soit dans la chambre de la geôle, soit dans une maison quelconque en cas de flagrant délit, mais jamais dans la maison du juge. Toutefois, nous voyons que, dans le procès Fouquet, des lettres patentes autorisèrent Séguier à présider chez lui la chambre chargée de l'instruction de l'affaire, à la seule condition que les jugements seraient rendus en l'audience publique à l'Arsenal. Fouquet présenta requête pour

---

(1) Jousse, sous l'art. 1er du titre XIV ; Serpillon, *ibid.* — L'ordonnance de 1539, art. 146, contenait une disposition analogue.

(2) L'importance de l'interrogatoire en soi, c'est de faire découvrir de quel côté l'information doit être dirigée (V. Letrosne, *Vues sur la justice criminelle*).

(3) M. Ravaisson, *Archives de la Bastille*, t. II.

(4) *Ibid.*, t. VI.

(5) *Ibid.*, t. IV.

s'opposer à ce transfèrement, mais la chambre passa outre (1).
A Paris, c'était d'ordinaire le lieutenant de police en la prévôté
qui se rendait à la Bastille, faisait comparaître l'accusé et procédait à son interrogatoire (2).

Quelquefois le Parlement commettait un de ses membres
pour aller interroger un accusé. Ainsi, en avril 1676, le parlement de Paris commit M. Paluau, conseiller, pour aller interroger à Dinan la femme Brinvilliers qui y était détenue (3).

Le juge seul avait le droit d'interroger, non seulement sur
les faits ou circonstances révélés au début de l'information,
mais également sur tous les crimes dont il soupçonnait le prévenu coupable : mais les procureurs pouvaient remettre des
notes ou des mémoires.

L'accusé devait répondre par sa propre bouche.

Ce fut l'art. 7 du projet qui donna lieu aux plus solennelles et
aux plus remarquables discussions.

Il s'agissait de savoir si le prévenu prêterait serment de dire
la vérité avant de répondre aux questions qui lui seraient
adressées.

L'ancien droit avait proscrit cette mesure : il avait compris
l'iniquité qu'il y avait à obliger un prévenu de s'accuser lui-
même des crimes qu'il avait commis : *Nemo auditur turpitu-
dinem suam allegans.* Mais il est vrai de dire que la pratique
contraire, introduite par l'Inquisition, formellement exigée par
'ordonnance de 1498, puis abrogée implicitement par l'ordonnance de 1539, s'était rétablie peu à peu et qu'elle dominait
dans les usages judiciaires en 1670.

Lamoignon, après avoir invoqué les législations des différents peuples de l'Europe, se fondait sur les motifs développés
par la Novelle 94 de Justinien pour combattre ce principe
désastreux pour la morale, pour la religion et pour l'humanité,
qui plaçait le prévenu dans cette douloureuse alternative, ou
de se parjurer, ou de devenir son propre bourreau. Les accusés,
s'écriait-il, feront-ils jamais des déclarations susceptibles d'entraîner contre eux la peine capitale? La nature et le besoin de
préserver leurs vies ne l'emporteront-ils pas toujours sur la re-

<hr>

(1) *Archives de la Bastille,* t. II, p. 163.
(2) *Ibid.,* t. IV, p. 277.
(3) *Ibid.,* t. IV, p. 173.

ligion? Pourquoi les contraindre à ajouter un crime nouveau, le parjure, à l'acte déjà incriminé? La majorité des premiers présidents, ajoutait l'illustre magistrat, est hostile à la mesure proposée, qui aurait pour conséquence inévitable de faire mépriser le serment dans tous les cas où il est indispensable.

L'ordonnance de 1539 (1) ne le prescrit que pour les confrontations avec les témoins, mais non dans les interrogations (2).

Pussort répliqua que, si on interdisait le serment dans les interrogatoires, par crainte de voir l'accusé mentir, il faudrait également le supprimer dans les confrontations et aussi dans les affaires civiles; que la loi du christianisme est supérieure à la loi naturelle; « que la mort est préférable à un péché mortel; » que beaucoup de consciences timorées hésiteront à se parjurer et qu'ainsi on saura mieux la vérité.

Talon se rallia à cette opinion. Selon lui, on devait obtenir beaucoup d'éclaircissements par le serment qui avait déjà, dans maintes circonstances, motivé les aveux des coupables.

La cause de l'humanité était dès lors perdue. L'art. 7 du titre XIV de l'ordonnance fut adopté : « *L'accusé prêtera serment avant d'être interrogé, et en sera fait mention, à peine de nullité.* »

Il y aura désormais deux sortes de torture pour l'accusé : l'une morale, *le serment,* l'autre physique, *la question,* dont nous parlerons bientôt. Mais la première sera d'autant plus cruelle que le prévenu sera moins perverti et par conséquent plus digne d'intérêt.

L'art. 8 du même titre introduisit encore une innovation peu heureuse. Contrairement à l'ancien usage, il défendit d'accorder un défenseur à l'accusé après la confrontation. La controverse qui s'est élevée au sujet de ce texte, au sein de la commission, a été souvent rappelée par les commentateurs de l'ordonnance.

Les adversaires de la liberté de la défense pensaient qu'en prohibant le concours des avocats, on découvrirait mieux la vérité. Ils invoquaient l'opinion des anciens auteurs qui reprochaient aux avocats de donner à leurs clients des avis en droit,

(1) Art. 154.
(2) Art. 146.

tandis que l'interrogatoire ne devait se référer qu'à des circonstances de fait. Ils ajoutaient que la vérité se découvrait
mieux, quand l'accusé se trouvait seul, en face de ses juges,
et qu'alors « la conscience de ceux-ci était plus tranquille. »

Toutefois, ces rigueurs, si énergiquement sollicitées dans les
siècles précédents, étaient un peu abandonnés avant les travaux préparatoires du monument législatif que nous étudions.
Et Dumoulin s'était écrié en 1544, c'est-à-dire quelques années après la promulgation de l'ordonnance de Villers-
Cotterets : « Quelle dureté plus inique que d'enlever la défense à un accusé ! »

Pendant les conférences, Lamoignon combattit en faveur de
la liberté de la défense. Sans doute, fit-il remarquer, les avocats ont pu traîner les procès en longueur et parfois faire
bénéficier les accusés d'une regrettable impunité : « Mais,
« poursuivait le libéral magistrat, s'ils ont sauvé quelques cou-
« pables, il ne faut pas oublier que des innocents périront
« peut-être faute de conseils. Comme le législateur ne peut
« prévoir tous les inconvénients, il faut qu'il se règle sur les
« plus considérables et qu'il aille au-devant du plus grand
« mal; mieux vaut absoudre mille coupables que de faire
« mourir un innocent. »

Les conseils du défenseur constituent, ajoutait-il, une liberté de droit naturel, incontestable. L'homme doit pouvoir
recourir aux lumières des autres, quand il n'en a pas assez pour
se guider lui-même ou pour se défendre. Ces raisons de droit
imprescriptible et d'éternelle justice ne sont-elles pas plus
fortes encore dans un siècle où la procédure criminelle est,
depuis l'ordonnance de 1539, plus rigoureuse qu'à Rome et
qu'à toutes les autres époques de l'histoire? Sans doute, un
conseil est inutile dans les affaires simples; mais quand les
débats ont une longue durée, quand le prisonnier, arraché à
sa famille, isolé dans un cachot, accablé par sa disgrâce, a la
raison troublée et se trouve dans l'impossibilité de répondre
aux questions qui lui sont adressées, est-il possible de l'aban-
donner à lui-même et de lui refuser un conseil? En énumé-
rant les deux cas exceptionnels dans lesquels l'accusé aura le
droit de communiquer avec ses conseils (1° s'il s'agissait de
crime de péculat, de concussion, de banqueroute frauduleuse,
de vol en matière de banque, de fausseté de pièces ; 2° si

l'accusation avait pour objet des crimes non capitaux), l'art. 8
du projet ne faisait pas assez, au dire de l'éloquent premier
président du Parlement. Au lieu de limiter ainsi les dérogations à une règle absolue, jugée d'ailleurs mauvaise, mieux
vaudrait, concluait-il, généraliser l'exception, ou plutôt laisser,
en cette matière, une grande latitude aux juges.

Pussort, exagérant cette pensée qu'il fallait tout sacrifier
pour arriver à la preuve de la culpabilité du prévenu, criti-
qua vivement la persistance avec laquelle les défenseurs s'efforçaient, dans toutes les causes criminelles, de faire obtenir
l'impunité à leurs clients. Il insista sur les lenteurs qu'ils susci-
teraient à l'instruction et sur les « désordres » qu'avait récemment occasionnés leur intervention. Avant tout, disait Pussort,
il convient de ne pas suspendre le cours de la procédure,
d'éviter les conflits de juridiction, les incidents et les nullités.
C'est vainement qu'on argumenterait de la nécessité existant
pour l'accusé de signaler ces nullités, puisque la dernière partie
de l'art. 8 laisse au juge le soin d'examiner les vices de la procédure et le condamne même à payer les frais que sa négligence ou son ignorance auraient entraînés. L'inflexible conseiller d'État fit en outre observer que, si le système contraire
prévalait, on verrait bientôt les prévenus riches s'adresser à
des défenseurs et obtenir seuls des sentences d'absolution. Il
terminait, en proclamant que l'insertion, dans l'art. 8, de restrictions pour des crimes spéciaux, était une concession suffisante au delà de laquelle il ne fallait pas aller.

Talon estimait qu'il était nécessaire d'empêcher les abus, les
retards des procès, les complications ou les subtilités de procédure, dont il rendait les défenseurs responsables. D'après
lui, le crime était ordinairement démontré par la seule déposition d'un témoin que l'accusé pouvait parfaitement combattre lui-même. Pourquoi alors recourir à un intermédiaire?
— L'orateur repoussait aussi bien la faculté accordée indistinctement à tous les prévenus de se servir d'un avocat,
que l'indication, dans un article de loi, des différentes hypothèses dans lesquelles cette même faveur pourrait être obtenue. Il préférait que les magistrats pussent la proscrire ou l'au-
toriser.

Le texte originaire de l'art. 8 fut adopté avec cette simple
addition à la nomenclature qu'y avait déjà fait figurer la

commission législative : « Supposition de part, et d'autres « crimes où il s'agira de l'état des personnes. »

Ainsi la majorité de la commission méconnaissait à la fois l'équité la plus stricte, la solennité d'une discussion libre, et l'utilité d'une contradiction consciencieuse.

Cette idée moderne, que les avocats coopèrent avec les magistrats à la recherche de la vérité, but de toute justice, n'avait frappé aucun des éminents jurisconsultes, désignés comme commissaires, pour préparer le nouveau Code d'instruction criminelle.

Ne terminons pas l'analyse de ces mémorables harangues, sans rappeler que c'est à l'éloquence indignée, à l'insistance persuasive, et à la louable énergie de Lamoignon qu'il faut attribuer la rédaction définitive de l'art. 8. Sans son intervention puissante et efficace, la défense des prévenus aurait pu être complètement proscrite dans tous les procès criminels.

L'art. 9 du titre XIV permet au juge de laisser l'accusé conférer, après l'interrogatoire, avec qui bon lui semblera, pourvu que le crime ne soit pas capital. Cette exception est étrange ; mais ce qui l'est encore plus, c'est qu'aucun des commissaires, pas même Lamoignon, ne s'y opposa formellement. Celui-ci se contenta de faire observer que le texte projeté présentait cet inconvénient d'obliger le juge à préjuger que le crime était capital, avant d'avoir statué sur le fait incriminé. — Le président de Novion appuya cette observation que Pussort combattit victorieusement.

Il convient de remarquer, pour la parfaite intelligence de ce texte, que l'ordonnance distingue nettement entre « communiquer » et « conférer. »

Communiquer se rapporte à la faculté qu'a l'accusé après son interrogatoire de prendre conseil d'un avocat; et nous savons qu'aux termes de l'art. 8, il ne l'a que dans certains cas exceptionnels, énumérés limitativement. *Conférer*, au contraire, indique les rapports que l'accusé peut avoir en principe aux termes de l'art. 9 avec ses amis et ses proches.

Quand, après un premier interrogatoire, il survenait des charges nouvelles, c'est-à-dire d'autres chefs de prévention, on réitérait l'interrogatoire (1), ce qui avait lieu fréquem-

____

(1) V. art. 146 et 152 de l'ordonnance de 1539.

ment, malgré la recommandation faite aux magistrats de ne pas procéder à plus de trois interrogatoires. Quelquefois même on les multipliait à l'excès ; on interrogeait sept, huit, dix-vingt fois sur chaque fait que révélait l'instruction.

Il est intéressant de savoir à quelles règles les magistrats se conformaient en cette matière. C'est encore le commentateur le plus autorisé de l'ordonnance de 1670 qui nous l'apprend (1). D'après Jousse, le juge devait considérer la qualité du prévenu, ne pas montrer de la familiarité, de la brusquerie ou de la colère, ni témoigner de la partialité, ni intimider celui qui était devant lui. Il était préposé, ainsi que nous l'avons déjà rappelé en indiquant les quelques rares concessions qui, lors de la discussion des articles, avaient été faites aux doctrines libérales, aussi bien à la défense de l'accusé qu'à la conviction du coupable.

Mais ce que l'on remarque en lisant les interrogatoires de cette époque, c'est que les questions adressées par le juge aux accusés, tout en étant pleines de concision et de précision, ne constituent pas un raisonnement serré ; il n'y a pas d'inductions, pas de preuves rapportées, pas de rapprochements avec es dépositions les plus accablantes des témoins, pas de précision dans les dates ; le juge s'abstient même de signaler les contradictions des accusés. Chaque question du magistrat semble isolée ; chaque réponse du prévenu est pour lui comme si elle était seule. Aussi ne voyait-on pas d'inconvénients à ce que, dans une même affaire, les coaccusés fussent détenus dans des prisons différentes, souvent fort éloignées les unes des autres. Lors du procès du chevalier de Rohan, mentionné plus haut, nous voyons en effet que, durant une partie de l'information, parmi les prévenus, les uns étaient détenus à Rouen, tandis que les autres étaient enfermés à la Bastille (2).

L'art. 8 du titre XIV laisse « au devoir et à la religion des juges d'examiner, avant le jugement, s'il n'y a point de nullité dans la procédure. »

L'interrogatoire était lu à l'accusé, à la fin de chaque séance, coté et paraphé à toutes ses pages et signé par le juge et l'accusé, le tout à peine de nullité et de tous dépens, dommages et intérêts contre le magistrat instructeur.

(1) Jousse, *op. cit.*, p. 257 et suiv.
(2) M. Ravaisson, *Archives de la Bastille*, t. VII, p. 402, 425, 430.

2° *Communication aux procureurs*. — Chaque interrogatoire était communiqué à la partie civile et aux procureurs, pour permettre à ceux-ci de prendre telles réquisitions qu'ils voudraient (1).

Le ministère public pouvait alors *prendre droit par l'interrogatoire*, c'est-à-dire *régler l'affaire à l'ordinaire*, si la matière était légère et par conséquent non susceptible de peines publiques, mais seulement de dommages-intérêts envers la partie lésée, quand celle-ci prenait des conclusions à cette fin (2), ou bien requérir soit un plus ample informé, soit le *règlement de la procédure à l'extraordinaire*.

L'accusé, lorsqu'il n'était pas passible d'une peine afflictive, pouvait *prendre droit par les charges*, après l'interrogatoire, c'est-à-dire consentir à être jugé sans l'accomplissement de nouvelles formalités (3). Au contraire, dans les affaires graves, il importait, pour un motif d'ordre public, que la preuve fût complète. La procédure était alors continuée par les actes que nous allons maintenant faire connaître.

§ 3. — *Procédure extraordinaire ou définitive.*

Après l'interrogatoire, les juges se réunissaient, examinaient les charges, les moyens, reproches ou récusations, délibéraient comme s'il s'agissait d'un jugement au fond (4).

Ils pouvaient rendre trois décisions différentes : ou bien *relaxer* le prévenu de la poursuite, ou bien le renvoyer devant la juridiction civile (ce que l'ordonnance de 1670 appelle *réception en procès ordinaires*), ou bien rendre un *règlement à l'extraordinaire*.

Nous ne dirons rien de la première de ces trois décisions.

II. *Réception des procès criminels en procès ordinaires, c'est-à-dire civils*. — Nous savons dans quelle hypothèse et à quelles conditions cette réception se produisait. Elle ne pouvait avoir lieu qu'après l'interrogatoire, mais avant la confrontation. Après cette dernière formalité, il fallait nécessairement que le

____

(1) Art. 17 et 18, titre XIV. V. aussi art. 148 et 149 de l'ordonnance de 1539.
(2) Art. 20, titre XIV.
(3) Art. 19, titre XIV.
(4) Art. 2, titre XXV,

juge prononçât une sentence définitive, soit de condamnation, soit d'absolution (1). Le motif de cette solution était qu'on ne voulait pas que l'accusé, après avoir, par la confrontation, pris connaissance des charges de l'accusation, se procurât ainsi des preuves qui ne devaient pas lui appartenir, et qui ne pouvaient résulter que d'une enquête faite selon la forme ordinaire. Aussi, la réception en procès ordinaire avait-elle pour effet de convertir les informations criminelles en enquêtes civiles.

Bien que la conversion eût été prononcée, la voie extraordinaire n'était pas irrévocablement fermée ; car ce n'était pas un nouveau procès qui commençait, c'était l'ancien qui continuait, au point de vue civil. Or l'ordonnance de 1670 autorisait, non seulement la réception des procès criminels en procès ordinaires, mais aussi la conversion des procès civils en instances criminelles (2). Il en résultait que la même affaire pouvait passer de la voie criminelle à la voie civile, et de la voie civile revenir à la voie criminelle.

Dans cette deuxième hypothèse, on procédait au récolement et à la confrontation. Un décret de prise de corps pouvait être rendu.

Il faut encore remarquer que les procès civils ne pouvaient être convertis que sur l'ordre du juge, mais non sur la demande de la partie civile, d'après le brocard : *Una via electa, recursus non datur ad alteram.*

Enfin, quand il y avait plusieurs coaccusés, le procès criminalisé à l'égard de l'un ne pouvait pas être civilisé à l'égard de l'autre.

III. *Règlement à l'extraordinaire* (3). — Le *règlement à l'extraordinaire*, ou jugement sur le fond, qui présente quelque analogie avec notre arrêt de la chambre de mises en accusation, intervenait à défaut de l'une des solutions précédentes.

Son objet était de prescrire une nouvelle phase de l'instruction consistant principalement dans le *récolement* et dans la *confrontation.*

Il n'était ordonné que par les juges ; il était répété, si un

____

(1) Art. 4, titre XX.
(2) Art. 1 et 2, titre XX.
(3) Voir, sur le sens de ces mots, un article publié par M. Jeanvrot, dans le *Journal du ministère public* (numéro de janvier 1881, p. 20 et suiv.). — *Procédure extraordinaire* était synonyme de *procédure criminelle.* C'est ainsi que, d'après M. Jeanvrot, il conviendrait d'interpréter le décret du 3 messidor an VII.

nouveau crime était signalé; il devait contenir le détail de la procédure qui allait suivre et s'exprimer en termes exprès, ce qu'il disait des témoins ne pouvait s'appliquer à l'accusé.

La partie civile était fondée à présenter requête pour obtenir le règlement à l'extraordinaire.

Récolement. — Le récolement, ou nouvelle déposition, était inconnu en droit romain. Il a été établi par l'ancien droit français, et l'art. 152 de l'ordonnance de 1539 en fait mention. Il était le prélude de la procédure civile ou extraordinaire, et servait à rendre plus nettes les premières déclarations des témoins, afin qu'il n'y eût aucun doute lors de la confrontation.

Il exigeait autant de prudence que d'impartialité de la part du juge, tenu à la fois de rechercher la vérité et de vérifier la sincérité du témoin.

Le récolement avait lieu après le décret et après le jugement qui réglait la procédure à l'extraordinaire. Lorsque les témoins étaient âgés, malades, ou disposés à quitter la France, un jugement préalable n'était pas indispensable.

Il n'était prescrit que quand, dans les procès susceptibles de se terminer par une condamnation à une peine afflictive ou infamante, l'interrogatoire et les divers éléments d'information recueillis n'avaient pas rendu suffisamment certaine la preuve du fait incriminé (1). Il ne l'était pas, si une peine pécuniaire était seule encourue. Il ne l'était pas non plus après l'aveu fait par l'accusé, à moins qu'on n'eût à redouter des rétractations de sa part. Comme, malgré les textes, le récolement avait lieu en pratique, même dans des affaires légères, on remarquera qu'aucune règle fixe ne le régissait.

Tous les témoins d'abord entendus, ceux qui ne savaient rien, ou bien les parents de l'accusé, par exemple, n'étaient pas nécessairement récolés.

L'ordonnance de 1670 ne fixait aucun délai pour le récolement et la confrontation, qui d'ordinaire avaient lieu incontinent.

Une grande latitude appartenait sous ce rapport aux juges, qui seuls avaient le droit de procéder aux récolements.

Cette formalité avait lieu, quels que fussent la dignité du témoin, ou le rang du juge, ou du conseiller de cour souveraine même, dont on avait reçu le témoignage.

____

(1) Art. 1 et 9, titre XV.

Lorsqu'une nouvelle audition de témoins était ordonnée, à cause de la nullité de la première, les frais de la seconde procédure étaient à la charge du juge qui avait commis l'irrégularité signalée.

Les formalités du récolement étaient les suivantes : serment prêté par le témoin dans la chambre du conseil et devant le juge chargé de l'instruction ; interpellation au témoin ; affirmation qu'il persistait dans sa précédente déclaration, et qu'il connaissait parfaitement la personne désignée dans sa déposition ; audition secrète dans le lieu où se rend la justice ; lecture de la nouvelle déposition ; signatures, etc. (1).

A partir du récolement, le témoin ne pouvait se rétracter, sous peine de faux témoignage, pas même lors de la confrontation.

Bien que l'art. 11 du titre XV, qui contient cette disposition, ait été maintenu tel qu'il avait été rédigé, relevons cependant les observations que ce texte suggéra à Lamoignon : « L'accusé, disait l'éminent magistrat, avait pu démontrer à un témoin de bonne foi l'inexactitude de son récit. Pourquoi alors interdire à ce témoin de modifier sa première déclaration ? Est-il donc impossible au juge de discerner la mauvaise foi de l'ignorance ? » — Pussort fit ressortir les inconvénients qu'il y aurait à voir un témoin changer de langage, le récolement étant précisément un appel à la mémoire du témoin. Après le récolement, poursuivait l'orateur, le témoignage appartient à la justice. Toute rétractation sent la subornation. La sécurité publique est intéressée au maintien du principe proposé. — Ici encore, Pussort triompha des résistances de Lamoignon.

Les procès-verbaux de récolement se plaçaient dans un cahier, séparé des autres pièces de la procédure.

Il ne devait y avoir qu'un seul récolement, même si l'accusé n'était pas connu au début de l'information. Le motif en était que cette formalité s'accomplissait, non en faveur de l'accusé, mais uniquement afin de rendre plus claires des indications ou informations déjà fournies.

Quand le témoin se rétractait lors du récolement, il devenait inutile de passer à la confrontation.

____

(1) Art. 5, titre XV.

Confrontation (1). — La confrontation s'opérait à peu près de la même manière que le récolement. C'était l'acte par lequel le témoin était mis en présence de l'accusé, pour que celui-ci fournît contre lui ses reproches, s'il en avait, et pour que le témoin reconnût l'accusé, et insistât sur la vérité de sa déposition. Elle était nulle, s'il n'y avait pas eu de récolement antérieur (2). Elle n'avait lieu que dans le cas où le témoin ne se rétractait pas ; elle ne portait que sur les faits ou circonstances au sujet desquels l'accusé avait été expressément interrogé ; elle permettait à celui-ci de se défendre, d'éclairer le juge et parfois de démontrer la fausseté des déclarations recueillies.

Jusqu'à la confrontation, tout avait été secret pour l'accusé, et il arrivait souvent qu'il avait ignoré jusque-là le crime qui lui était reproché. C'était la première fois qu'il voyait les témoins, et immédiatement il devait formuler ses reproches contre chacun d'eux, au fur et à mesure qu'ils paraissaient devant lui et dès que leurs noms lui avaient été indiqués.

Aussitôt que la déposition était commencée, aucun reproche ne pouvait plus être formulé (3). C'était là une disposition bien rigoureuse que les rédacteurs de l'ordonnance de 1670, empruntèrent, comme nous l'avons vu, à celle de 1539 et qui pourtant ne souleva aucune difficulté de la part d'aucun des commissaires, pas même de Lamoignon.

Les individus décernés de prise de corps étaient confrontés, pendant leur incarcération. Ceux qui avaient été mis en liberté sous caution devaient se constituer de nouveau prisonniers pour la confrontation (4).

Les accusés pouvaient être confrontés entre eux : cette formalité était connue sous le nom d'*affrontation* (5).

Les témoins à récoler ou à confronter étaient assignés *ad*

---

(1) Beaumarchais (t. III de ses *Œuvres*) met en lumière le détail de cette formalité si usitée dans la procédure de l'époque. Il indique, avec la verve qui le caractérise, comment les paroles, objections et réponses s'entre-croisaient dans le débat. Il dit à ce sujet (p. 76) : «L'accusé dont on lit l'interrogatoire n'a pas le droit d'interpeller ; il ne fait que répliquer, mais il prend sa revanche et il interpelle à la lecture des pièces de son coaccusé. Quand l'accusé a fait le tour entier des confrontations actives et passives, il connaît le procès aussi bien que celui qui doit le juger. »
(2) Art. 13, 14, 15, 18, titre XV.
(3) Art. 20, 22, 23, titre XVII.
(4) Cette disposition de l'art. 2 du titre XV était empruntée à celle de l'art. 153 de l'ordonnance de 1539.
(5) Pothier, *Inst. crim.*, section 4, art. 5, § 1 et 2.

hoc. Le délai fixé pour leur comparution était calculé d'après la distance (1), ou d'après le degré d'urgence et de célérité qu'exigeait l'affaire. Les défaillants étaient condamnés à l'amende.

Dans les confrontations, le rôle du juge était très effacé, il n'interpellait pas d'office le témoin sur les contradictions que présentait sa déposition, à moins d'en être requis par l'accusé (2).

Au cours de la discussion des articles du titre XV, le premier président Lamoignon demanda que la déposition à décharge d'un témoin décédé avant le récolement fût lue et que le juge en tînt compte lors de la visite du procès. — Pussort combattit sans succès cette proposition, qui trouva ensuite sa place dans l'art. 21, et qu'il convient encore de signaler comme une des améliorations introduites dans l'ordonnance. Mais Lamoignon échoua, en demandant, sous l'art. 22, que le reproche fût admis pour les dépositions des témoins condamnés, depuis le récolement, à une peine afflictive. Son avis ne prévalut pas. On convint cependant que les juges prendraient cette circonstance en considération.

Talon fit ajouter à ce même article l'obligation de justifier les reproches par des pièces.

Les reproches formulés contre un témoin devaient l'être par écrit (3). Ils étaient ordinairement basés sur ce que, soit le témoin, soit le coaccusé, menait une vie débauchée ; qu'il en voulait à l'accusé ; qu'il mentait toujours ; qu'il avait causé la mort de quelqu'un ; qu'il y avait entre lui et l'accusé inimitié grave, procès ou plainte portée ; qu'il était son débiteur ; qu'il avait agi comme tel, avec tromperie, dol et mauvaise foi, etc. (4).

Quand le reproche était admis, la déposition était rejetée. Dans le cas contraire, on passait outre à l'examen du procès. On statuait sur les reproches en même temps que sur le fond, par un seul et même jugement.

Dans le projet primitif d'ordonnance préparé par les membres du conseil du roi, on décidait que les reproches seraient jugés

(1) Art. 163, ordonnance de 1539.
(2) Art. 22, titre XV.
(3) Art. 16 et 19, titre XV (empruntés à l'art. 154 de l'ordonnance de 1539).
(4) M. Ravaisson, *Archives de la Bastille*, t. V, p. 18, 80, 82, 367, 369.

séparément du fond; tout un titre, le titre XIX, était consacré à cette procédure particulière. Lors de la discussion en assemblée générale, ces dispositions furent critiquées, à cause des lenteurs qu'elles occasionneraient; et le titre XIX disparut complètement de la rédaction définitive.

Requête de la partie civile et moyens de défense. — Après le récolement et la confrontation, la partie civile présentait sa requête et concluait à ce que l'accusé fût à la fois déclaré coupable du crime et condamné tant à la réparation du dommage qu'aux dépens.

L'ordonnance de 1670 a, pour abréger les formalités de l'information criminelle, supprimé (1) les appointements, écritures, forclusions, etc.

Le prévenu présentait requête pour combattre l'accusation, relever les nullités de la procédure, reprocher les témoins, discuter leurs déclarations, demander l'autorisation de conférer avec un conseil, ainsi que la communication de certains arrêts ou de certaines pièces utiles à sa défense, obtenir une prorogation de délai, etc. (2).

Troisièmes et dernières conclusions du ministère public.—L'article 157 de l'ordonnance de 1539 exigeait que les juges communiquassent la procédure aux procureurs du roi pendant l'instruction.

L'art. 1er du titre XXIV (ancien XXV) de l'ordonnance de 1670 se borne à prescrire, après le récolement et la confrontation, la communication du procès aux procureurs, considérés comme partie principale dans l'instance criminelle.

Après avoir eu communication des pièces, le ministère public donnait ses conclusions, qui devaient être écrites, non motivées, cachetées, afin, disait-on, que l'accusé en ignorât le contenu et fût moins disposé à nier...

On rencontre encore ici l'incessante préoccupation d'un législateur qui redoutait à l'excès les dénégations.

Jadis les procureurs pouvaient donner leurs conclusions de vive voix; désormais, cet usage ancien sera aboli (3).

----

(1) Titre XXIII. — Voir aussi art. 10 du titre XVI, art. 6 du titre XXVII, art. 9 du titre XXVIII.

(2) M. Ravaisson, *Archives de la Bastille*, t. II, p. 427. — Du temps de Beaumarchais, les requêtes étaient imprimées et distribuées aux juges et devai nt être signées d'un avocat.

(3) Art. 1er, titre XXIV.

Les conclusions étaient lues, après toutes les autres pièces du procès.

Il était interdit aux procureurs d'assister à la visite, aussi bien qu'au jugement du procès (1), sous prétexte qu'ils ne devaient pas être tout à la fois juges et parties.

Visite du procès. — Le magistrat instructeur était dessaisi par la communication au ministère public. Après celle-ci, l'affaire était soumise aux juges du siège réunis en chambre du conseil. Alors commençait la visite du procès. C'était la dernière phase de la procédure extraordinaire : un des magistrats faisait le rapport. (Cette formalité est encore en vigueur devant nos cours d'appel ; elle a évidemment pour origine la disposition précédente de l'ordonnance de 1670.) Outre le rapport du juge, la visite du procès comprenait encore l'*interrogatoire sur la sellette,* la *preuve ordonnée de faits justificatifs,* et, dans certains cas, la *question.*

S'il y avait récusation de juge, elle devait être tout d'abord examinée.

Les anciennes ordonnances, celle de 1585 notamment, refusaient tout pouvoir au juge dont l'incompétence était arguée. — Lamoignon réclama le maintien de cette règle ancienne et combattit l'art. 2, qui permettait aux juges d'instruire les procès criminels, malgré l'appel interjeté par l'accusé, sur la question de compétence, aussi bien que sur la récusation. — L'opinion contraire prévalut, tant parce que, faisait-on remarquer, les sursis faisaient dépérir la preuve, que parce que, si on tolérait les appels pour incompétence ou récusation, ils se multiplieraient bientôt avec exagération..... Encore une victoire de la forme sur la raison !

Aussi, la plupart des commentateurs de l'ordonnance de 1670 ont-ils sévèrement critiqué la modification ainsi apportée par l'art. 2 du titre XXIV (2).

Interrogatoire sur la sellette. — Toutes les fois que le ministère public avait requis une condamnation à une peine afflictive ou infamante (il ne suffisait pas d'une seule de ces conditions), l'accusé était placé sur la sellette (3). Il subissait alors un nou-

---

(1) Art. 2, titre XXIV. — Voir aussi l'art. 44, ch. 13 de l'ordonnance de 1539. — Voir également Serpillon, t. II, p. 992 et 993.
(2) De Pastoret, *Lois pénales,* liv. Ier, première partie.
(3) La sellette était un siège noté d'infamie, qui se trouvait au milieu de

vel interrogatoire précédé du serment, qui permettait aux magistrats de mieux s'éclairer, en entendant les réponses faites verbalement. C'est là une des rares garanties concédées par la procédure inquisitoire qui exigeait le secret et le mystère pour la plupart des actes d'information.

Le procès-verbal d'interrogatoire sur la sellette était transmis aux cours, en cas d'appel, avec les autres pièces de la procédure.

Dans les procès criminels de l'époque, nous voyons qu'en général les interrogatoires duraient fort longtemps. Chaque séance n'était que de trois quarts d'heure ou d'une heure, de sorte que l'interrogatoire prenait souvent plusieurs semaines. D'autre part, on lisait à l'accusé toutes les pièces du procès, qui étaient toujours très nombreuses.

L'interrogatoire que le surintendant Fouquet subit sur la sellette fut commencé le 14 novembre 1664 et ne se termina que le 20 décembre suivant (1).

Mais un reproche plus grave à adresser aux magistrats instructeurs du dix-septième siècle, c'est le peu de loyauté qu'ils apportaient dans l'exercice de leurs fonctions. L'aveu de l'accusé était leur éternel objectif et ils ne reculaient devant rien pour le lui arracher. On est tout étonné de voir Louvois leur donner des conseils, et sans scrupule leur suggérer de faire croire par exemple à un accusé, pour l'engager à avouer, que son complice avait fait des révélations, alors qu'il n'en était rien (2).

Dans l'affaire des poisons, Louvois fit promettre à la Voisin sa grâce, si elle avouait (3); et Dieu sait si on avait l'intention de gracier pareille criminelle !

Preuve ordonnée de faits justificatifs. — L'accusé pouvait au cours de l'interrogatoire présenter ses moyens de défense (4),

la salle d'audience du tribunal. Les accusés ne méritant pas de peines afflictives étaient traités avec moins de rigueur et ne comparaissaient pas sur la sellette; le tribunal les entendait derrière le bureau (V. Bornier sous l'art. 15 du titre XXVI). — (Voir art. 21 du titre XIV, lequel a été complété par les déclarations royales des 10 septembre 1682 et 13 avril 1703. — La déclaration de 1703 avait en vue : 1° de consacrer le droit naturel qu'a tout accusé de faire entendre sa défense; 2° de calmer les scrupules des juges qui n'auraient pas voulu le condamner sans le voir et sans écouter ses explications.)

(1) M. Ravaisson, *Archives de la Bastille*, t. II, p. 225 et 389.
(2) M. Ravaisson, *ibid.*, t. VII, p. 431.
(3) M. Ravaisson, *ibid.*, t. VI, p. 19.
(4) Titre XXVIII de l'ordonnance de 1670.

qu'il basait ordinairement sur l'impossibilité où il se serait trouvé de commettre le crime, sur la désignation qu'il faisait d'un tiers comme véritable coupable, sur un alibi, et par exemple, en matière de vol, sur l'affirmation qu'il avait acheté les objets supposés dérobés, ou bien encore sur ce que la prétendue victime d'un assassinat n'était ni morte, ni même blessée, etc., etc.

Lorsque quelques-unes de ces énonciations paraissaient vraisemblables et pertinentes, le tribunal choisissait celles qu'il lui semblait opportun d'admettre (1). Il les mentionnait dans le jugement qui en ordonnait la preuve et qui devait être rendu au plus tard dans les vingt-quatre heures.

A cette époque, l'accusé n'avait pas le droit de faire entendre directement des témoins pour se justifier; il devait pour cela faire appel à l'autorité souveraine du juge. Le tribunal avait, en cette matière, une suprême faculté d'appréciation. L'enquête complémentaire ne pouvait être ordonnée qu'après la visite de la procédure (2), afin, disait-on, d'éviter l'abus des demandes de cette nature, qui, autrement, n'auraient pas manqué de se produire.

Si l'enquête était ordonnée, des témoins étaient, soit entendus d'office, soit désignés, puis assignés à la requête des procureurs, aux frais de l'accusé, ou bien à ceux de la partie civile, lorsque l'accusé était insolvable.

L'intervention du procureur est ici bien critiquable, si on songe que la sentence d'absolution dépendait ainsi de son impartialité ou de sa diligence, et qu'un oubli ou une négligence de sa part entraînait de regrettables conséquences.

Le juge recevait les nouvelles déclarations, qui, avec les autres pièces de la procédure, étaient communiquées aux procureurs, ainsi qu'à la partie civile; l'un et l'autre prenaient de nouvelles conclusions.

Pendant cette instruction, l'accusé n'était pas élargi; car, d'une part, la procédure extraordinaire n'avait pas encore pris fin, et, d'autre part, on pouvait redouter que les témoins fussent subornés par le prévenu.

Torture et question. — Après cette longue procédure, ces

(1) Voir art. 154, ordonnance de 1539.
(2) Art. 1er, titre XXVII de l'ordonnance de 1670.

informations, ces interrogatoires, ces récolements, ces confrontations, toute cette série de formalités, la sentence définitive va-t-elle être enfin rendue? Pas toujours, car le législateur de 1670, acceptant sans hésiter un des legs les plus funestes du passé, confirma la pratique de la torture que lui transmettait l'ancienne législation.

On peut sans témérité rattacher cette malheureuse disposition de l'ordonnance de 1670 au désir immodéré qu'avait le juge de cette époque d'obtenir l'aveu de l'accusé. Toutes les formalités de l'instruction, toute l'habileté du magistrat, tous les efforts du législateur semblent l'avoir pour unique objectif. Ce caractère tout particulier, notre ancienne procédure criminelle en était empreinte depuis de longs siècles déjà, et, si nous avions à en étudier l'origine, nous la trouverions dans cet affaiblissement successif de toutes les autres preuves, dans cette sorte d'épidémie du parjure, qui, en dehors de l'aveu du coupable lui-même, laissait le juge en proie à toutes les perplexités de sa conscience (1).

Au début de notre histoire, dans le camp des barbares du cinquième siècle, au *mallum du comte*, la procédure est tout orale. L'accusateur produit ses témoins, l'accusé présente les siens, ses conjurateurs parents ou amis affirment sous serment qu'il est innocent. Leur nombre, d'abord limité, s'étendra. Le coupable puissant emmènera pour le cautionner des répondants nombreux. C'est en vain qu'on leur opposera d'autres conjurateurs. Tous jureront, et en jurant imposeront au juge la décision. Mais la vérité a-t-elle surgi de ce conflit de serments et de déclarations? Nullement. Déjà rien ne peut détruire le mal croissant du parjure. Ni le lien religieux du serment, ni la crainte du supplice n'arrêteront la complaisance des uns ou la périlleuse industrie des autres (2).

La preuve orale dès lors faussée, le juge veut recourir par nécessité, plus que par goût, à un autre mode d'instruction, aux épreuves, au duel ensuite. A une époque guerrière, l'épée devient l'arbitre social : elle sera pour la justice l'instrument de la conviction.

(1) « Les lois t'infligeront la torture, dit Beccaria, parce que tu es coupable, parce que tu peux être coupable, parce que je veux que tu sois coupable » (*Des délits et des peines*, ch. 12).

(2) V. discours de rentrée prononcé par M. Moreau, substitut du procureur général. Rouen, 3 novembre 1860.

Ce recours à la force subsiste sept cents ans. Au quatorzième siècle, une transformation s'accomplit. La preuve testimoniale va recouvrer sa faveur, mais elle se dénaturera dans le moule qui la reçoit : l'enquête, empruntée au droit canonique. La procédure, en devenant secrète, obscurcit les preuves. Le doute renaît dans l'âme du juge. C'est alors que la science pédantesque des criminalistes de la Renaissance imagine la théorie des *preuves légales*. La conviction du juge, produit calculé d'avance d'une logique artificielle, n'est plus l'expression de sa conscience, mais la simple solution d'un problème d'arithmétique.

On comprend que de pareils moyens de démonstration n'ont pu satisfaire la raison du magistrat. Son instinct l'entraînant à la vérité par une voie moins oblique, il fera de la confession de l'accusé le but de l'instruction.

Pour l'atteindre, il recourra à un interrogatoire captieux, à la contrainte morale, enfin à l'isolement. Puis, si la résistance du prisonnier n'a pas été lassée par les sollicitations de l'interrogateur, ou intimidée par ses menaces, comme il faut qu'il parle, la torture sera employée. C'est ainsi que les vices de la procédure en amenèrent un autre, le vice suprême, digne couronnement d'un édifice dont chacune des pierres avait coûté un sacrifice à la justice et à l'humanité.

La torture, inconnue dans le droit hébraïque, était appliquée à Athènes et à Rome (1). Réservé d'abord aux esclaves, étendu ensuite aux personnes libres de la condition la plus humble, son emploi devint bientôt chez les Romains d'une application générale. On y soumit indistinctement les accusés (2) et les témoins (3), et l'on en arriva, chose monstrueuse et à peine croyable, à employer la torture même dans les causes civiles. Jamais chez nous elle ne reçut une telle extension; on ne l'appliqua, ni aux témoins, ni dans les causes civiles.

Quand, le 17 juin 1670, les commissaires royaux en trouvèrent l'usage confirmé par le projet d'ordonnance qui leur était soumis, pas un n'éleva la voix pour protester. Lamoignon lui-même approuva ici les rigueurs de l'ordonnance : il se contenta de demander que la question fût appliquée de façon à ce que les

(1) V. *De l'esprit du droit criminel aux différentes époques*, etc., par M. Roland.
(2) L. 18, §§ 1 et 2, D. *De quæstionibus.*
(3) L. 15 et 18, § 3, D. *eod. tit.*

patients ne demeurassent pas estropiés toute leur vie! Le principe était donc admis sans conteste ; et, si nous feuilletons les procès-verbaux de l'assemblée générale où l'article qui le formulait a été adopté, nous n'y trouvons que ces mots : « *Cet article a paru bon.* » ...C'est ainsi qu'au milieu du dix-septième siècle, au sein de cette société si polie, si cultivée, si raffinée, les mandataires du souverain, le souverain lui-même donnaient droit de cité à la pratique la plus cruelle et la plus inique de la corruption païenne, que la barbarie elle-même avait rejetée.

Sous l'ordonnance de 1670, la torture revêtit un caractère nouveau, qui en aggrava encore la rigueur. On la distingua en question *préparatoire* et question *préalable*.

La question préparatoire précédait le jugement définitif. Elle n'était ordonnée qu'aux trois conditions suivantes : que la preuve ne fût pas suffisante ; que les charges fussent graves (1); que le crime emportât peine de mort.

Elle était ordonnée, sans, ou avec, réserve de preuves. Dans la première hypothèse, si l'accusé n'avait rien avoué pendant le supplice, les charges relevées contre lui demeuraient sans puissance; il ne pouvait plus être condamné ; il était réputé innocent.

Dans la seconde hypothèse, l'art. 164 de l'ordonnance de 1539 absolvait l'accusé qui avait souffert la torture sans rien avouer, parce qu'il était censé avoir fait prévaloir la vérité par son silence. Ce texte ne parut toutefois pas très clair aux commentateurs du seizième siècle ; car les uns prétendaient que, si la culpabilité du patient était indubitable, ses dénégations, loin d'avoir pour effet de détruire la certitude que le juge possédait, pouvaient tout au plus lui procurer une diminution ou un adoucissement de peine, à raison des souffrances par lui éprouvées. Les autres soutenaient, au contraire, que les indices, présomp-

---

(1) On considérait comme charge grave la variation dans les réponses d'un accusé. Serpillon (t. II, p. 913 et suiv.) cite beaucoup d'autres exemples. Le sang découlant de la victime, dès que le meurtrier se trouve en « présence du cadavre, » constituait aussi une charge grave. Un vieil auteur (Laroche, *Arrêts*, titre LIII, arrêt 5) rapporte que, pendant qu'on conduisait au cimetière une jeune fille morte à Toulouse quelques jours auparavant, beaucoup de sang s'échappait du cadavre, ce qui étonnait les assistants ; l'un d'eux fit remarquer que le médecin qui avait soigné la défunte se trouvait dans le cortège et prétendit que c'était pour ce motif que la victime saignait devant le meurtrier. Fort piqué de cette remarque, le disciple d'Esculape cessa d'assister aux enterrements de ses clients et ses confrères toulousains prirent, paraît-il, à partir de ce même jour, une résolution analogue.

tions ou preuves devaient disparaître complètement après la question courageusement endurée.

L'art. 2 du nouveau titre XIX, qui reproduisait et confirmait certaines décisions du parlement de Paris sur cette matière, fit cesser les doutes, en décidant que l'accusé qui aurait subi sans faiblir la question préparatoire bénéficierait de l'attitude qu'il avait eu la force de conserver et ne serait, dans aucun cas, condamné à mort, même quand la question aurait été ordonnée avec réserve de preuves. Cette réserve permettait toutefois d'infliger toute autre peine que la mort.

Talon, au cours de la discussion, trouva excessive cette règle nouvelle et demanda qu'elle fût tempérée par une restriction contenue dans ces mots : « Si ce n'est qu'il survienne des charges nouvelles depuis la question. » On fit droit à l'observation de l'éminent avocat général : dès lors, la question purgeait la preuve acquise antérieurement au jugement qui l'ordonnait, mais non point celle qui survenait postérieurement.

La question préparatoire ne pouvait être appliquée deux fois pour le même fait. C'était là une innovation et une modification des ordonnances antérieures à celle de 1670.

La question préalable (1) était, non plus appliquée à un inculpé, mais à un condamné à mort, qui n'avait plus l'espérance, après la torture, de se soustraire au dernier supplice. Ce qu'on voulait seulement obtenir de lui, grâce au supplice, c'étaient les noms de ses complices.

A la différence de la question préparatoire, la question préalable avait le caractère d'une véritable peine.

Il était défendu aux juges de présenter l'accusé à l'une quelconque de ces questions, sans la lui infliger ensuite réellement.

Tous les juges, sauf ceux des officialités, pouvaient prescrire la question.

Toute personne pouvait y être soumise.

Le jugement ordonnant la torture devait être notifié, car celle-ci ne pouvait jamais être prononcée contre un contumax. Il était sujet à appel.

L'art. 6 ancien (devenu art. 7) du titre XIX permettait à l'accusé d'acquiescer aux sentences de condamnation à la ques-

____

(1) Art. 3 et 4, titre XIX.

tion et de renoncer à la faculté d'appel. Mais l'avocat général Talon demanda que ces décisions subissent toujours les deux degrés de juridiction. Le texte a été modifié, conformément à ce vœu.

Quant aux formalités prescrites par le législateur dans le mode d'application de la torture, voici les principales :

Le rapporteur se transportait, assisté de l'un des juges et du greffier, dans la chambre où la torture devait être infligée. Avant qu'il fût procédé au supplice, l'accusé prêtait serment de dire la vérité ; il était ensuite sommé de déclarer s'il niait le crime qu'on lui reprochait, puis la torture commençait sous la forme usitée dans la province où on se trouvait. Elle variait suivant les localités.

Dans le langage de l'époque, on appelait la question *ordinaire* ou *extraordinaire*, selon qu'elle était plus ou moins dure. La question ordinaire était seule infligée aux personnes faibles (1). Généralement on donnait consécutivement ces deux tortures (2).

Au cours de la discussion en assemblée générale, Lamoignon demandait qu'elle fût appliquée uniformément dans toute la France. La réponse de Pussort fut digne de la demande de Lamoignon : La réforme sollicitée entraînerait pour le législateur, disait le conseiller d'Etat, l'obligation de décrire la question, ce qui serait indécent dans une ordonnance. L'orateur concédait seulement que les mesures nécessaires pour que le patient ne fût pas estropié pourraient être recommandées. — La commission se rangea à son avis. — Et, pourtant, Pussort lui-même, l'im-. placable Pussort avait, en terminant sa harangue, laissé tomber ces paroles qui à elles seules eussent suffi pour motiver le rejet intégral de l'art. 2 : « La question est rarement utile pour obtenir la vérité. »

Il faut encore ajouter que, dans la pratique, la question n'é-tait pas infligée avec les ménagements (nous dirions garanties,

____

(1) Dans les commentaires du titre XIX (art. 10), Bonnier fait remarquer que les juges devaient procéder au supplice « avec une âme purement chrétienne, » et le faire continuer jusqu'à ce qu'il fût bien démontré que l'accusé se trouvait hors d'état d'en supporter davantage !...

Il semble que cette réflexion, plus naïve que cynique, indique merveilleusement jusqu'à quel point les idées de l'époque étaient arriérées et obscurcies.

(2) M. Ravaisson, *Archives de la Bastille*, t. VI, p. 477.

si le mot, quoique trouvant place dans les commentaires de l'ordonnance, ne nous semblait pas ironique), dont la loi, qui réglementait ce supplice, prétendait l'entourer. Cette loi était presque toujours violée par les bourreaux... N'importe, on obtenait ainsi la reconnaissance du crime, équivalente, pour ces hommes passionnés, à la vérité.

A Paris, à Aix, à Marseille, la question se donnait *par l'eau* et *les brodequins*.

La torture par l'eau consistait à étendre le patient sur un chevalet et à lui faire avaler de force quatre pintes d'eau, pour la question ordinaire, et huit pour la question extraordinaire. «Quant à la question des brodequins, dit Rousseau de la Combe (1), elle se donne en mettant les jambes de l'accusé ou condamné dans des ais et des coins pour serrer les jambes entre deux ais à coups de maillet : le tout est bien serré et garrotté avec des cordes, et ensuite on frappe un certain nombre de coups de maillet.»

A Besançon et à Orléans, on la donnait *à l'estrapade :* en voici la description : Pour la question ordinaire, on mettait une clef de fer entre les deux revers de mains du condamné, liées avec force l'une sur l'autre derrière le dos, et avec un câble passé dans une poulie pendant au plancher, on élevait le condamné à un demi-mètre de terre, ayant au pied droit un poids de cent quatre-vingts livres ; pour l'extraordinaire, ayant au même pied un poids de deux cent cinquante livres, il était élevé jusqu'au haut du plancher et recevait en cet état trois secousses en forme d'estrapade, de sorte que ceux qui y étaient appliqués avaient presque tous perdu connaissance (2).

A Nîmes, à Bourges, on disloquait le corps du patient ; à Lyon, on lui brûlait les doigts avec des mèches soufrées ; à Metz, à Nancy, à Rouen, on lui écrasait les ongles sous la pression d'un écrou ; à Autun, on lui brûlait les pieds avec de l'huile bouillante. Partout enfin la cruauté avait inventé des ressources infinies, imaginé d'inépuisables raffinements. Un médecin assistait à la torture pour indiquer jusqu'à quel degré on pouvait pousser les tourments. Malgré cette précaution cruelle, plus

____

(1) *Traité des matières criminelles*, 1769.
(2) *Des tribunaux et de la procédure du grand criminel au dix-huitième siècle*, par M. Berriat Saint-Prix.

d'un patient laissait la vie entre les mains du tortionnaire (1) ; tous au moins gardaient des traces ineffaçables de la cruauté de leurs juges.

C'est une lecture navrante que celle des procès-verbaux rédigés par les magistrats présents à la question, qui, dans les intervalles du supplice, s'approchaient de ces malheureuses victimes pour saisir un aveu, au milieu des imprécations et des gémissements. Presque tous les accusés se reconnaissent coupables, mais à peine enlevés au banc de torture, presque tous aussi protestent de leur innocence; et au bas du procès-verbal, sans comprendre quel problème terrible se dresse devant lui, le juge écrit ces paroles laconiques : « Interrogé pourquoi il a avoué, a répondu que c'est par la force des tourments (2). »

Quelquefois même l'accusé déclarait après la question que le désir d'échapper aux tourments lui avait fait désigner des personnes innocentes comme ses complices. C'est ce qui arriva notamment pour un nommé Des Préaux, impliqué dans le procès du chevalier de Rohan (3).

La rétractation des aveux faite lors du troisième interrogatoire était sans importance; on n'y avait aucun égard, et les aveux souvent dictés par la douleur prévalaient toujours sur les dénégations subséquentes (4). Jousse ajoute pourtant, et ce n'est pas ironiquement qu'il parle, qu'il convenait de ne pas admettre sans vérification les aveux du patient (5).

Défauts et contumaces. — Nous avons jusqu'à présent supposé que le procès était fait à des accusés comparants ou présents. Le titre XVII prévoit le cas où ceux-c sont contumax ou défaillants.

S'ils ne pouvaient être découverts après le décret de prise de

(1) D'ordinaire, les femmes supportaient mieux que les hommes les douleurs de la question (V. M. Ravaisson, *Archives de la Bastille*, t. V, *passim*). Dans l'affaire des *poisons*, l'écuyer du marquis de Ternies, ayant été appliqué à la torture, mourut dans les supplices. On reprocha beaucoup au médecin de ne pas y avoir assez veillé (V. M. Ravaisson, *op. cit*, t. VII, p. 92).

(2) Dans l'affaire *des poisons*, on voit une des accusées, la Chaufrain, s'écrier : « Qu'elle dira tout durant le supplice par la force des tourments, mais qu'elle se rétractera ensuite. »—D'autres fois la douleur était telle que le patient s'écriait : « Je dirai tout ce qu'on voudra » (V.M. Ravaisson, *Archives de la Bastille*, t. VI, p. 481.

(3) M. Ravaisson, *op. cit.*, t. VII, p. 483.

(4) Voir le commentaire de Jousse sous le titre XIX.

(5) *Ibid.*

corps, une perquisition domiciliaire (1), une saisie, puis une vente de leurs biens étaient pratiquées, quelle que fût la nature du crime qu'on leur reprochait. S'ils étaient domiciliés dans le ressort du juge, on les assignait. S'ils persistaient à ne pas comparaître, on donnait par des cris (2) et à son de trompe l'avis qu'ils étaient recherchés. S'ils n'avaient pas de domicile, le décret était affiché à la porte de l'auditoire.

Le dossier était ensuite communiqué au procureur royal, qu i donnait ses conclusions.

Puis, venaient la visite de la procédure, le récolement, la confrontation, qui avaient dû être précédés par l'assignation, laquelle équivalait à l'interrogatoire, ou du moins en tenait ieu.

L'art. 23 du titre XVII permettait la confrontation littérale, en cas de contumace, mais non en cas d'absence.

Après une nouvelle communication des pièces au procureur royal, si les preuves paraissaient suffisantes, le jugement était rendu et déclarait la procédure bien instruite.

Les accusés n'étaient contumax qu'après le jugement; jusque-là, ils pouvaient présenter des requêtes.

Ces formalités spéciales ne retardaient nullement la marche de l'instruction suivie dans la forme habituelle contre ceux des individus accusés du même crime qui se trouvaient sous la main de la justice.

Les condamnations prononcées étaient, ou bien exécutées, soit par effigie (3), soit par l'inscription au tableau, ou bien signifiées.

Procès-verbal était dressé de l'exécution.

Ces condamnations entraînaient ordinairement la mort civile, c'est-à-dire l'impossibilité pour le contumax de tester, de recevoir et de faire un grand nombre d'actes (4).

Les art. 30 et 31 du titre XVII se réfèrent au droit du fisc en cette matière.

Les conséquences de la comparution volontaire de l'accusé

---

(1) Il était d'usage de mettre la plus grande réserve dans les perquisitions. La saisie des lettres de mari à femme ou de papiers particuliers était interdite (V. Ayrault, *Inst. jud.*, liv. III, art. 2, n° 2). — Cette matière a été complétée par l'édit de décembre 1680.

(2) Voir art. 25, ordonnance de 1539.

(3) Voir à ce sujet les développements donnés par Serpillon sous l'art. 16 du titre XVII.

(4) Art. 1er et suiv. du titre XXVII.

dans l'année de l'exécution du jugement étaient la mainlevée de la saisie, la restitution des meubles et des fruits. Le récolement, la confrontation intervenaient ensuite.

Lorsque l'accusé se présentait cinq ans après le jugement rendu, les défauts et contumaces étaient mis à néant. Les procureurs ne recommençaient pas le procès. Il incombait à l'accusé seul de se justifier.

Pour cela, il était obligé de solliciter des lettres afin d'*ester à droit*. S'il était ensuite renvoyé de l'accusation, on ne lui restituait ni les fruits, ni les intérêts, ni les amendes.

Cette sanction pouvait frapper des innocents ; toute la faute en incombait à ceux-ci, qui avaient laissé écouler un temps aussi long avant de se présenter.

Sans cette prescription, les contumax se seraient mis en règle le plus tard possible, avec espérance que, grâce au temps écoulé, les éléments de leur culpabilité auraient disparu.

Au bout de cinq ans à partir de l'exécution du jugement, les condamnations pécuniaires (amendes, etc.) étaient réputées contradictoires, lors même que le souverain aurait autorisé le contumax ou ses héritiers à ester à droit et à purger la contumace (1) ; d'où cette conséquence que la peine publique seule n'était plus censée rendue contradictoirement (2).

A la suite de tout jugement d'absolution, les immeubles confisqués étaient rendus.

La contumace ne pouvait être purgée quand trente années s'étaient écoulées après l'exécution du jugement.

Sourds-muets. — Nous venons de parler des absents... Une assimilation d'idées conduit naturellement à songer aux sourds-muets. Le titre XVIII s'est occupé de ceux-ci ; il indique les formalités à remplir, dont la principale était la nomination d'un curateur. L'art. 8 assimilait à un absent ou à un muet l'accusé qui refusait volontairement de répondre ; on disait alors, dans le langage de l'époque, qu'il était jugé *comme un muet volontaire.*

Quelques procédures spéciales. — Il nous reste à mentionner

(1) *Ibid.*
(2) Ces dispositions, relatives aux contumax, présentent une analogie frappante avec la procédure que l'on suivait à Rome en cette matière à l'époque impériale (V. M. Roland, *De l'esprit du droit criminel aux différentes époques*, etc. Première partie, liv. IV, p. 240 et suiv.).

quelques procédures spéciales, énumérées dans l'ordonnance de 1670 : 1° faux incident en principal (1) ; 2° procès faits aux communautés, villes, campagnes, etc., lesquelles étaient représentées par un syndic et supportaient des condamnations civiles (2) ; 3° procès fait au cadavre ou à la mémoire d'un défunt (3), par exemple, après un suicide ou un duel. L'ancien droit français voulait, en raison de l'énormité de certains crimes, impressionner les survivants. Le droit romain eût considéré une pareille procédure comme ridicule. —D'après l'ordonnance de 1670, dans ces sortes de procès, un curateur était nommé au cadavre ou à la mémoire du défunt. Il était confronté avec les témoins et avait le droit d'interjeter appel ; 4° procédure pour purger la mémoire d'un défunt (4). Il fallait qu'il s'agît alors d'un contumax ou d'un défaillant, décédé dans les cinq ans à partir de l'exécution du jugement. Après cinq ans, l'obtention des lettres de chancellerie était nécessaire ; on recourait à l'appel, à la requête ou aux lettres de chancellerie, pour purger la mémoire ; puis on intentait une action civile en dommages-intérêts, après avoir toutefois au préalable acquitté les frais de justice et l'amende. Assignation était donnée aux procureurs et à la partie civile.

§ 4. — *Sentence définitive.*

Des preuves. — Dès que la justice a fonctionné d'une façon régulière, il a fallu un ensemble de procédés judiciaires pour déterminer la vérité des faits allégués contre le prévenu ; ces procédés, que nous venons de passer en revue, constituent la *preuve*, définie de nos jours « la somme des motifs producteurs de la certitude. »

Aujourd'hui, avant de prononcer sa sentence, le juge n'a qu'à «s'interroger dans le silence et le recueillement, et chercher dans la sincérité de sa conscience quelle impression ont faite sur sa raison les preuves rapportées contre l'accusé et les moyens de sa défense (5). »

(1) Titre IX.
(2) Titre XXI.
(3) Titre XXII.
(4) Titre XXVII.
(5) Art. 342 Code d'instruction criminelle.

Au dix-septième siècle, la forme dominait le fond ; les charges étaient relevées légalement, de même qu'un théorème se démontre mathématiquement. C'était avec une conscience artificielle que les juges formulaient leurs verdicts, en résolvant une sorte d'équation algébrique.

Après avoir entendu le rapport, pris connaissance des pièces, interrogé le prévenu, rassemblés pour rendre, sur le compte de celui-ci, une dernière sentence, ils n'avaient pas la faculté de donner un avis libre, la loi ayant eu soin de déterminer le nombre et la variété des éléments qui devaient fixer leur conviction.

Ces éléments étaient : l'aveu, les dépositions des témoins ou des experts, les écritures, les signatures, etc.

La preuve *parfaite* ou *pleine* résultait, par exemple, de l'aveu du prévenu et de deux déclarations de témoins conformes, ou d'un titre authentique. Lorsque le prévenu niait et que certains indices graves, tels que la déclaration d'un témoin unique, établissaient sa culpabilité, la preuve était dite *semi-pleine*. — La preuve *imparfaite* résultait d'indices moins graves, par exemple, de simples renseignements, en l'absence complète de témoins. — On admettait aussi les *preuves conjecturales* (remarquons combien ces deux mots jurent), lesquelles résultaient du rapprochement des faits, des circonstances, et des indications qu'il convenait d'en tirer.

Un témoin reprochable n'avait pas de valeur juridique. Pourtant des cours souveraines s'habituèrent à la compter comme une fraction de l'unité. D'après ce tarif, le témoin reproché équivaudra au tiers, à la moitié, et même aux trois quarts d'un témoin ordinaire.

Ajoutons qu'une suspicion légale de mensonges pesait sur les femmes. Des juges décident et des jurisconsultent affirment qu'une déclaration de femme ne vaut que les deux tiers d'un témoignage d'homme.

Les *indices*, soumis à une classification analogue, sont manifestes, si l'accusé a été vu une arme à la main auprès de la victime blessée; prochains, s'il avait de la haine pour elle; et seulement éloignés, si on ne peut reprocher au prévenu que des antécédents suspects ou même sa mauvaise physionomie.

En cas de preuve déclarée pleine par la loi, le juge condamnait nécessairement. En cas de preuve semi-pleine, il pouvait faire appliquer la question avec ou sans réserve de preuves, mais il ne condamnait pas. Il avait encore moins ce droit, si la preuve était simplement imparfaite et conjecturale.

S'il y avait partage d'opinions entre les juges, la plus favorable à l'accusé prévalait (1).

Ces règles avaient plutôt pour but de diminuer la responsabilité du juge que d'opprimer sa conscience ; c'est ainsi qu'on lui accordait universellement une grande latitude pour écarter les témoignages suspects.

En échange des restrictions précédentes, la loi pénale l'autorisait à estimer la gravité ou l'importance du fait coupable, pour le frapper d'un châtiment proportionné, ainsi que nous le verrons tout à l'heure à propos des peines.

Du plus ample informé. — La sentence définitive n'entraînait pas forcément, comme aujourd'hui, la condamnation où l'acquittement du prévenu. Une solution intermédiaire, *le plus ample informé*, intervenait, tantôt lorsqu'il n'y avait pas de charges suffisantes contre l'accusé (2), tantôt lorsque la nature du crime ou celle de la preuve ne permettaient pas la question préparatoire, soit, d'autre part, lorsque les juges ne voulaient pas relaxer immédiatement le prévenu, ou bien, parce que, tout en jugeant insuffisantes pour le moment les charges élevées contre lui, ils n'étaient cependant pas d'avis de l'absoudre, enfin lorsqu'ils supposaient que, dans un délai rapproché, de nouvelles charges seraient recueillies.

Le plus ample informé avait lieu pendant un temps que le juge arbitrait et déterminait, quelquefois perpétuel, mais le plus souvent variant entre un, deux, trois, six mois, ou un an.

Sentences, jugements et arrêts. — Ainsi que nous l'avons déjà dit, l'information définitive, loin d'être obligatoire, n'avait pas lieu, chaque fois que la preuve était suffisante. Les jugements étaient alors rendus avec beaucoup de célérité.

Dans les affaires entraînant une condamnation sévère, aucune sentence ne pouvait être prononcée de *relevée*, c'est-à-dire après dîner, à moins que le procès, commencé le matin, n'eût pas été discontinué. On voulait, en effet, que les juges apportassent toute leur attention aux instances criminelles (3).

(1) Art. 12, titre XXV.
(2) Pothier, *Proc. crim.*, sect. 5, art. 2, § 4.
(3) Art. 9, titre XXV.

Si le crime était susceptible d'entraîner une peine afflictive et sujette à appel, le jugement rendu en premier ressort devait l'être par trois juges au moins. Le magistrat absent était remplacé par le plus ancien gradué, ou par le plus ancien praticien du siège. Tous se transportaient au lieu où se rendait la justice, et devaient assister au dernier interrogatoire.

Les arrêts, ou sentences d'appel, même ceux rendus sur une question d'incompétence, étaient délibérés par sept juges. A défaut de l'un de ceux-ci, les gradués montaient au siège.

Les sept magistrats d'appel assistaient au récolement ou à la confrontation.

Tous les jugements ou arrêts, sauf ceux relatifs à la compétence, devaient être signés par les juges, et rendus à la majorité d'une voix en premier ressort et de deux voix en dernier ressort. En cas de division dans l'opinion des juges, l'avis le plus doux prévalait.

Les jugements devaient être motivés; mais, en pratique, ils l'étaient rarement (1).

Dans les arrêts, on pouvait adopter les motifs des jugements.

Il était interdit d'accorder des sursis pour l'exécution des sentences (2).

Avant d'être exécutés, les jugements définitifs et en dernier ressort étaient lus par le greffier aux accusés, dans la prison, en présence du juge rapporteur.

Lorsque la peine prononcée était afflictive, le condamné se mettait à genoux pour entendre cette lecture.

Quelquefois aussi, notamment en matière de diffamation, l'arrêt prononçait l'affichage de la sentence (3). On considérait en effet à cette époque, de même que plus tard, que la meilleure réparation d'une offense verbale ou écrite était la publicité.

Exécution. — Aucune permission ou *pareatis* n'était nécessaire, excepté lorsqu'il s'agissait de saisies, pour l'exécution des sentences criminelles. L'exécution avait lieu le jour du jugement (4). Des restrictions étaient apportées à ce principe, soit

---

(1) Beaumarchais, *Mém.*, t. III de ses œuvres, p. 477.
(2) Art. 8. titre XXV; et art. 8, titre XII.
(3) Beaumarchais, *Mém.*, affaire Kornman.
(4) Ainsi nous voyons que dans l'affaire « des poisons » les accusés furent

pour le cas d'appel, celui-ci étant suspensif (1), soit quand des confrontations étaient nécessaires après la condamnation.

Lorsque les individus condamnés à l'amende honorable refusaient de s'exécuter, une peine plus sévère, celle du fouet, par exemple, pouvait leur être infligée.

On différait, jusqu'à l'accouchement, pour les femmes enceintes, l'exécution de la peine de mort (2), de la question, et, dans certaines provinces, du fouet.

Dépens. — La partie civile qui succombait pouvait être condamnée aux dépens.

Exécutoire était également décerné contre elle pour les frais.

Quand la partie civile était trop pauvre, elle présentait requête, afin d'être déchargée de l'exécutoire, lequel était alors décerné contre les agents du Trésor, de même que lorsqu'il n'y avait pas de partie civile en cause. On ne voulait pas, en effet, que les affaires criminelles restassent en souffrance faute d'argent (3).

Les procureurs n'étaient jamais condamnés aux dépens (4).

A l'égard des accusés, l'amende en tenait lieu. Toutefois, celle-ci ne pouvait s'appliquer à certaines réparations, ni aux frais occasionnés par la nourriture des prisonniers (5).

§ 5. — *Appel et modification des sentences.*

L'ordonnance de 1667 (6) permettait de se pourvoir devant les mêmes juges, par requête civile.

Appel. — La voie de recours la plus usitée contre les sentences en premier ressort était l'appel, qui n'était ordinairement porté que si la peine prononcée était afflictive ou infamante; il l'était alors devant les cours de parlement. Dans les

exécutés au fur et à mesure, avant la fin de l'instruction de leurs complices. Au point de vue de l'information, un tel procédé ne s'explique pas (V. M. Ravaisson, *Archives de la Bastille*, t. VI, p. 199).

(1) Art. 21, titre XXV.

(2) Les condamnés à mort pouvaient se confesser, mais non communier Jousse indique, sous l'art. 21 du titre XXV, comment, au dix-huitième siècle, se faisaient les exécutions capitales.

(3) Voir à ce sujet les arrêts du conseil de 1683, 1685, 1687, 1694.

(4) Art. 19, titre XXV.

(5) Les déclarations royales des 21 mars 1671 et 21 juin 1685 ont réglé ce qui avait trait aux condamnations à l'amende, ainsi qu'au recouvrement de celle-ci.

(6) Art. 1er, titre XXXV.

autres cas, les baillis ou sénéchaux connaissaient de l'affaire, concurremment avec les cours. L'accusé avait en effet, durant huit jours, le choix entre ces deux recours (1); mais les juridictions seigneuriales ne connaissaient pas des appels (2).

Les plaignants étaient obligés de porter devant les bailliages l'appel des sentences rendues par les juges des seigneurs.

Chaque parlement avait une chambre spéciale, composée de seize membres, et chargée de juger les affaires criminelles. Ces magistrats étaient, chaque année, remplacés, en vertu d'une sorte de roulement, entre collègues de la même cour. Un vieil auteur a expliqué ainsi, d'une façon humoristique, cet usage qui s'est perpétué jusqu'à nos jours : « La coutumance à faire « condamner les hommes altère la douceur naturelle du juge, « le rend cruel et inhumain. »

Dans certains cas, le transfèrement (3) de l'accusé avait lieu de plein droit, après l'appel. Diverses formalités (4) se référaient à l'arrivée de l'accusé et des pièces.

Les grosses seules, mais non les minutes, accompagnaient le condamné.

Les affaires étaient distribuées aux substituts du procureur général, ainsi qu'aux avocats généraux.

L'appel était ouvert à l'accusé, au ministère public et à la partie civile.

Les procureurs du roi ne pouvaient appeler d'une sentence conforme à leurs conclusions, ou plus sévère; mais les procureurs généraux avaient ce droit (5).

Au cas d'appel par les procureurs royaux, les accusés prisonniers étaient envoyés en état, devant les cours. Les accusés libres ou élargis devaient se faire écrouer avant l'arrêt de la cour, sinon ils étaient appréhendés par les soins du procureur général.

Aux termes de l'art. 11 du titre XXV, quand la partie civile appelait et que la sentence n'ordonnait pas de peine afflictive, les pièces étaient transmises aux cours, dans le délai de trois à

(1) Art. 1er, titre XXVI.
(2) L'appel des sentences seigneuriales se portait au bailliage, et de là au parlement. Quelquefois, on les portait directement au parlement.
(3) Art. 6, titre XXV.
(4) Art. 9, titre XXV.
(5) Serpillon, *op. cit.*, t. II, p. 114, sous l'art. 1er du titre XXVI.

huit jours, sans que le transfèrement de l'accusé eût lieu en même temps.

L'art. 14 se réfère aux frais de conduite des prisonniers.

L'appel était non seulement ouvert sur la sentence d'acquittement ou de condamnation, mais encore sur la plupart des actes de la procédure : décret de prise de corps, monitoires, règlements à l'extraordinaire, jugements concernant les faits justificatifs indiqués pendant la torture, etc.

Dans ces deux derniers cas, l'appel était suspensif et dévolutif, parce qu'il laissait supposer qu'il y avait lieu d'appliquer une peine afflictive ; il suspendait l'exécution, sauf en ce qui concernait les décrets ou jugements d'exécution.

Les délais d'appel variaient de quarante jours à trois mois.

Certaines décisions étaient définitives, aux termes de l'art. 3 du titre XXVI. Les rédacteurs de l'ordonnance ne virent pas grand inconvénient à cette rigueur, puisque, jusqu'à l'exécution de la sentence, rien n'était définitif, et que tout était au contraire réparable.

L'ordonnance de Roussillon voulait que le juge, considéré comme incompétent, ne pût faire aucun acte d'instruction. — L'art. 3 du titre XXVI a abrogé cet usage, afin d'empêcher que les appels de cette nature ne devinssent trop fréquents. Ainsi on pouvait interjeter appel d'un décret; mais l'exécution de celui-ci ne se trouvait pas suspendue.

Devant la juridiction supérieure, l'accusé était interrogé sur la sellette, ou derrière le bureau.

Un sursis suspendant la suite de l'instruction pouvait être accordé par le juge.

Les questions de compétence étaient résolues en appel, de même qu'en première instance. Peu importait que certaines procédures eussent été faites, sans protestation de la part de l'accusé, par le juge déclaré incompétent. Le droit d'appel n'était pas pour cela périmé en faveur du condamné.

L'appel ne suspendait pas les condamnations pécuniaires (1).

Lorsque l'arrêt rendu au second degré dans une affaire autre qu'une contravention absolvait l'accusé, le paiement de l'amende fait par lui n'entraînait aucune note d'infamie (2).

____

(1) Art. 6, titre XXV.
(2) Art. 7, titre XXV.

Quand le ministère public appelait après l'élargissement de l'accusé, celui-ci n'était contraint de se constituer prisonnier que quand l'arrêt de la cour, préalablement signifié à l'accusé, l'exigeait.

Le paiement des dépens, en cas d'appel, se faisait par provision.

Le condamné qui n'interjetait pas appel d'une sentence de contumace devait se constituer prisonnier, à moins qu'il n'invoquât l'incompétence du juge. Dans ce dernier cas, un délai lui était accordé pour se faire incarcérer.

Si en première instance l'accusé avait récusé le juge ou allégué l'incompétence de celui-ci, s'il avait été débouté de ses moyens, et qu'en cas d'appel il refusât de répondre, on instruisait comme contre un muet volontaire (1). — Cette dernière disposition a été sévèrement critiquée par les auteurs (2). Il n'était pas possible en effet de pousser plus loin l'oubli des droits individuels.

Les cours évoquaient, sur la demande de l'accusé, les affaires peu graves. — L'art. 5 du titre XXVI mettait des entraves ou des limites à cette faculté; mais le texte était mal observé, et trop souvent les cours voulaient connaître des procès, ce qui devenait coûteux pour les parties.

Les baillis ou sénéchaux ne jouissaient pas du même droit.

En cas de condamnation à une peine afflictive, les juges supérieurs pouvaient, spontanément et sans appel de l'accusé ou du ministère public, diminuer ou augmenter la peine.

Après arrêt confirmatif prononçant une peine afflictive, les accusés étaient, pour l'exécution, renvoyés sur les lieux.

Toutefois, plusieurs tempéraments furent apportés à cette règle.

Pourvoi devant le conseil. — Bien que l'ordonnance de 1670 ne mentionne pas le pourvoi devant le conseil du prince, ce pourvoi existait cependant en fait (3).

Mais le règlement du 28 juin 1738 l'a consacré implicitement.

Le pourvoi devant le conseil du roi était admis contre les

(1) Titre XIV; et art. 2 et 3 du titre XXV.
(2) M. Moreau, *De l'aveu.* (Discours prononcé devant la cour de Rouen, le 3 mars 1860.)
(3) Jousse, *op. cit.*, p. 100, 101; et Dalloz, v° *Cassation*, n° 5.

jugements rendus en dernier ressort, mais seulement pour incompétence ou violation des édits ou ordonnances (1),

Nous avons terminé la partie de notre travail consacrée à l'exposition des règles de procédure contenues dans l'ordonnance de 1670. Mais, avant de passer à notre deuxième partie, nous voulons mentionner spécialement un ouvrage intitulé : « *Procès instruit extraordinairement contre La Chalotais père et fils et autres.* » Cet ouvrage, qui compte trois volumes in-12, et qui fut composé en forme de mémoire, peu de temps après les faits qu'il mentionne, contient l'exposé très fidèle et très détaillé de tous les incidents de ce fameux procès, qui fut la cause de la révolution parlementaire de 1771. On y voit, d'une part, la série complète des formalités judiciaires d'une procédure extraordinaire ; d'autre part, comme le procès s'instruisait contre un magistrat de cour souveraine, on peut y suivre l'application de certaines règles spéciales de compétence.

Plusieurs membres du parlement de Bretagne, et parmi eux La Chalotais, étaient prévenus d'intrigues ayant pour but d'exciter des troubles dans la province. La procédure commence par des lettres patentes du roi, saisissant, en 1775, la Tournelle du parlement de Paris. Au cours de l'information, nous voyons à chaque instant le roi intervenir pour régler une foule de détails. — Viennent ensuite la plainte et la requête du procureur général du parlement de Paris, les procès-verbaux de saisie de pièces, ou de perquisition, les procès-verbaux de dépositions de témoins, les rapports d'experts, les premiers interrogatoires, les conclusions du ministère public à fin de décret, le jugement décrétant de prise de corps, la signification de ce jugement, les interrogatoires développés et complets des accusés, de nouvelles auditions de témoins, une ordonnance commettant un magistrat, pour instruire à la place d'un autre, les récolements et les confrontations, une nouvelle plainte signalant d'autres faits, et un nouveau réquisitoire, au sujet de ceux-ci, un arrêt supprimant des mémoires imprimés, des lettres patentes déléguant un conseiller pour remplir les fonc-

(1) Nous parlerons, dans notre section 3, des lettres d'abolition, de rémission, de réhabilitation, etc., qui trouveront naturellement leur place dans l'exposé que nous ferons du pouvoir royal en matière criminelle.

tions de procureur général, un arrêt du conseil d'Etat évoquant l'affaire au conseil du roi, enfin un arrêt du conseil ordonnant l'extinction de la poursuite. — Tel est, à grands traits, le résumé de ce célèbre procès, qui est le tableau vivant des phases diverses que parcourait la procédure au grand criminel, dans ses évolutions prescrites par l'ordonnance de 1670 (1).

L'ordonnance criminelle qui complète, avec celles de 1667, 1669, 1672, 1673, le *Code Louis*, fut donnée à Saint-Germain, le 28 août 1670.

SECTION II.

DROIT PÉNAL PROPREMENT DIT (2).

L'ordonnance de 1670 ne contient que des dispositions isolées sur le droit pénal proprement dit, et si, remontant un peu plus haut dans le passé, nous consultons les documents législatifs antérieurs, nous ne rencontrons aucune codification complète de cette partie de la législation criminelle. Tandis qu'à différentes époques, en 1498, en 1539, en 1670, la procédure criminelle a été refondue et coordonnée, jamais la théorie des incriminations n'a été faite législativement. C'est que l'organisation judiciaire, le droit de juger furent de tout temps considérés comme un instrument puissant d'influence et de domination. — A Rome, les partis se disputaient avec acharnement la justice criminelle, comme l'apanage le plus beau de l'autorité suprême. Il en fut de même dans notre ancienne France. Et ce serait un livre encore intéressant que celui qui retracerait les péripéties diverses de la lutte ardente dont elle fut l'objet, durant plusieurs siècles, de la part des puissances rivales qui la convoitaient. Mais, à chacune des phases diverses de cette lutte séculaire, une réglementation nouvelle semblait nécessaire au parti vainqueur. C'était, d'une part, le désir de légitimer sa victoire, en paraissant apporter aux institutions un semblant de

---

(1) Voir encore, sur ce procès, Linguet, *Annales*, t. XIV, p. 287 et suiv., 373 et suiv., 403 et suiv.

(2) La législation pénale a pour but l'exposé des moyens indiqués comme sanctions pour punir les atteintes au droit (Ortolan, *Hist. du droit crim. en Europe*).

progrès ; c'était aussi le besoin de dresser l'acte définitif de la conquête et de s'en assurer le complet bénéfice.

Le droit pénal proprement dit fut en dehors de la lutte et son développement fut plutôt l'ouvrage du temps, des mœurs, de la coutume et des usages judiciaires, que l'œuvre du législateur.

Toutefois, dans l'exposé que nous avons fait de la législation avant 1670, nous avons rencontré quelques documents qui le concernent plus spécialement (1). Sans y revenir, nous nous contenterons d'esquisser les incriminations et les pénalités qui se rencontrent dans les écrits des jurisconsultes du dix-septième siècle.

L'ordonnance de 1670 ne dit rien ou presque rien en matière d'incrimination ; elle n'énumère pas les crimes et les délits : elle n'en détermine nulle part les caractères distinctifs. Quant à la pénalité, elle se borne, dans l'art. 13 du titre XXV, à indiquer la gradation des peines dans l'ordre de la sévérité : mort naturelle, question avec réserve de preuves, galères perpétuelles, bannissement perpétuel, question sans réserve de preuves, galères à temps, fouet, amende honorable, bannissement à temps. — Ce texte omet de mentionner l'emprisonnement simple, qui était plutôt considéré comme une mesure préventive, *ad custodiam rei*, que comme une peine. Mais un règlement des maréchaux du 22 août 1653, ainsi qu'un édit de décembre 1704, le comprennent dans la nomenclature précédente. Le droit canonique avait édicté l'emprisonnement comme peine (2).

Les peines étaient *légales*, c'est-à-dire les mêmes dans tout le royaume (3), ou *arbitraires*, c'est-à-dire appliquées au gré du juge, qui pouvait en prononcer de non prévues par les ordonnances et même inventer celles qui lui paraissaient opportunes. Dans ce dernier cas, il avait soin d'en donner, par la sentence qu'il prononçait, une description minutieuse, indiquant point par point au bourreau quelle devait être sa tâche.

Nous ne connaissons pas de lecture plus écœurante que celle des jugements criminels de cette époque, où l'on voit des magistrats s'ingénier à décrire tous les raffinements possibles de la

(1) Voir notamment les ordonnances de 1566, 1579 et 1629, analysées plus haut.
(2) Serpillon, *op. cit.*, t. II, p. 1095.
(3) Les peines légales ordinaires étaient le feu, la roue, la potence, etc. (V. Jousse, introd., p. xxxvi).

cruauté et à combiner les supplices, de façon à tirer du corps humain tout ce qu'il peut exprimer de douleurs, de souffrances et d'angoisses (1).

Ce pouvoir discrétionnaire du juge était véritablement sans limites. L'ordonnance de 1670, sinon dans son texte, du moins dans les discussions qui l'ont précédée, et dans les commentaires autorisés qui l'ont suivie, l'étendit encore. Les abus de l'uniformité en cette matière avaient, paraît-il, frappé les jurisconsultes du dix-septième siècle. On prétendait que la gravité du crime variait avec les circonstances, que les lois ne pouvaient prévoir toutes les différences et toutes les parttcularités, que par conséquent elles ne devaient pas prononcer des châtiments uniformes, mais qu'il convenait de laisser au juge le soin d'apprécier quelle peine il y aurait lieu d'infliger au coupable (2). C'est ainsi que, dans la plupart des cas, le magistrat n'avait d'autre guide que sa prudence, d'autre règle que l'usage.

A ce premier caractère de la peine d'être arbitraire, il faut en ajouter d'autres : l'exagération, l'inégalité et la variété infinie.

Nous nous bornerons à indiquer les châtiments les plus usités.

Après la peine de mort viennent la question préalable, les galères, le fouet avec la marque, la langue percée et les lèvres coupées, le poing coupé, être pendu sous les aisselles, assister à la potence, être traîné sur la claie pour le cadavre, la promenade sur un âne, le carcan, la marque, le pilori, l'amende honorable, le bannissement, la réclusion dans une maison de force, la peine de l'authentique. Ces différentes peines étaient rangées dans la catégorie des peines corporelles, car, dit Muyart de Vouglans (3), elles tendaient à l'effusion du sang ou à la douleur physique.

A côté des peines corporelles, il y avait les peines infamantes, qui se divisaient en *infamantes de droit* et *infamantes de fait*.

Les peines infamantes de droit sont : la condamnation de la mémoire, le blâme, la dégradation de noblesse, la suspension ou l'interdiction d'office, et le plus ample informé.

Il faut y ajouter l'usage assez répandu de faire brûler par la

(1) Voyez notamment l'arrêt de condamnation de Damiens.
(2) Brissot de Warville, *Théorie des lois crim.*, t. I, p. 97 et suiv.
(3) *Lois crim.*, p. 59.

main du bourreau les livres condamnés par le Parlement (1).

Les peines infamantes de fait sont : l'admonition, l'abstention de certains lieux, la réparation d'honneur, la défense de récidiver ou de ne plus user de telle voie, l'injonction, la mise hors de cour, l'aumône, la privation des privilèges.

Nous nous bornerons à dire un mot des plus importantes et des moins connues.

Le dernier supplice (2) variait suivant la classe des personnes; c'était la potence pour les roturiers, et la décapitation pour les nobles (3). Mais la mort était rarement la simp'e privation de la vie : pour les crimes de lèse-majesté humaine (et ils étaient nombreux!), c'était l'écartellement; pour les crimes de lèse-majesté divine, c'était le feu; pour les crimes réputés atroces, c'était l'affreux supplice de la roue (4): le condamné était étendu sur un chevalet, l'exécuteur, armé d'une barre de fer, lui rompait successivement tous les membres, puis, repliant le corps sur lui-même il l'attachait à une roue fixée horizontalement à la hauteur de l'échafaud ; les membres brisés (5) et tout pantelants s'entrelaçaient dans les rayons, et pendant que le peuple, contemplant cet affreux spectacle, se demandait avec épouvante jusqu'où peut aller l'infini de la douleur, le supplicié, la face tournée vers le ciel, appelant en vain la mort, restait sur la roue tant qu'il plaisait à Dieu de l'y laisser vivre.

Quelquefois pourtant l'horreur de ce supplice ne satisfaisait pas encore la sévérité du juge; c'est alors qu'il s'ingéniait à accumuler les supplices et à composer savamment ces peines extraordinaires, châtiments épouvantables que son impassible cruauté savait varier à l'infini jusqu'aux raffinements les plus atroces! L'imagination souffre à se les représenter. Qu'on se

---

(1) V. Linguet, *op. cit.*, t. XV, p. 889.

(2) La liste des faits punis de mort est effroyablement longue : d'après certains auteurs, cent quinze crimes étaient punis de mort (De Pastoret, *Les lois pénales*, 4ᵉ partie, ch. 21).

(3) Aussi vit-on quelquefois des gens, désireux de prouver leur noblesse, tirer argument d'un arrêt condamnant un de leurs ancêtres à être décapité.

(4) Ce supplice avait été emprunté à l'Allemagne.

(5) Quelquefois, par une note mise au bas de la sentence et appelée *retentum*, les juges ordonnaient que le coupable serait étranglé secrètement, soit après avoir reçu un certain nombre de *coups vifs*, soit seulement après avoir été exposé pendant un certain temps sur la roue : mais cet adoucissement n'était jamais connu du condamné, qui subissait toutes les appréhensions plus douloureuses que le supplice même.

rappelle le supplice de Damiens qui, à plus de onze siècles de distance, ressemble tant à celui de Brunehaut !

Les galères étaient perpétuelles ou à temps ; c'était un travail forcé qui consistait à ramer sur les galères ou vaisseaux du roi dans les différents ports (1). Les forçats étaient enchaînés deux à deux ; à terre, ils travaillaient pour la marine. Un règlement de Henri II de 1548 ordonnait aux capitaines d'entretenir 150 forçats sur chaque galère ; ce n'est que plus tard qu'ils ont été réunis dans les bagnes. Les galères à perpétuité entraînaient mort civile et confiscation générale, ainsi que l'infamie et la marque au fer rouge sur l'omoplate. Les femmes condamnées aux galères étaient enfermées dans des maisons de force (2). Dans notre ancien droit les galères étaient en général appliquées à l'usure, à la concussion, à la fausseté des dépositions, au vol de bestiaux, ainsi qu'aux délits commis par les vagabonds et gens sans aveu. Hâtons-nous d'ajouter que ces mêmes faits pouvaient être punis de mort ; car il ne faut pas oublier que, dans notre ancienne France, toute peine était arbitraire.

La peine du fouet était de deux sortes : il était donné, tantôt *sous la custode*, tantôt *dans les rues*. Au premier cas, il etait administré par le geôlier, dans une des salles de la prison et n'entraînait pas l'infamie. Au second cas, il était donné par le bourreau dans les carrefours de la ville : le condamné était promené par les rues, fouetté à chaque carrefour et marqué au fer rouge sur une des places publiques (3). La peine du fouet était prononcée contre l'adultère, les libelles diffamatoires, le vol, les contraventions commises par les cabaretiers et marchands de vin. On l'appliquait aussi à ceux qui tuaient les pigeons des colombiers royaux ou seigneuriaux (4), ou qui coupaient des arbres. Cette peine n'était jamais appliquée aux nobles (5).

---

(1) Lorsqu'un forçat devenait infirme et hors d'état de ramer, il pouvait fournir un Turc, ou un nègre, qu'il payait et qui ramait sur le banc, à sa place. C'était une singulière façon de subir sa peine ! (V. M. Ravaisson, *Archive de la Bastille*, t. VII, p. 361.

(2) V. l'ordonnance de gabelles de mai 1680, art. 7, titre XVII.

(3) Muyart de Vouglans, liv. II, titre IV, § 6, p. 64.

(4) Le droit d'avoir des colombiers était anciennement un privilège des nobles.

(5) V. *Le conseil* de Pierre Desfontaines, ch. 13, § 22 ; et Loysel, liv. VI, titre II, règle 32.

La peine de *la langue coupée* était édictée contre les blasphémateurs. Pour la première fois, on coupait la lèvre supérieure; pour la deuxième fois, la lèvre inférieure; puis on perçait la langue ; enfin, en cas de quatrième récidive, on coupait la langue, avec un couteau (1).

Le 4 janvier 1766, cette peine fut prononcée contre dix-sept jeunes gens d'Abbeville. Un décret de brumaire an II les a réhabilités.

Le sacrilège, le parricide, le faux commis par des officiers publics étaient frappés de la peine du poing coupé. Mais cette peine était presque toujours accessoire et précédait le dernier supplice.

La peine d'être *pendu sous les aisselles* était appliquée aux impubères qui, sans leur âge, auraient subi la mort.

La *promenade par les rues* était une peine accessoire, qu précédait le châtiment de l'adultère et de l'excitation à la débauc0e. Le condamné était placé sur un âne, le visage tourné vers la queue.

Le *carcan* était un collier de fer qui servait à attacher le condamné pour l'exposer avec un écriteau sur la place publique. C'était le plus souvent une peine accessoire ; quelquefois cependant elle était prononcée seule, comme au cas de monopole, c'est-à-dire d'accaparement.

La *marque* était appliquée, à l'aide de fers rouges, tantôt sur le front, tantôt sur l'omoplate. D'autres fois elle consistait dans le fait de couper une ou deux oreilles (2).

Le *pilori* était une espèce de cage en fer, exposée sur une place publique et dans laquelle on enfermait le condamné pour le montrer au peuple. On y condamnait les banqueroutiers frauduleux.

On distinguait deux espèces d'amendes honorables : l'une dite *in figuris*, et l'autre *sèche*. L'amende honorable *in figuris* (3) se faisait à la porte d'une église : le condamné, en chemise, nu-pieds, tenant à sa main une torche allumée, à genoux, déclarait à haute voix qu'il avait fait à tort telle chose et qu'il en demandait pardon. — L'amende honorable *sèche* n'était pas

(1) V. ordonnances du 7 septembre 1651, du 30 juillet 1666 et du 20 mai 1681.
(2) Bouteiller, titre XL.
(3) Muyart de Vouglans, p. 407.

publique; elle se faisait en chambre du conseil, à la partie lésée.

La peine de l'*authentique*, ainsi appelée parce qu'elle trouvait son origine dans l'authentique *Sed hodie* (1) : c'était la peine de la femme adultère : elle était fouettée et enfermée dans un couvent pendant deux ans ; si au bout de ce laps de temps le mari ne la reprenait pas, on la rasait et elle y restait jusqu'à sa mort, à moins que, lors du décès de son mari, un autre ne consentît à l'épouser (2).

Le *blâme* était une peine accessoire ou principale infligée dans le cas des délits légers. Le coupable était amené devant le barreau, se mettait à genoux nu-tête, et le président le blâmait.

Le plus *ample informé*, appelé aussi l'*usque quo*, maintenait le prévenu sous le coup du décret de prise de corps, de là, son caractère infamant. De plus, l'accusé ne pouvait rien recevoir à titre gratuit de la personne contre laquelle le crime était commis (3).

La *mise hors de cour* était prononcée quand il y avait des soupçons de culpabilité contre un prévenu, sans que toutefois ils fussent assez graves pour un plus ample informé.

Nous bornerons là nos développements sur les pénalités au dix-septième siècle (4). Il est impossible d'être complet et d'être précis sur un tel sujet, car tout était arbitraire. La peine n'avait rien de fixé et le juge, nous le répétons, était libre de modifier, de changer, d'inventer tel supplice que bon lui semblait (5).

Le système des incriminations n'était pas moins défectueux. Nulle part nous ne trouvons une classification des délits; ou plutôt, les classifications étaient tellement nombreuses, qu'au lieu d'apporter la lumière, elles ne faisaient qu'ajouter encore à l'incertitude (6). C'est que la nature même des

(1) Liv. XXX, l. 9, titre IX au Code de Justinien.
(2) Henris, t. II, liv. IV, ch. 6, quest. 65.
(3) Le procès de la belle Tonnelière dans Denizart. — V. *Plus ample informé*, Merlin, *cod. verb.*
(4) Voir, sur les modes employés pour appliquer les divers supplices, Paul Lacroix, *Treizième siècle, institutions, usages et coutumes*, p. 293 et suiv.
(5) Presque toutes les dispositions pénales des ordonnances se terminaient par ces mots : « A l'arbitrage du juge. »
(6) Brissot de Warville, *Théorie des lois criminelles*, t. I, p. 14 et suiv.

choses faisait ici encore obstacle à toute idée de méthode. La détermination des délits était aussi incertaine que celle des peines ; et, dans l'un comme dans l'autre cas, le juge était maître de se faire législateur. Pour punir un fait, il ne lui était pas nécessaire qu'il fût prévu par une loi positive : il suffisait qu'il portât atteinte à l'autorité royale, à la religion, à l'ordre public, ou aux bonnes mœurs. De telles limites n'en étaient pas. De là, des poursuites innombrables à l'occasion d'actes dont notre loi actuelle n'a pas même prononcé le nom ; de là, des accusations odieuses naissaient chaque jour du fanatisme ou de l'erreur. En 1676 un nommé de Monge fut mis à la Bastille comme coupable d'*insulte à une livrée* (1). En 1674 un religieux se trouvait de passage à Rouen ; *il avait dit la messe sans permission du grand vicaire.* On le détint d'abord dans la prison de l'officialité. Quand il en sortit, on l'obligea à quitter la France, sous peine d'être mis aux galères (2) !

Nous ne nous attarderons pas davantage sur cette matière : les deux exemples que nous venons de citer prouvent surabondamment jusqu'où pouvait aller l'inconséquence dans la distribution de la justice.criminelle. Tout ce qu'il est permis à l'interprète, c'est d'indiquer dans quel sens se produisaient ordinairement ces bizarreries et à quels principes le juge paraissait obéir. Nous le ferons d'autant plus brièvement que cette recherche philosophique ne fut pas tentée au dix-septième siècle. Les idées fondamentales sur le droit de punir ne furent en effet émises qu'à la fin du dix-huitième siècle. C'est là que nous les étudierons avec tout le développement qu'elles comportent.

L'esprit qui domine toutes ces lois, c'est la vengeance royale. « La vengeance, disait Argou, est défendue aux hommes ; il n'y a que le roi qui puisse l'exercer par ses officiers, en vertu du pouvoir qu'il tient de Dieu (3). »

La vengeance est aveugle, elle est emportée. Quand elle inspire le droit criminel, les peines sont atroces, indéterminées, sans proportion avec le délit. Elle est prononcée plutôt par la haine et la colère que par la justice et l'im-

---

(1) M. Ravaisson, *Archives de la Bastille*, t. VIII, p. 103.
(2) M. Ravaisson, *Archives de la Bastille*, t. VII, p. 356.
(3) *Institution au droit français*, liv. III, ch. 38.

partialité. Quant aux délits, il est logique qu'ils ne soient déterminés ni prévus d'avance.

A la vengeance royale vint s'ajouter la vengeance divine : le roi représente Dieu et se croit chargé de surveiller les consciences, ou de venger la Divinité (1). Le crime prenant alors son caractère de la personne de l'offensé, d'un Dieu infini, il fut logique que le châtiment fût pour ainsi dire aussi infini que possible. Quant aux incriminations, c'est la loi civile qui se confond avec la loi religieuse et la suit pas à pas : c'est l'hérésie, l'apostasie, le sacrilège considérés comme crimes sociaux.

Cette immixtion du législateur dans un domaine qui n'était pas le sien était née de la confusion généralement faite à cette époque entre le droit et la morale. En ce qui concerne les délits contre les mœurs, on ne saurait croire jusqu'à quel point elle fut poussée. De là encore une série d'incriminations que la science moderne ne saurait avouer.

Voilà les principes qui, au dix-septième siècle, inspiraient le législateur dans le domaine du droit pénal (2). Nous verrons bientôt comment ils furent exposés et discutés par les philosophes du siècle suivant.

SECTION III.

DE L'INTERVENTION DU POUVOIR ROYAL EN MATIÈRE CRIMINELLE.

Il serait impossible de se rendre un compte bien exact de la distribution de la justice criminelle dans notre ancienne France, si l'on ne se pénétrait point de cette idée fondamentale de la confusion de tous les pouvoirs entre les mains du roi.

Toute autorité émanait de lui, par délégation ; et quiconque, dans le royaume, détenait une parcelle d'autorité n'était que le mandataire révocable du souverain. Le roi n'était lié, ni par les ordonnances qu'il avait pu rendre, car il avait le droit, soit de les abroger, soit d'y faire exception, ni par les jugements pro-

---

(1) Voir M. Roland, *De l'esprit du droit criminel aux différentes époques dans l'antiquité, dans les temps modernes et d'après les nouveaux principes de la science pénitentiaire*, 2e partie, liv. IV, p. 323.

(2) Voir sur toute cette matière les développements très détaillés dans lesquels est entré Philpin de Piépape dans son seizième mémoire intitulé *Observations sur les lois criminelles*, que nous analyserons dans le livre II de la deuxième partie de notre travail.

noncés en son nom, car il pouvait, comme magistrat suprême, reviser les sentences et casser les arrêts. Le juge n'était que le représentant du pouvoir royal, et ses décisions n'avaient d'autre valeur que celle qui leur était accordée par la volonté du prince.

Ce vice des institutions monarchiques fut encore aggravé au dix-septième siècle par le caractère personnel de Louis XIV. Jaloux, à l'excès, de ses prérogatives, doué d'un esprit dominateur, désireux de paraître diriger à lui seul toutes les branches de l'administration, la suprême ambition de ce monarque fut de réunir en lui-même et d'absorber toutes les autres autorités. Son habileté consista à trouver des conseillers intelligents et dociles. Il n'était, ni financier, ni légiste, ni guerrier, mais partout il fut le maître.

Nulle part, peut-être, il ne manifesta davantage les tendances envahissantes de son caractère que dans le maniement des affaires judiciaires. Ce côté, tout particulier de sa politique, n'a pas encore été mis en lumière comme il le méritait.

Dans les procès considérables, Louis XIV s'imposait comme directeur suprême de la procédure et, durant chacune des phases de celle-ci, apparaissait constamment avec son infatigable personnalité ; c'est lui qui faisait arrêter l'accusé, composait le tribunal pour le juger, nommait le magistrat instructeur, se faisait remettre, avec les interrogatoires et les dépositions des témoins, des rapports journaliers sur l'attitude du prévenu ; c'est lui qui présidait, en quelque sorte invisible, mais agissant sans cesse, à tous les incidents, faisant peser sa volonté despotique, tantôt sur le juge, en lui dictant son arrêt, tantôt sur l'accusé, en entravant sa défense. Nous trouverons là un des plus grands exemples de centralisation que la monarchie ait donnés, et nous pouvons ajouter que nulle part la réunion, dans les mains d'un seul homme, de tous les pouvoirs de l'Etat, ne produisit des effets plus désastreux pour la liberté et pour la justice.

L'intervention incessante et absorbante du pouvoir royal dans la distribution de la justice criminelle se manifeste à trois points de vue différents : Le souverain peut modifier à son gré l'ordre des juridictions et les règles de compétence, puis substituer ses décisions propres à celles des juridictions ordinaires : au cours de la procédure, il règle lui-même les modes d'information, la tenue des audiences, les interrogatoires, en un mot toute l'instruction : enfin, quand la sentence a été rendue, il a le droit de la changer, de l'adoucir, ou de l'aggraver, selon son bon plaisir, souvent même de l'annuler complètement.

Cette triple intervention, nous ne saurions trop le répéter, ne s'exerçait jamais qu'aux dépens des institutions et des lois : c'était la magistrature avilie et mise en suspicion, c'était la liberté individuelle foulée aux pieds, c'était l'autorité de la chose jugée méconnue, c'était le trouble, la confusion, le caprice, là où la majesté du droit devait seule régner en maîtresse.

Nous étudierons séparément les trois points de vue sous lesquels il convient d'envisager l'intervention du pouvoir royal, en matière criminelle.

§ 1er. — *Intervention du pouvoir royal, en matière d'organisation judiciaire et de compétence.*

Le roi, toujours en vertu du grand principe de la confusion des pouvoirs, avait le droit de soustraire un accusé à ses juges naturels, pour le faire juger par une commission organisée spécialement à cet effet, ou par un autre tribunal ; il pouvait aussi purement et simplement dessaisir le juge, et lui ordonner de surseoir immédiatement ; enfin, il avait le droit de prononcer ui-même, et sur sa propre initiative, telle peine que bon lui semblait. C'est à ces différentes hypothèses que correspondaient les jugements par commissaires, les lettres de *committimus*, les lettres d'Etat, les lettres d'évocation, enfin les lettres de cachet (1).

Des commissaires et des jugements par commissaires. — Ces commissaires, nommés par le roi, avaient pour mission de soumettre l'accusé à des juges spécialement chargés de statuer sur son sort. On comprend, sans que nous ayons besoin d'insister, les dangers d'une pareille pratique, adoptée surtout en matière criminelle, où cependant il y avait déjà si peu de garanties pour le prévenu. La justice se trouvait ainsi associée aux

---

(1) Toutes les lettres dont nous venons de parler sont des *lettres patentes*, à l'exception des lettres de cachet.

rancunes personnelles, sous couleur d'un semblant de jugement. L'expression de la haine, de la rivalité et de la jalousie se manifestait trop clairement. Si nous ajoutons qu'après les confiscations, les biens des criminels étaient souvent donnés aux grands de la cour, on aura pénétré tout ce qu'il y avait de calcul odieux et hypocrite sous un tel régime.

Aussi, de tout temps, les lettres de commission soulevèrent-elles de vives réclamations.

Pendant la captivité du roi Jean, les Etats de Paris en obtinrent l'abolition; malheureusement celle-ci fut de courte durée, et plus tard les Etats de Blois étaient de nouveau obligés de faire entendre leurs protestations (1).

C'est ainsi que, sans cesse abrogés législativement, mais toujours suivis dans la pratique, les jugements par commissaires ne cessèrent d'ensanglanter la France et d'augmenter le nombre des iniquités judiciaires.

Les marches du trône étaient également souillées du sang innocent répandu par les commissions, qui, pour la haine des grands, l'inimitié royale et la jalousie, constituaient une arme sûre, manquant rarement son but.

Sous Charles VI, l'avocat général Desmarest fut jugé par commission. — Le ministre Montagiut fut condamné de même ; et le 1er juillet 1413, c'était encore le tour d'un autre ministre. — Plus tard, Jacques Cœur fut condamné à mort par une commission, que présidait le roi lui-même. — Sous François Ier, Chabot-Charny fut jugé par commissaires et condamné, grâce aux intrigues du connétable de Montmorency ; celui-ci, tombé plus tard en disgrâce, fut témoin de la réhabilitation de Chabot-Charny, qui hérita de la place de son rival. — Sous Henri II, Jacques de Bussy fut condamné à être coupé par quartiers. — Plus tard, les trois principaux témoins de ce dernier procès furent condamnés à mort pour faux témoignage, et la mémoire de Jacques de Bussy fut réhabilitée, après son assassinat légal !

Tant que vécut le chancelier de l'Hôpital, les ordonnances de 1563 et de 1579 furent fidèlement observées. Mais, sous Richelieu, les abus recommencèrent. Ce ministre désigna une com-

____

(1) V. Coquille, *Sur l'art.* 88 *de l'ordonnance de Blois.*

mission pour juger Chalais, son ennemi personnel. — De Luynes
fut également saisi, jugé et condamné par commission. — Il en
fut de même du maréchal de Marillac; son frère, le garde des
sceaux, en mourut de chagrin (1). — En 1634, Hubert Naudier
fut, de la même façon, condamné à être brûlé vif. — En 1642,
on exécutait contre Cinq-Mars et de Thou un jugement semblable. — Le duc de la Valette comparut devant une commission qui avait le roi pour président.

Louis XIV surpassa encore ses devanciers. Sous aucun règne,
en effet, les nominations de juges-commissaires n'avaient été
aussi nombreuses. Quand il s'agit de juger Fouquet, le roi organisa une chambre de justice spéciale, dont il désigna les
membres; ceux-ci furent pris, partie dans le parlement de Paris, partie dans les parlements de province (2).

Par lettre patente du 24 septembre 1674, Louis XIV nomma
des commissaires chargés de statuer sur le sort du chevalier de
Rohan (3). — Dans l'affaire dite des poisons, craignant que le
Parlement ne fût trop indulgent, il nomma, en dehors de celui-ci,
une commission, appelée *Chambre ardente*, qui fut composée
de conseillers d'Etat, et qui siégea à l'Arsenal. Le Parlement
protesta sans succès contre cette désignation (4). — Dans la
sédition qui s'éleva en Provence, vers l'année 1660, une commission fut choisie pour juger les coupables; les membres en
furent pris dans la province du Languedoc (5). — Quelquefois, pour le motif le plus futile, le souverain dessaisissait la
juridiction régulière, au profit d'une commission. C'est ce qu'il
fit notamment en 1682, dans une affaire de médiocre importance, sous prétexte que le Parlement tardait trop à rendre
son arrêt (6). — D'autres fois, le roi lui enlevait la connaissance de toute une série d'affaires: une commission du Châtelet
connaissait, par exemple, des procès de presse et de libelles
dont le Parlement avait été dépossédé (7).

Lettres de committimus. — Ce sont des lettres patentes, dont

(1) V. sur ce jugement le discours prononcé par M. Boissard, procureur
général, à l'audience de rentrée. (Dijon, 1877.)
.(2) M. Ravaisson, *Archives de la Bastille*, t. I, p. 405.
(3) M. Ravaisson, *ibid.*, t. VII, p. 415.
(4) M. Ravaisson, *ibid.*, t. V, p. 329 et 424.
(5) M. Ravaisson, *ibid.*, t. I, p. 43 à 51.
(6) M. Ravaisson, *ibid.*, t. IV, p. viii-xiv de l'*avertissement*.
(7) M. Ravaisson, *ibid.*, t. VIII, p. 9.

le but est encore de soustraire les justiciables à leur juge naturel et de désigner un autre tribunal. A la différence des lettres de commission proprement dites, elles n'étaient pas données dans un cas déterminé, mais d'avance, à certaines personnes, à cause des privilèges dont elles jouissaient. Ce caractère n'est pourtant pas essentiel; nous voyons quelquefois, en effet, des *committimus* données pour un fait spécial. Aussi, ce qui les distingue surtout des lettres de commission, c'est qu'elles ont pour effet de renvoyer le prévenu, non pas devant un tribunal composé uniquement pour le juger, mais devant une juridiction analogue à celle qu'il pouvait revendiquer. Par exemple, tel accusé qui doit être jugé par le parlement de Rouen sera renvoyé par des lettres de *committimus* devant le parlement de Paris.

Les lettres de *committimus* étaient surtout en usage en matière civile; mais il n'est pas rare d'en trouver l'application en matière criminelle. En 1765 notamment, le roi, par lettres patentes, saisit la Tournelle du parlement de Paris de la poursuite dirigée contre La Chalotais (1).

A la suite du procès Fouquet, un commis-greffier fut accusé d'avoir détourné certaines pièces de l'instruction. Le parlement de Paris fut, par lettre patente, chargé de le juger.

Souvent aussi, dans les cas où des mouvements populaires étaient redoutés, dans les temps de disette, par exemple, on commettait le prévôt de la maréchaussée et son lieutenant pour connaître des séditions. Lisons une de ces décisions souveraines: « Commet le prévôt de la maréchaussée et son lieutenant pour « connaître des émotions et attroupements qui pourraient sur- « venir à l'occasion des grains; ordonne que pour eux le pro- « cès sera fait et parfait, jugé prévôtalement et en dernier res- « sort, interdit Sa Majesté à toutes cours de justice d'en prendre « connaissance (2). » — Cet arrêt du conseil fit jurisprudence jusqu'à la Révolution.

En un mot, dans les affaires les plus diverses, le roi se faisait un jeu de bouleverser en tous sens l'ordre des juridictions.

Lettres d'Etat. — Elles sont ainsi appelées, parce que le

---

(1) V. *Procès instruit extraordinairement contre La Chalotais père et fils.* (Trois vol. in 12. Paris, 1772.)

(2) V. Alexis de Tocqueville, *l'Ancien régime et la Révolution.* Edition de 1877, p. 281.

procès restait au même état qu'il était quand on les obtenait.
Les juges étaient dessaisis et devaient surseoir immédiatement.
C'était le moyen le plus énergique d'entraver le cours de la
justice; c'était une prime donnée à la faveur; et, chose monstrueuse, on l'accordait, non seulement en matière criminelle,
mais encore dans les procès civils, ce qui permettait au débiteur de mauvaise foi, mais puissant, de se rire impunément de
ses créanciers (1).

Au civil, les lettres d'Etat trouvaient leur digne complément
dans *les lettres de répit*, dont l'effet était d'arrêter l'exécution,
soit d'un jugement déjà rendu, soit d'un titre exécutoire (2).

En matière criminelle, les lettres d'Etat furent une source de
scandales inouïs. L'impunité qu'elles accordaient aux plus
grands criminels n'avait pour raison que la faveur du despote,
ou l'intervention puissante de ses maîtresses ou de ses adula-
teurs.

Dans l'affaire de l'assassinat du marquis de Senneterre, l'un
des accusés obtint, au cours du procès, grâce à l'intervention
du maréchal de la Ferté, des lettres d'Ftat qui lui sauvèrent la
vie; ses coaccusés furent condamnés, l'un à mort, l'autre au
bannissement perpétuel (3).

Nous voyons le même fait se reproduire, à tout instant, en
lisant les mémoires du temps; et nous n'en finirions pas, si nous
voulions citer toutes les anecdotes semblables qui nous sont
racontées (4).

Ajoutons que, sans agir aussi ouvertement, par simple lettre
patente, le roi arrêtait, sans aucun scrupule, la procédure,
même dans les affaires les plus graves, dès que son intérêt ou
celui de ses favorites lui paraissait en jeu. Fréquemment, la
crainte des révélations le faisait agir. Nous le voyons ainsi, dans
le fameux procès des poisons, prescrire une interruption d'instruction de plus de sept mois, pendant lesquels il fut très indécis
sur le point de savoir s'il n'y avait pas lieu d'étouffer l'affaire,

---

(1) V. les ordonnances de 1316 et de 1350; de 1458, art. 55 à 60; de
1507, art. 39; et de 1667.
(2) On les appelait *quinquenelles*, car le délai qu'elles accordaient était
ordinairement de cinq ans, mais on pouvait les faire renouveler. — V. Cassiodore, 2, 38; ordonnance de 1535; ordonnance de 1669, tit. 6; déclaration
de 1699.
(3) V. M. Ravaisson, *Archives de la Bastille*, t. VII, p. 369-378.
(4) *Id., op. cit.*, t. VIII, p. 436 et 174.

et de dissoudre la chambre, chargée d'en connaître. Il eut à ce
sujet, durant quatre jours, plusieurs conférences avec Louvois,
la Reynie et Colbert. Il se décida, par crainte de l'opinion pu -
blique, à laisser continuer les poursuites ; mais il sut se réserver
les moyens, ou d'arrêter complètement certaines actions, ou
de supprimer dans la procédure et l'instruction, tout ce
qui pourrait se révéler de pénible pour lui. Plusieurs de ses
maîtresses, et en première ligne la Montespan, se trouvaient
très gravement compromises dans l'affaire (1). Il fallait non
seulement la sauver, mais il fallait encore que rien ne transpi-
rât au dehors. Aussi Louis XIV, aidé de Louvois, examina toutes
les pièces du dossier, avant même qu'elles ne fussent remises
aux magistrats, et fit brûler devant lui toutes celles dans lesquelles la Montespan était nommée, ou trop clairement désignée (2). — Un des témoins, au cours de l'instruction, accusait
une des favorites ; le roi fit immédiatement écrire par Louvois
au magistrat instructeur que le témoin n'avait pas dû dire
vrai et que, dans tous les cas, on ne devait pas tenir compte de
cette déposition (3). Il alla plus loin, et afin de ne pas compromettre ses protégées, il s'opposa, toujours par crainte des révélations, à ce que *quatorze* des accusés fussent poursuivis et
jugés ; toutefois, il les maintint dans une captivité qui ne cessa
qu'à leur mort. D'autres, comme les accusées Lemaire, Ma-
non, Debrosse et Manou Aubert, restèrent incarcérées, sans
qu'il y ait eu aucune charge contre elles, uniquement parce
qu'elles avaient causé en prison avec des complices de la Montespan. En sens inverse, toujours dans le même procès, Louis XIV
fit avertir la duchesse de Soissons et madame d'Alluge qu'elles
allaient être arrêtées ; elles prirent la fuite sur cet avis (4).
Quant à celles que le roi voulait faire juger, mais dont les réponses pouvaient jeter de la défaveur sur les gens de sa cour,
il défendit de les soumettre à la question, et préféra les laisser
mourir en prison (5).

Le propre frère du roi fut hautement accusé d'avoir empoi-

(1) C'est ce qui résulte péremptoirement des pièces de la procédure.
V. M. Ravaisson, t. IV *passim*, surtout p. 480.
(2) M. Ravaisson, *Archives de la Bastille*, t. IV, p. 458, 276, 323.
(3) M. Ravaisson, *ibid.*, t. IV, p. 96.
(4) M. Ravaisson, *ibid.*, t. VI, p. 106.
(5) M. Ravaisson, *ibid.*, t. IV, p. 96, 106, 185.

sonné sa femme; Louis XIV, redoutant la lumière, empêcha qu'une information ne fût ouverte (1).

Quant à la Montespan, la plus compromise de toutes les accusées, non seulement elle ne fut pas inquiétée, alors que ses complices étaient condamnées, les unes à la potence, les autres à la roue ou aux galères, mais encore elle conserva assez de crédit pour faire dicter aux juges, par son royal amant, des sentences d'absolution en faveur de ceux à qui elle daignait s'intéresser. Le 18 mars 1682, de Terme fut acquitté, et tout le monde affirma que cette absolution était due aux liens qui unissaient le prévenu à la Montespan (2).

C'est ainsi qu'aux dix-septième et dix-huitième siècles, *«selon son bon plaisir»* (et certes jamais commentaire plus flétrissant n'a été donné de cette triste formule), le roi laissait la justice et le droit aux mains de ses courtisanes les plus éhontées.

On se souvient, que sous le règne suivant, Louis XV, continuant les errements de son bisaïeul, autorisa ou favorisa le conflit qui survint entre le ministre Terray et la cour des aides. Cette cour avait, en blâmant les actes de l'administration des finances, fait incarcérer un commis des fermes. — Terray obtint l'appui du roi, et interdit aux magistrats de continuer l'information. — La cour des aides répondit par ces hautaines et superbes remontrances, qui impliquent la critique, résumée, violente, autorisée, de ce que nous pourrions appeler l'intervention royale systématique, généralisée, dangereuse :

« *Sire, aucun citoyen de votre royaume n'est assuré de ne pas voir*
« *sa liberté, sacrifiée à une vengeance; car personne n'est assez*
« *grand pour être à l'abri de la haine d'un maître, ni assez petit*
« *pour n'être pas digne de celle d'un commis des finances* (3). »

Les tribunaux mis en suspicion, les juges dessaisis, l'impunité la plus scandaleuse ignominieusement accordée aux plus grands scélérats, tel est le désolant tableau que nous présente l'histoire judiciaire de cette époque.

Lettres d'évocation. — L'évocation avait encore pour but de

---

(1) M. Ravaisson, *ibid.*, t. IV, p. 40.
(2) V. M. Flammermont, *la Réforme judiciaire du chancelier Maupeou.* (Compte rendu de l'Académie des sciences morales et politiques, t. CXIV, année 1880, deuxième semestre, p. 153).
(3) M. Ravaisson, *ibid.*, t. IV, p. 91.

soustraire un accusé à ses juges naturels. Mais ces lettres diffé-
raient, et des *lettres de commission*, en ce qu'elles renvoyaient
le prévenu devant une autre juridiction ordinaire, et des lettres
de *committimus*, car elles n'avaient pour objet que de saisir le
juge supérieur.

Dans notre ancien droit, elles constituaient une source d'abus
intolérables, non seulement en matière criminelle, mais aussi
dans les contestations civiles. L'évocation avait le plus souvent
pour but de vexer la partie adverse, et de l'obliger à renoncer
à plaider contre un puissant (1). Pasquier dit qu'autrefois les
évocations étaient inconnues et qu'on n'en trouve la première
trace que sous Charles VI. Mais, en réalité, on en rencontre un
exemple sous Charles V (2).

Les Etats du Languedoc, en 1456, en sollicitaient l'abroga-
tion; même demande fut réitérée en 1483; on y fit droit. Sous
François Ier, les abus recommencèrent; le Parlement fit des
remontrances; le roi s'obstina et maintint son droit d'évocation. Un peu plus tard, en 1529, l'édit de la Bourdaisière y mit
quelques limites et régla la procédure.

Cette matière fut successivement remaniée par les ordonnances de 1566, 1579, 1597, 1629, 1669, et par les déclarations
de septembre 1683, d'août 1687, de juillet 1704, de mars 1728
et d'août 1737, toutes dispositions législatives qui furent impuissantes à prévenir l'excès du mal.

Par les *lettres d'évocation*, le roi s'immisçait encore directement dans l'administration de la justice, car elles avaient pour
objectif et pour conséquence d'attribuer à son conseil, c'est-à-
dire à un autre lui-même (3), la connaissance de toutes les affaires qui de près ou de loin paraissaient intéresser l'Etat, ou qui
naissaient de l'interprétation d'un acte administratif. Pour
celles de moindre importance, c'était l'intendant (4), ou le

---

(1) V. Cassiodore, 6, 22.

(2) A la même époque, nous voyons que les prélats évoquaient leurs
causes à la cour de Rome Les habitants de Lyon en furent victimes et ce
fut sur leurs réclamations qu'on abolit cet usage.

(3) Le conseil du roi n'était composé que de « donneurs d'avis, » ainsi
que le dit le Parlement dans une des remontrances.—V. A. de Tocqueville,
l'Ancien régime et la Révolution, p. 52, édition de 1877.

(4) Il avait même le droit de condamner à mort; et, à la fin du dix-
septième siècle, les procès jugés par lui étaient très fréquents. — V. A. de
Tocqueville, *l'Ancien régime et la Révolution*, p. 80, édition de 1877. —
Sur la juridiction des intendants en général, voir M. *Du Boys, loc. cit.*, t. I,
p. 563, 564.

prévôt de la mâréchaussée qui, par suite d'évocation, connaissait des faits que nous qualifierions aujourd'hui de contraventions administratives. Peu à peu, l'exception se généralisa, le fait se transforma en théorie (1). « En cette matière, nous n'avons fait que trouver la formule, à l'ancien règne appartient l'idée (2). »

Les évocations ont constitué la première intrusion de l'administration dans le domaine de la justice ordinaire ; la Révolution l'y a laissée ; nous l'avons, bien des fois, déplorée depuis !

En étudiant un peu plus loin l'ordonnance de 1737, nous compléterons nos explications sur les lettres d'évocation.

Lettres de cachet (3). — Par les commissions, par les évocations, par les *committimus*, le souverain déléguait aux fonctions judiciaires les agents dociles de ses toutes-puissantes volontés. Par les lettres de cachet, il se substituait lui-même et directement à toutes les juridictions ; c'est lui qui faisait arrêter et qui jugeait. Qu'on ne croie pas que l'abus fût plus grand ou l'arbitraire plus odieux dans un cas que dans l'autre ! C'était toujours le même despotisme qui s'imposait, et nous redouterions peut-être moins la tyrannie avec toute sa franchise que celle qui s'exerce hypocritement, en cherchant dans la justice elle-même un voile pour se déguiser.

La lettre de cachet était la lettre par excellence, employée par le roi, pour punir ceux qui, d'une manière quelconque, avaient contrevenu à son autorité, et pour se débarrasser de ceux qui lui déplaisaient, ou qui avaient eu le malheur d'encourir l'inimitié d'un grand. Arbitraire, odieuse, caractérisant l'ancien régime, et imprimant à celui-ci un ineffaçable déshonneur, elle aboutissait à l'emprisonnement à la Bastille, prononcé presque toujours pour une durée indéfinie, qui prenait fin de la même manière qu'il avait commencé, c'est-à-dire par le caprice du souverain.

Ce caprice devint lui-même une garantie que n'avaient pas

---

(1) Comme le roi ne pouvait ni révoquer ni changer les magistrats, ni même leur donner de l'avancement, il avait senti que tout moyen de domination lui échappait sur les corps judiciaires ; aussi songea-t-il à instituer des tribunaux pour son usage personnel. Ce fut là l'origine de la création des tribunaux administratifs et de l'extension donnée à la compétence des conseils du roi.

(2) A. de Tocqueville, *l'Ancien régime et la Révolution,* 6ᵉ édition, p. 79.

(3) Elles remontent à la fin du quinzième siècle. — V. Paul Lacroix, *le Dix-huitième siècle.*

tous les détenus, car l'abus fut à ce point épouvantable, que
la liberté individuelle était à la merci des commis du ministère.
Le roi signait parfois telle quantité de lettres de cachet, qu'il
était obligé de s'en rapporter à l'employé subalterne qui les
lui présentait (1).

La lettre de cachet était à la fois un moyen de gouvernement
et un instrument de crédit. Elle favorisait les plaideurs puissants, en leur permettant de multiplier les incidents de procédure, ou même de se débarrasser d'un créancier importun. Son
usage devint bientôt universel (2). Menace permanente pour
la liberté individuelle, moyen infaillible pour vaincre toute résistance et pour intimider, ni le rang, ni la naissance, ni l'âge,
ni le sexe, rien ne pouvait mettre à l'abri de ses coups. Des
gouverneurs de province, des princes du sang, des membres
de cours souveraines, des cardinaux en éprouvèrent les effets.

Elle était signée par le roi, contre-signée par un ministre.

Après l'arrestation, le gouverneur de la Bastille inscrivait au
bas de la lettre un reçu du prisonnier (3).

L'exécution, qui était confiée aux archers, aux exempts, aux
gardes de l'intendant, etc., se faisait dans le plus grand mystère ; on y procédait souvent de nuit et par surprise ; on prenait
toutes sortes de précautions, pour que personne n'apprît où le
prisonnier avait été conduit et où il était enfermé. Quand, en
1773, Beaumarchais fut arrêté, dans les circonstances que chacun connaît, il ne sut pas (4) au nom de qui. — Quelquefois
même, le détenu ignorait dans quelle province il se trouvait.
S'il faut en croire Linguet, auquel nous empruntons une partie

(1) « Les agents en sous-ordre, dit Beaumarchais, étaient tout aussi
dangereux que les agents élevés. L'homme qui ne pouvait aboutir à ces
derniers, allait trouver les premiers qui lui rendaient le service de vexer,
de malmener qui de droit » (t. IV de ses *Œuvres*).

(2) Voir ce que nous disons plus loin, dans le § 3 du chapitre II de la
deuxième partie, au sujet d'une plaidoirie de Robespierre.

(3) Voici le modèle d'une lettre de cachet sous Louis XIV :

« Monsieur de Besmaus,

« Ayant jugé à propos, pour des considérations importantes, de faire
arrêter les nommés X, Y... et iceux mener dans mon château de la Bastille de Paris, je vous fais cette lettre pour que vous ayez à les recevoir et
iceux garder en toute sûreté jusqu'à nouvel ordre de ma part.

« A Paris, le 21 avril 1663. »

V. M. Ravaisson, *Archives de la Bastille*, t. III, p. 419.

(4) V. *Lettres de Beaumarchais*, t. VI de ses *Œuvres*, édition Ledoux,
1821.

de ces détails, on faisait fréquemment courir le bruit de la mort du prisonnier, en ayant soin de ne pas lui laisser ignorer cette particularité (1).

L'incarcération avait lieu, soit à la Bastille, soit dans toute autre prison désignée par la lettre de cachet.

Quant au régime intérieur de la Bastille, nous nous abstiendrons d'entrer ici dans des détails qui ne sauraient rentrer dans le cadre que nous nous sommes tracé ; nous préférons renvoyer aux Mémoires de Linguet.

Mais ce que nous donnerons ici, c'est une série d'exemples puisés dans l'ouvrage déjà si souvent cité de M. Ravaisson, et qui feront comprendre, mieux que toutes les dissertations, l'arbitraire effroyable qui présidait à ces arrestations, la diversité inouïe des faits qui y donnaient lieu, les dangers immenses qu'elles faisaient courir à la liberté individuelle, ou plutôt à la sécurité de tous. Nous allons voir comment le roi comprenait ce rôle de grand justicier qu'il s'était si largement octroyé. Nous citerons les faits, au fur et à mesure qu'ils nous tomberont sous les yeux. Nous établirons également que l'emprisonnement n'était pas la seule pénalité que le roi prononçait de sa propre autorité.

En septembre 1660, plusieurs individus furent arrêtés et détenus pour atteinte portée au monopole de la fabrication de l'huile de baleine. — En 1661, Fouquet voulut obliger les greffiers du conseil du roi à verser 600,000 livres, pour l'unique motif qu'ils avaient fait fortune dans les affaires du roi ; l'un d'eux refusa ; il fut incarcéré aussitôt. — En 1662, un procureur général au parlement de Dijon, M. Languet, fut enfermé au Châtelet sur la plainte d'une de ses parentes, sous prétexte qu'il refusait de restituer certaines sommes qu'il lui devait. — Un sieur Robertot fut écroué parce qu'il était en contestation avec un personnage influent, au sujet d'une question de propriété. — En septembre 1668, le roi exila M. de Montespan ; on devine pour quel motif. — En 1665, Bussy-Rabutin était prévenu d'avoir publié des libelles contre les courtisanes et les gens de la cour ; au lieu de le poursuivre et de le faire juger, on préféra le faire détenir treize mois à la Bastille. — En 1673,

____

(1) Linguet, *Mémoires sur la Bastille* ; et Beaumarchais, *Lettres*, t. VI de ses *Œuvres*, édition Ledoux, 1821.

quinze individus, prévenus d'avoir composé des nouvelles à la main ou imprimé des gazettes, furent conduits à Vincennes, puis mis en liberté, à charge de prendre du service dans les troupes du roi. — Dans le but de plaire à l'Allemagne, Louis XIV fit mettre à la Bastille un nommé Aubery, qui avait composé un libelle contre cette nation voisine, en décembre 1667. — En 1673, un lieutenant de douane fut arrêté pour s'être trop approché de Pignerol, où Fouquet était détenu. — En 1667, les délégués de la ville de Marseille furent jetés à la Bastille et détenus pendant plusieurs mois, pour être venus présenter leurs doléances au roi, au lieu de s'être adressés d'abord à l'intendant de la province. — En 1674, alors que la France était en guerre avec l'Allemagne, on écroua à la Bastille, sans autre motif que d'exercer des représailles, trois Allemands très inoffensifs, qui se trouvaient à Paris. — Le fait de correspondre avec un individu réputé coupable d'une faute souvent imaginaire, ou même simplement d'écrire à l'étranger, rendait suspect et comme tel susceptible d'une lettre de cachet; un nommé Valdor, qui pourtant était en France le représentant diplomatique de la ville de Liège, devint ainsi victime d'une semblable prévention. — Le père Eudes, chanoine, était soupçonné de jansénisme; une lettre de cachet lui ordonna de se retirer au séminaire de Caen. — Un autre religieux fut, sur un soupçon du même genre, enfermé huit mois à la Bastille, puis à Quimper. — Il arrivait quelquefois qu'on vous écrouait arbitrairement à la Bastille, dans le seul but de vous protéger contre certains ressentiments; c'est ce qui arriva, en 1676, aux nommés Lenoir et Gerberon. — La même année, un fils naturel du roi de Pologne, M. de Brisacier, demanda un titre de duc à Louis XIV; on croit aussitôt que ce jeune homme va dévoiler les mystères de sa paternité, et immédiatement on l'enferme à la Bastille, pour plaire au roi voisin; c'était l'alliance du despotisme. — Un sieur Perrot fut détenu durant trois semaines à la Bastille, et dix mois dans une prison ordinaire, sous prétexte qu'il avait méconnu l'autorité royale. — A Vienne, en Autriche, un Français fut arrêté comme espion; Louis XIV fit aussitôt enfermer, sans aucun prétexte et par pures représailles, le domestique de l'ambassadeur d'Espagne à Paris. A l'arbitr aire on joignait l'ironie. Notre ministre des affaires étrangères fit écrire à ce malheureux : « Votre détention ne peut vous être désavantageuse, puisqu'elle

« regarde uniquement le fait de Sa Majesté impériale et de ses
« ministres. » — Dans le même esprit, le roi et Louvois ordonnaient quelquefois d'arrêter et même de tuer les courriers
diplomatiques étrangers, qui traversaient la France, en pleine
paix (1). — En 1684, la république de Gênes ayant pris parti
pour l'Espagne, alors en guerre avec la France, le roi envoya
à la Bastille Marini, l'ambassadeur de Gênes à Paris, et l'y garda
sept mois comme otage. — A l'odieux se joignait le grotesque :
En 1680, une femme fut emprisonnée, *pour avoir parlé trop
haut.* — Quelquefois, on enfermait un valet, pour tenir compa
gnie à son maître. — Aussi Louvois disait-il d'un des détenus :
« Il n'est d'aucune conséquence de le renvoyer, ou de le garder.»
— Dans l'affaire d'Elbeuf, Louis XIV fit décréter contre les do-
mestiques du prince d'Elbeuf, mais non contre celui-ci, qui
était cependant le seul accusé. — En 1684, Chavigny de la
Bretonnière écrivit en Hollande un libelle contre Le Tellier,
archevêque de Nîmes et frère de Louvois; par ruse, on l'attira
à Bruxelles; il y fut arrêté; on le jeta ensuite à la Bastille.
Louvois fut féroce pour le malheureux écrivain : de la Bastille
on le transféra au Mont-Saint-Michel, où il vécut longtemps
dans une cage de fer; il mourut fou en 1698 (2). — Vers la
même époque, un individu fut emprisonné à la Bastille, pour
avoir été vu faisant du dehors des signes à d'autres individus
qui y étaient détenus.—Parfois le roi interdisait, comme peine,
le séjour de Paris, avec menace de prison perpétuelle en cas
d'infraction. D'autres fois, en mettant un détenu en liberté, il
ordonnait « qu'il fût surveillé » après sa sortie de prison, ou
bien exilé dans une province éloignée, ou même encore maintenu dans un couvent.

Après l'énumération de tous ces faits, puérils ou ridi-

____

(1) Note de M. Ravaisson, *Archives de la Bastille*, t. VII, p. 133.
(2) A aucune époque, on ne fut plus sévère contre les journalistes et les
écrivains, en France. Le seul fait de raconter, dans un journal, les événements quotidiens et véridiques excitait contre eux d'effroyables colères, de
la part du roi et de son entourage. Ceux qui n'avaient pas le don de plaire
au monarque étaient poursuivis et condamnés comme les plus grands criminels. — On avait déjà vu le parlement d'Aix, puis plus tard le conseil
d'Etat, par arrêt du 23 septembre 1660, condamner les *Provinciales*, comme
«libelles diffamatoires. » — Charles Patin, accusé d'avoir fait venir de Hollande des libelles relatant les amours du roi, fut condamné aux galères. —
En 1673, on fit le procès à divers gazetiers ; et les peines prononcées furent
les galères, le bannissement, le fouet, l'amende honorable, et l'amende
simple.

cules, qui servaient de prétexte au monarque pour confisquer à son profit la liberté des citoyens, nous nous contenterons de rappeler la phrase si connue de Linguet : « Les lettres « de cachet ressemblaient à la foudre, qui brûle et ne désho- « nore pas. Réputées injustes, elles tyrannisaient la personne, « mais l'honneur leur échappait. Elles faisaient des victimes, « mais non des coupables. »

§ 2. — *Intervention du pouvoir royal, dans la poursuite, l'instruction et la marche générale d'une instance criminelle.*

Le roi trouvait, dans la plénitude de sa souveraineté, non seulement le droit de composer à son gré les tribunaux, de nommer les commissions, ou de se substituer purement et simplement à l'autorité judiciaire, quand il daignait laisser aux juridictions régulières la connaissance d'une affaire, mais aussi celui d'intervenir à toutes les phases de l'instance et de présider à tous les détails de l'instruction. L'abus apparaissait partout; après avoir nommé les juges pour un procès déterminé, le despote surveillait encore leurs moindres actes, et paraissait leur dicter leurs sentences.

Dans un grand nombre de procédures, reproduites par les mémoires du temps, nous remarquons que l'initiative des magistrats instructeurs n'était que secondaire. Nous voyons au premier plan l'ordre et la volonté du roi, qui partout s'imposaient. Louis XIV avait un goût tout particulier pour les fonctions judiciaires ; il s'occupait des arrestations, du transfèrement des détenus, des interrogatoires, des dénonciations, des perquisitions, comme un préfet de police moderne. Au cours de l'information, il se faisait remettre les dossiers, ordonnait les confrontations, prescrivait la torture, ou en dispensait, admonestait les juges, répondait aux requêtes des accusés, désignait le jour de l'exécution de la sentence; bref, il jouait à la fois le rôle de procureur et celui de juge, dans leurs plus minces détails.

Nulle part, nous ne trouvons cette ingérence perpétuelle mieux caractérisée que dans le procès de Fouquet; nous en donnerons une courte analyse, puis nous ajouterons d'autres exemples, destinés à jeter quelque lumière sur cette matière.

Le procès de Fouquet commença en 1661. Le surintendant

fut arrêté sur lettre de cachet, à Nantes, le 5 septembre 1661,
conduit par ordre du roi à Vincennes, le 31 décembre 1661,
transféré, toujours par ordre du roi, dans différentes prisons,
enfin incarcéré à la Bastille, en 1663. Nous avons vu comment Louis XIV composa lui-même une chambre de justice spéciale pour instruire cette affaire. Plus tard, c'est lui qui autorise
Fouquet à avoir des plumes et de l'encre pour rédiger ses requêtes, et qui ordonne qu'on les lui retire, quand elles auront
servi. Le 27 juillet 1662, Fouquet présente une requête, en demandant à conférer avec ses proches et avec un conseil; on la
communique au procureur général. Le 2 août 1662, le roi
siège au parlement et exprime son mécontentement qu'un conseiller se soit chargé de présenter cette requête ; la cour promet alors qu'il ne sera pas délibéré à ce sujet. Toutefois, le roi
autorisa plus tard Fouquet à communiquer avec deux avocats; mais quand, le 2 décembre 1662, celui-ci fit imprimer
un mémoire pour sa défense, le roi fit saisir tous les exemplai-
res. Au cours du procès, nous voyons le chancelier informer
la chambre de justice que le roi est mécontent de ses lenteurs.
Le 27 novembre 1663, Louis XIV, irrité des retards de Talon,
qui avait été délégué comme procureur général à la chambre
de justice pour instruire le procès, informe ce magistrat qu'il
aura à cesser ses fonctions pour reprendre celles d'avocat général au Parlement, qu'il exerçait antérieurement. M. de Chamil-
lart fut chargé de remplacer Talon et de poursuivre l'affaire.
Le 16 janvier 1664, madame Fouquet ayant présenté requête
pour la récusation du chancelier, la chambre ordonne que cette
requête soit remise au roi, afin que celui-ci statue lui-même.
Même procédure eut lieu pour la plupart des requêtes présentées par l'accusé. Lors de l'interrogatoire sur la sellette, nous
voyons Louis XIV agir incessamment pour faire accélérer
la procédure ; il exprime son désir que le procès soit terminé
avant Noël. Après cet interrogatoire, le 20 décembre 1664, on
alla aux voix ; neuf juges votèrent la mort et treize le bannissement. Mais le roi, contrairement à toute idée de justice, chan-
gea cette peine en celle de la réclusion perpétuelle, sous prétexte de sauvegarder des secrets d'Etat.

  Ce procès n'est pas le seul dans lequel Louis XIV intervint
d'une manière aussi constante et aussi directe. Nous le voyons,
continuellement, ainsi que Louvois, donner des instructions,

ou prescrire des arrestations. Il exigeait parfois que certaines pièces de l'information, telles que les dépositions, fussent enlevées du dossier, sans être communiquées aux juges, lors de la visite. Les procès-verbaux *de question* lui étaient communiqués; il prescrivait alors telle ou telle mesure; il prescrivait l'exécution de l'arrêt dans le délai qui lui convenait. — En 1679, Louvois fit évader une des accusées, dans le procès des poisons, sous prétexte des services qu'elle avait rendus, et des renseignements qu'elle avait fournis à l'instruction. — Dans l'affaire du chevalier de Rohan, Louis XIV dispensa M. de Bouillon d'une confrontation qui lui était désagréable (1).

En résumé, durant tout le cours de la procédure, le souverain pesait sur la conscience du juge, et sur la liberté de la défense, de tout le poids de sa souveraine autorité. Quelle indépendance pouvait avoir la magistrature, quelle sécurité pouvait conserver l'accusé !

§ 3. — *Intervention du pouvoir royal pour la revision des sentences criminelles.*

Quand une fois le procès était terminé et la sentence rendue, tout n'était pas fini. Un recours direct au souverain demeurait possible ; et le roi pouvait, de son propre mouvement, modifier, ou même annuler l'arrêt rendu par ses mandataires.

Signalons, en passant, cette conséquence du principe de la confusion des pouvoirs : le roi est investi de l'omnipotence judiciaire, il est le juge suprême de ses sujets, et, comme tel, il revise les sentences rendues par les autres magistrats, qui, par rapport à lui, sont tous des juges inférieurs.

Ce droit de réformation, le souverain l'exerçait, au moyen de lettres d'abolition, de rémission, de pardon, de rappel de ban, de commutation de peine, de réhabilitation, et de revision des procès (2). Nous nous contenterons de courtes observations sur chacune d'elles (3).

---

(1) V. M. Ravaisson, *Archives de la Bastille*, passim.
(2) Les édits de 1678, 1680, 1683, 1686, 1703, 1723 sont intervenus sur ces matières. V. le *Commentaire de Serpillon*, t. I, p. 748 et suiv.
(3) V. Prost de Royer, *Dictionnaire de jurisprudence*, vᶦˢ *Abolition, Absolution*, etc.

Lettres d'abolition. — Pendant plusieurs années, l'usage des lettres d'abolition ou de grâce, véritables amnisties individuelles, octroyées par le souverain pour crimes capitaux, fut très fréquent. Elles s'accordaient, soit avant, soit après la sentence. « Quoique le roi, dont la puissance n'a point de bornes, « dit Pothier (1), ait le pouvoir d'accorder l'abolition de quel« ques crimes que ce soit, néanmoins il y a quelques crimes « pour lesquels il a déclaré qu'il n'en accordait point. » Ce sont les crimes de duel, d'assassinat, de rapt, etc. (2).

Les lettres d'abolition étaient données par le roi seul, pourvu qu'aucune circonstance, fausse ou contraire aux charges de l'accusation, n'eût été alléguée.

Lettres de rémission. — La rémission, calquée sur la *deprecatio* romaine, était, au dire de Pussort, l'effacement d'une sentence prononcée, tandis que l'abolition se bornait le plus souvent à suspendre le cours de la justice. On obtenait des lettres de rémission, à la suite d'une condamnation, pour homicide commis, soit involontairement, soit dans la nécessité d'une légitime défense (3).

Lettres de pardon ou d'innocence. — Elles ne s'appliquaient qu'aux crimes qui n'entraînaient pas la peine capitale. Les individus qui, sans avoir été condamnés, avaient cependant commis une faute, en bénéficiaient.

L'ordonnance de 1670 confond souvent les lettres d'abolition, de rémission et de pardon, qui toutes trois étaient comprises sous la dénomination générique de *lettres de grâce*, et qui avaient pour effet d'effacer le crime, en remettant l'intégralité de la peine. Le roi faisait, par exemple, bénéficier des lettres d'abolition ceux qui, après avoir soutenu des maximes contraires aux dogmes de la foi, reconnaissaient leur erreur, et demandaient la réintégration dans leurs droits (4).

Lettres de réhabilitation. — Elles existaient déjà chez les

(1) *Traité de la procédure criminelle,* sect. 7, § 2.
(2) Ordonnance de 1670, art. 4, titre XVI.
(3) Une déclaration royale du 3 décembre 1683 a rappelé que les cas de rémission ne devaient pas être étendus au delà de l'énumération faite par l'art. 2 du présent titre XVI. L'ancien droit, suivant la définition de Beaumanoir, distinguait l'homicide (« fait de tuer en chaude mêlée »), du meurtre (« fait de tuer en guet-apens »), de l'assassinat (« homicide par dol, surprise, embûche »). Le meurtre n'était pas rémissible, comme l'assassinat, lequel supposait une convention à prix d'argent pour ôter la vie à quelqu'un.
(4) Prost de Royer, v° *Abolition,* t. I, p. 151 à 156, et v° *Absolution,* t. I, p. 232 et suiv.

Romains sous le nom de *restitutio in integrum*. Elles ne s'appliquaient qu'aux condamnés qui avaient subi le châtiment infligé.

Le *rappel de ban* était une lettre par laquelle le roi rappelait un banni.

Le *rappel de galère* était accordé pour décharger des galères.

La *commutation de peine* avait lieu, quand, à raison d'un service rendu, le roi relevait un individu de la peine des galères, et ordonnait qu'il servirait dans son armée.

Lettres de revision. — Les lettres de revision étaient données au condamné ou à ses héritiers, pour purger la mémoire du condamné décédé. Elles n'étaient pas concédées, en principe, contre les arrêts des cours ; mais l'art. 8 du titre XVI tournait la difficulté.

Elles ne suffisaient pas, sans jugement, pour que le condamné rentrât en possession de ses biens.

La première formalité à remplir, pour obtenir les faveurs ou mesures de clémence qui précèdent, était l'adresse d'une supplique au roi.

Tout impétrant se constituait prisonnier, était interrogé dans la prison, puis sur la sellette (1), et se présentait à l'audience, à genoux, tête nue.

Après leur délivrance, les lettres étaient envoyées à la cour qui avait statué sur le procès (2).

Elles étaient communiquées aux procureurs et signifiées à la partie civile ; celle-ci pouvait former opposition. Elles n'étaient, en effet, octroyées que sous la condition que l'impétrant satisferait à la partie civile.

Jusqu'à l'intervention de la mesure de clémence, elles n'empêchaient pas l'exécution des décrets, ni l'instruction, ni le jugement de la contumace. Il n'y avait d'exception que pour les lettres d'abolition (3), qui mettaient fin à l'instruction.

Les lettres de ban de galère, de réhabilitation, de commutation de peine, etc., n'avaient pas de caractère conditionnel ;

----

(1) Cette matière a été complétée par le règlement précité du 28 juin 1738 et par la déclaration royale du 21 janvier 1685. — La formalité ci-dessus était motivée sur ce que, jusqu'à l'entérinement des lettres, il y avait lieu de supposer que le cas n'était pas rémissible et qu'il serait nécessaire de procéder extraordinairement.

(2) Art. 8, 9, 10, titre XVI.

(3) Lettres de rappel de ban de galère, de réhabilitation, de commutation de peine, etc.

aussi étaient-elles entérinées sans examen (1). Pour la plupart des autres, comme il fallait que le crime fût rémissible, et surtout que les allégations de l'accusé fussent conformes aux charges résultant de l'information, l'entérinement n'avait lieu qu'après l'accomplissement de ces vérifications.

Si les allégations n'étaient pas conformes aux charges, ou si le cas était non rémissible, l'accusé était débouté de sa demande, car ce n'était plus le crime véritable que le souverain avait pardonné; il était de plus condamné à l'amende.

La facilité avec laquelle ces faveurs étaient obtenues par des intrigants, ou par l'intermédiaire de personnages influents, n'a pas peu contribué à diminuer en France, sous l'ancienne monarchie, le respect dont la justice doit être entourée. Paralyser les effets légaux de ses décisions, ne pas maintenir scrupuleusement et impartialement l'autorité due à la chose jugée, n'est-ce pas ruiner, ou abroger les décisions judiciaires, rendre stérile l'œuvre de ceux qui rendent la justice, et amoindrir la magistrature?

Nous venons de parcourir dans tous ses détours le cercle où se mouvaient l'arbitraire du despote et la tyrannie royale. Le cours de la justice sans cesse bouleversé, interrompu, arrêté, des tribunaux exceptionnels, organisés, dès que l'Etat était en jeu, des juges circonvenus, une procédure illusoire, le bon plaisir du prince élevé à la hauteur d'une institution, des arrestations, des exils, des bannissements, des confiscations, la mort, la ruine, le déshonneur, dès qu'on avait le malheur d'être suspect ou de déplaire aux favoris du jour, voilà le triste tableau du despotisme d'autrefois et de ses déplorables ravages dans le domaine de la justice.

Nous savons bien qu'en pratique, si les formes étaient peu faites pour rassurer, la peine était presque toujours tempérée. Sans doute l'habitude et l'indifférence avaient surtout contribué à introduire et à laisser subsister l'arbitraire. Mais le goût de cette justice sommaire, de ces peines prononcées par lettres de cachet, ne s'en prenait que mieux. Chaque jour le gouvernement enseignait au peuple le Code d'instruction criminelle, le mieux approprié aux temps de révolution, et le plus commode à la tyrannie. Il en tenait école ouverte; et nous pouvons dire,

____

(1) Art. 7, titre XVI.

sans hésiter, qu'un grand nombre de procédés, employés plus
tard par les hommes de 1793, ont pour précédents et pour
exemples les mesures prises, à l'égard du bas peuple, pendant les deux derniers siècles de la monarchie. « L'ancien
régime a fourni à la Révolution plusieurs de ses formes ; celle-ci
n'y a joint que l'atrocité de son génie (1). »

CHAPITRE III.

APPRÉCIATION CRITIQUE ET PHILOSOPHIQUE DE L'ORDONNANCE DE
1670, ET DU DROIT PÉNAL, AU DIX-SEPTIÈME ET AU DIX-HUITIÈME
SIÈCLE.

SECTION I.

INSTRUCTION CRIMINELLE, D'APRÈS L'ORDONNANCE DE 1670.

L'ordonnance de 1670 présente une importance capitale pour
quiconque veut étudier le mouvement philosophique (2) qui
se produisit au siècle dernier, au sujet de nos lois pénales.
La procédure qu'elle consacre sert de point de mire à toutes les
attaques ; c'est elle que les philosophes commentent ; c'est sur
elle que leurs efforts se sont concentrés. Aussi n'avons-nous
pas hésité à en donner l'analyse complète.

La même considération nous détermine à l'étudier au point
de vue critique et philosophique.

L'ordonnance de 1539 et les lois révolutionnaires de la fin du
dix-huitième siècle forment les deux extrémités d'une chaîne,
dont l'ordonnance de 1670 est le centre. — L'ordonnance de
Villers-Cotterets est un souvenir du passé. — Les lois de 1789
à 1808 constituent le programme de l'avenir.

L'ordonnance de Louis XIV est le trait d'union entre le seizième et le dix-neuvième siècle.

La discussion de cette ordonnance permit aux défenseurs de

____

(1) M. Alexis de Tocqueville, *l'Ancien régime et la Révolution*, p. 283,
édition de 1877.
(2) C'est à ce mouvement d'idées que nous consacrerons le livre deuxième
de notre travail.

la liberté individuelle de se faire entendre, et l'écho de leurs voix a porté jusqu'à nous les noms de Lamoignon, de Séguier, de Talon, du président de Novion, dont la postérité se souviendra, comme de ceux de tous les grands bienfaiteurs de l'humanité.

Les progrès dus à l'initiative de Louis XIV et de Colbert sont indéniables (1).

Comme ses devancières, l'ordonnance de 1670 conservait à l'autorité royale sa puissance, si laborieusement conquise ; elle proclamait de nouveau ce principe « que toute justice émane du souverain, » elle confirmait la délégation permanente que la royauté avait jadis consenti à faire de ses prérogatives judiciaires. Si à cet égard il se produisit, même après l'ordonnance, les abus considérables que nous avons signalés, c'est à la constitution politique qu'il faut les attribuer ; les supprimer ne pouvait être le fait d'une ordonnance sur la procédure criminelle.

Mais ce que celle-ci sut établir, ce fut, dans l'instruction, la régularité, l'intelligence, le soin, et cette exacte diligence que Servan appelait un « devoir sacré (2). »

L'ordonnance de 1670 groupa des règles générales, ou des pratiques particulières, éparses auparavant, difficiles à rechercher, souvent obscures ; elle les réunit dans une sorte de Code, précis et facile à consulter. C'était répondre à un véritable besoin des temps, et satisfaire d'avance un vœu que les innovateurs de 1789 formuleront plus tard, pour le droit pénal proprement dit.

L'ordonnance de 1670 n'eut pas que ce mérite : c'est encore à elle que l'on doit la création d'une magistrature permanente, plus zélée, plus impartiale, plus éclairée, que la précédente.

Elle confiait en outre à des fonctionnaires spéciaux l'exercice de l'action publique, et confirmait, en l'élargissant, le principe que la société tout entière est atteinte et a droit à réparation, quand un de ses membres a été victime d'un crime ou d'un délit.

Elle posait nettement les règles en vertu desquelles une ju-

(1) V. dans l'ouvrage de M. Philpin de Piépape, dont nous donnerons plus loin l'analyse, l'éloge complet, et quelque peu exagéré, de l'ordonnance de 1670.

(2) Servan, *Discours sur l'administration de la justice*, prononcé à Grenoble, en 1766 (Genève, 1767).

ridiction déterminée à l'avance, était compétente à raison des circonstances, de la nature des crimes, ou de la qualité des personnes, et faisait ainsi disparaître les effets désastreux de la prévention entre juges, qui, dans l'ancien droit, était une source de lenteurs, de vexations, de chicanes, et d'abus de toute nature.

Les degrés de juridiction étaient réduits à deux.

L'information préliminaire, bien dirigée, préparait la solution des procès, éclairait les magistrats et procurait une première sauvegarde aux prévenus, désormais mieux protégés contre les accusations légères ou les articulations dangereuses de griefs mal fondés. Les témoignages, recueillis immédiatement, présentaient plus de sincérité. Les déclarations des témoins, consignées par écrit, ensuite récolées et contrôlées, devenaient d'utiles indications pour le magistrat, et des jalons fixes, contre lesquels se heurtait maladroitement, et avec moins de chances de succès, l'imprévoyance du mensonge. La mission des experts était limitée et, en quelque sorte, rehaussée ; la procédure de contumace organisée ; les arrestations injustes et abusives devenaient prohibées en principe. Les accusés allaient, dans certains cas et pour un temps déterminé, jouir provisoirement de leur liberté. L'interrogatoire, principal pivot de l'instruction, acquérait une grande importance. Enfin plusieurs dispositions, que nous avons soulignées en les rencontrant, constituaient un appel à la conscience du juge, pour qui le doute devait désormais équivaloir à une démonstration d'innocence.

Les mesures étaient par conséquent prises pour que l'arbitraire ou les erreurs judiciaires devinssent moins fréquents.

Si l'on veut bien juger de l'importance de ces améliorations, et de l'efficacité de ces réformes, qu'on se reporte aux procès criminels instruits au seizième siècle. La différence est saisissante !

« L'espace que la justice criminelle a parcouru depuis nos
« premiers rois jusqu'au dernier règne, depuis les épreuves du
« feu et de l'eau jusqu'à l'ordonnance criminelle, est im-
« mense. La vérité a fait un pas cent fois plus grand que
« celui qui lui reste à faire (1). »

Ainsi s'exprimait, plus de cent ans après la promulgation de

____

(1) Servan, *loc. cit.*, p. 137.

l'ordonnance criminelle de 1670, un magistrat, qui ne craignait pas de signaler, devant un parlement, les vices de la procédure criminelle et les changements qu'il convenait d'y introduire.

Quatre-vingts ans plus tard (1), dans une de ces réunions annuelles, où les membres des parquets des cours s'entretiennent solennellement, avec leurs collègues, du service de la justice, soumettent à leurs compagnies les considérations les plus propres à fixer leurs méditations, ou bien formulent, avec l'autorité qui leur appartient, le programme des *desiderata*, un éminent avocat général de la cour de Paris tenait le même langage, en appréciant l'œuvre de Louis XIV et de Colbert : « Ces procès-verbaux, qui font saisir les premiers in-
« dices et les signes vivants du crime, ces cahiers d'informa-
« tion où le témoin vient déposer des faits qui ont frappé sa
« vue et en face desquels il a été seul placé, ces mesures ra-
« pides qui courent atteindre le prévenu, qui l'isolent, qui le
« renferment dans le silence et l'inaction pendant que les in-
« vestigations du juge scrutent et interrogent autour de lui,
« voilà les premières avenues ouvertes à la vérité. Sous les
« mêmes noms, ou sous des noms qui ont changé, ce sont
« encore là les bases de l'instruction criminelle. Au milieu
« d'un siècle d'innovations et de réformes, il a fallu rester
« dans ces données du bon sens et de la raison. »

Mais, si nous rencontrons dans l'œuvre législative de Louis XIV un progrès très sensible sur la législation qui l'avait précédée, ses qualités ne nous aveuglent point sur les lacunes qu'elle contient et sur les imperfections qu'elle décèle.

La jurisprudence contemporaine était le résultat de la religion, des mœurs, des coutumes primitives, des lois romaines, des lois barbares, des lois féodales, des lois ecclésiastiques, des lois particulières à chaque province, des systèmes des tribunaux, des opinions des jurisconsultes. Et c'était à travers ces flots agités, c'était au milieu d'une loi obscure, à la pâle lueur de sa faible raison, que le juge disposait de la fortune, de l'honneur, de la vie de ses concitoyens. Assurément, le législateur de 1670 essaya de mettre quelque ordre dans ce chaos

---

(1) M. Bresson, discours prononcé à l'audience de rentrée de la cour de Paris, le 3 novembre 1847.

confus et il y réussit en général ; mais souvent aussi il s'inspira trop des souvenirs du passé. Dans certaines parties de l'ordonnance, on doit déplorer de nombreuses omissions, ou bien un amalgame étrange des institutions anciennes et des améliorations qu'imposait l'esprit de progrès ; en ne détruisant qu'en partie les vieilles pratiques du moyen âge, elle rendait plus odieux ce qui en subsistait.

La multiplicité des juridictions, le secret de la procédure, le refus d'un défenseur pour l'accusé, le serment imposé à celui-ci, la théorie des preuves légales, la torture, voilà autant d'abus que lui léguait le passé, et que ses rédacteurs ne purent pas, ou ne voulurent pas répudier... Revenons rapidement sur chacun d'eux.

L'ordonnance de 1670, nous l'avons déjà vu, ne s'occupe en aucune manière de l'organisation judiciaire (1), et pourtant nous savons quel désordre il y régnait, et que d'abus avaient engendrés la diversité des juridictions ainsi que le maintien des justices seigneuriales. On s'explique difficilement cette dernière anomalie ; car n'était-il pas souverainement illogique de laisser aux seigneurs leurs attributions judiciaires, après avoir établi les bailliages et les présidiaux dans le seul but de faire échec à leur juridiction ?

Mais ce vice n'était pas le seul : pour éviter les dépenses, ne voyait-on pas les seigneurs éviter de poursuivre les crimes ?...

D'un autre côté, l'organisation judiciaire, par le maintien des tribunaux ecclésiatiques, reflétait un des côtés les plus fâcheux de la constitution sociale de notre ancienne France, nous voulons dire la confusion de l'ordre religieux et de l'ordre civil. Il importe de laisser le clergé à ses attributions spirituelles et de lui interdire d'étendre son pouvoir plus loin. Mais, nous le répétons, la maxime contraire tenait à l'essence même de la constitution d'autrefois.

Le secret dans toute la procédure, l'absence de défenseur pour l'accusé, la torture enfin, sont encore de ces errements du passé, que le législateur de 1670 aurait pu et dû complètement oublier. Mais, au contraire, il prit à tâche de les aggraver, et, sur ces différents points, il ne saurait invoquer pour

---

(1) Il est à remarquer que notre Code de procédure civile actuel contient la même lacune.

excuse, aux yeux de la postérité, que le spectacle des crimes qui, au seizième siècle, avaient ensanglanté la France.

Enlever l'avocat, ou le défenseur, à l'accusé pour l'obliger à se défendre lui-même, c'était plus qu'une suprême injustice, c'était une contradiction. Les citoyens plaidaient-ils eux-mêmes leurs procès civils? Non, puisqu'on leur imposait un avocat. Il y a un *a fortiori* évident en matière criminelle. Et, si au civil il y a des questions de droit souvent difficiles et embrouillées, au criminel n'y a-t-il pas ce trouble profond, cette sorte de terreur qu'inspire la poursuite, et qui paralyse les moyens de celui qui cherche à se justifier? L'ordonnance de 1670 prohibe le choix d'un défenseur, juste au moment où l'accusé court le plus grand danger. Sans doute elle fait exception, pour certaines natures de délits (malversation, concussion, péculat, tous crimes que ne commettent guère que les gens riches et puissants). Mais, pour le pauvre et le faible, le refus est inflexible.

Que dire de la torture qui n'ait été dit et que nous n'ayons résumé nous-même? — Nous n'ajouterons que quelques remarques.

Pendant la période dite barbare, la torture n'était pas appliquée aux hommes libres, tandis qu'à l'époque où nous sommes, en plein dix-huitième siècle, l'idée de sa nécessité, et par là de sa justice, était entrée si profondément dans les esprits, que les philosophes, qui rendirent à la cause de l'humanité les services les plus signalés, étaient encore imbus de ces fatals principes. Nous n'avons pas été médiocrement étonné de trouver dans leurs écrits sa justification au moins partielle : « Réservez cette « cruauté, dit Voltaire, pour le scélérat reconnu qui a assas- « siné un chef de famille, ou le père de sa patrie, afin de lui « faire avouer ses complices (1). » — Hautefort exprime la même pensée, en d'autres termes (2). — Diderot est plus explicite encore : « Ce tourment additionnel, dit-il, est *nécessaire* « pour arracher au criminel, non seulement l'aveu de ses com- « plices, mais encore le moyen de les arrêter, et l'indication « des preuves nécessaires pour les convaincre (3) ... » Nouvelle preuve de la difficulté que rencontrent les esprits, même les

---

(1) *Commentaire sur Beccaria*, ch. 13.
(2) *Observations sur le livre des délits et des peines.*
(3) *Note sur Beccaria*, ch. 12.

plus indépendants (1), à secouer le joug des préjugés, des opinions et des mœurs de leur temps.

Qu'est-ce enfin que ce système de conviction légale et cet art de pondérer les preuves? Il y a là, dit Brissot de Varville, une sorte de recherche de la pierre philosophale. Le flambeau de la raison doit suffire pour éclairer le juge. Qu'on y ajoute la voix de l'humanité et qu'on n'exige du magistrat que la certitude morale. Celle-ci suffit ; mais elle seule est nécessaire.

Si l'admission sans un contrôle suffisant des traditions les plus malheureuses du passé conduisit à de déplorables erreurs les rédacteurs de l'ordonnance de 1670, ceux-ci cédèrent à une inspiration encore plus désastreuse, en exagérant outre mesure le principe d'autorité. Impuissants à modérer l'arbitraire royal, ils ne surent pas réfréner celui du juge. En fortifiant son pouvoir discrétionnaire, en restreignant la liberté de la défense, ils mirent l'accusé à la complète merci du juge. De là, les pouvoirs illimités du magistrat instructeur, l'absence de règlement sur les récusations, l'abus de la prison préventive, l'obligation imposée au prévenu de produire immédiatement ses reproches, le peu de liberté qu'on lui laissait dans les confrontations, toute cette procédure en un mot qui s'inspire de l'idée que tout accusé doit être traité comme un coupable.

Certes, on n'avait pas encore compris cette grande vérité, que la philosophie stoïcienne s'était jadis efforcée d'inculquer aux législateurs de l'ancienne Rome, et que la philosophie du dix-huitième siècle va présenter bientôt comme une revendication sacrée et primordiale, à savoir, qu'il importe autant de permettre à l'innocent de se justifier que de donner au juge les moyens de convaincre le coupable.

Ce que veut l'ordonnance de 1670 avant tout, c'est la confession du crime ; ce que recherchera le juge, ce sera l'aveu de l'accusé, ou des preuves de culpabilité. Qu'importe que la défense soit entravée, si le but est atteint !... C'était oublier que la fin dernière de toute législation criminelle est de soustraire l'innocent à la terreur, le coupable à l'espérance, et le juge à son despotisme.

L'enquête, l'interrogatoire, voilà les grands moyens. Auss

(1) Nous en verrons encore d'autres exemples dans le chapitre premier du livre II.

quel pouvoir pour le juge d'instruction ! Il est seul pour statuer sur l'arrestation préventive ! C'est lui qui rédige les dépositions et les procès-verbaux de confrontation. C'est lui qui donne à toute l'information la physionomie qui lui convient. C'est par son intermédiaire que l'accusé doit faire ses observations, ou faire remarquer les contradictions du témoin, qu'il ne peut interpeller directement ! Son autorité sera sans contrôle. Son influence sera prépondérante, lors de la décision définitive. Si elle se partageait entre plusieurs, le péril serait moindre ; mais elle est l'apanage d'un seul, c'est là qu'est l'abus (1).

Le juge d'instruction a dans ses mains la liberté individuelle. Il peut toujours, malgré les règles de l'ordonnance, et dans tous les cas, décerner une prise de corps. Si l'accusé est domicilié, la loi ne le lui permet que lorsqu'une peine afflictive et infamante est encourue. Mais où est la garantie, puisque son pouvoir arbitraire permet au juge d'infliger presque toujours un semblable châtiment ? Enfin, y eût-il une garantie, une limite, un point de repère, le juge n'a-t-il pas encore la ressource du plus ample informé ? L'emprisonnement sera ordonné et perpétué, et l'accusé se trouvera abandonné dans une situation pire que la pire des peines ! Le progrès ne sera sensible, dit Prost de Royer, que quand l'accusé aura en face de lui, non pas un juge, mais la loi.

Et, dans la sentence définitive, n'est-ce pas encore le magistrat que nous trouvons et non la loi, puisque jamais les décisions n'étaient motivées ? Ces décisions ne se fondaient pas sur le texte législatif, puisqu'il n'était pas visé, ni sur le crime du condamné, puisqu'il n'en était pas question, mais seulement sur la volonté du magistrat. La peine était appliquée, non pas au délit, mais à l'homme.

Cette obscurité des décisions judiciaires flétrissait, sans punir et, pour l'avenir, n'arrêtait aucun coupable. Comment la crainte serait-elle arrivée au cœur des méchants ? Si le malheureux, mis sur la sellette, ignorait son crime, le public, en soupçonnant tous les forfaits, n'en remarquait spécialement aucun. Les

---

(1) Dans notre législation actuelle, ce vice n'existe plus au même degré au grand criminel, où l'instruction définitive est faite par la chambre des mises en accusation ; mais il subsiste en matière correctionnelle.

honnêtes gens tremblaient à la vue d'une telle anarchie. Les coupables ne devaient pas désespérer de l'impunité ! !

On peut s'étonner que, malgré l'état des esprits, malgré le niveau si élevé auquel était arrivée la culture intellectuelle, malgré la civilisation, dont l'histoire enregistrait à chaque instant les nouvelles conquêtes, on peut s'étonner, disons-nous, du caractère de dureté et de rigueur excessives que révèle l'ordonnance de Louis XIV... Mais qu'on y réfléchisse ! Principes et pratique, tout tournait alors sur le même pivot : l'arbitraire ! Arbitraire du roi, arbitraire du juge (1) ! Pourquoi? C'est que le despotisme avait plus de pouvoir que le progrès n'introduisait de libéralisme !

SECTION II.

DROIT PÉNAL PROPREMENT DIT.

Par l'exposé que nous avons fait du droit pénal au dix-septième siècle, nous avons essayé de déterminer dans quel sens se produisait l'omnipotence du juge en matière de châtiments et d'incriminations. Les principes que nous avons développés à ce sujet se maintinrent jusqu'à la Révolution française. A peine essaierons-nous de résumer les critiques qui leur ont été adressées, tant ils ont soulevé, depuis près d'un siècle, l'indignation de tous ceux qui ont écrit sur la philosophie du droit criminel.

Encore une fois, le caractère uniforme de notre ancienne législation, c'est l'arbitraire et toujours l'arbitraire. Nous l'avons déjà répété, et nous le remarquons de nouveau, au risque d'en paraître fastidieux, car cette idée est en quelque sorte comme la clef de voûte de notre ancien droit. Si on ne s'en pénètre, jamais on n'aura une notion complète des mœurs judiciaires de l'époque, de cette inquiétude immense qui, à certains moments surtout, envahissait les esprits, de cette terreur, de cet insurmontable effroi, que causaient l'apparition du juge et l'intervention de la justice. — Un acte innocent pouvait, après coup, devenir criminel. L'incertitude de la loi jetait le doute dans les âmes (2).

(1) V. A. du Boys, *Histoire du droit criminel*, t. II, p. 10 et suiv.
(2) Aujourd'hui encore, dans les campagnes, la peur de se compromettre

Comme cette théorie du pouvoir discrétionnaire du roi ou du juge cadrait merveilleusement avec les idées de vengeance, dont le droit pénal s'inspirait alors ! Mais aussi quel abus et quelle dangereuse exagération ! La société se vengeait. Le procureur du roi et les juges transportaient, dans le silence de leur cabinet et dans le recueillement de leurs délibérations, la fureur et l'acharnement des combattants, qui, dans l'ardeur de la lutte, ne savent pas mesurer les coups qu'ils portent à l'adversaire déjà terrassé.

L'exagération du châtiment constituait une atteinte grave à la majesté de la loi et à la sévérité de la justice. Fatale erreur, car les armes cruelles dont se servait la société se retournaient contre elle.

Etait-ce là le véritable moyen de détourner du crime? Le condamné ne méritait-il pas plus de pitié que d'horreur, et la vue de ces supplices terribles était-elle bien faite pour adoucir les mœurs ? On n'obéit pas aux lois parce qu'elles sont cruelles. Celles qui sont douces sont tout aussi respectées ; l'expérience le prouve péremptoirement (1).

Le principe de la vengeance fu encore, s'il est possible, exagéré dans les accusations de lèse-majesté humaine (nous laissons de côté les crimes de lèse-majesté divine, où tout était atroce). Ces accusations présentaient alors le même caractère qu'elles avaient à Rome à l'époque impériale; c'est trait pour trait le même tableau. Ici, toutes les règles souffrent exception ; et, à plus de quinze siècles de distance, c'est la même incertitude dans l'incrimination (2), la même extension dans le droit d'accusation, la même horreur inspirée par la peine. Et, si nous voulions reproduire le tableau fidèle et exact des accusations de lèse-majesté au seizième, au dix-septième, et même au dix-huitième siècle, c'est encore à Tacite que nous pourrions emprunter, et les traits généraux, et les plus saisissants détails. Pour le crime de lèse-majesté au premier chef, l'accusé était puni, alors même qu'il n'avait pas conscience de son

n'empêche-t elle pas souvent que tout secours soit porté aux suicidés, ou que dans les instructions criminelles les témoins révèlent les faits qui leur sont connus!

(1) M. R. Roland, *op. cit., De l'esprit du droit criminel aux différentes époques*, etc., p. 336.

(2) Pothier, dans son *Traité de la procédure criminelle*, essai d'énumérer les crimes de lèse-majesté.

acte ; on ne tenait pas compte de son âge ; on ne s'arrêtait pas
à la mort du coupable; on faisait le procès à son cadavre, ou
bien on punissait ses enfants et sa famille.

Ainsi donc, incertitude dans la détermination des crimes ou
des délits, arbitraire dans les peines, exagération dans les supplices par suite de l'idée de vengeance, incriminations religieuses, voilà les principaux vices de cette législation.

Il en est encore un autre, celui-ci capital, qui dérive du principe même de l'institution. Quand on punit par vengeance, la
peine est brutale, elle est sans pitié, elle est terrifiante. On
n'attend rien du patient, comme il n'attend rien lui-même d'une
société irritée. Celle-ci désespère vite de l'amendement du
coupable, et ce désespoir est la raison de toutes les sanctions
pénales. — Plus le crime est grand, moins il doit laisser de
place au repentir; telle est l'idée mère de l'ancien système pénal.

Ce principe, en passant de la théorie dans la pratique, devenait malheureusement vrai ; car, en traitant le coupable comme
un être voué irrévocablement au mal, le prévenu finissait par
devenir malade incurable. Il n'y avait pour lui, ni travail entraînant l'ordre, l'économie, l'honnêteté, ni instruction pour
réformer son intelligence, ni éducation pour convertir sa
volonté. Le législateur ne s'occupait même pas de cette
contagion morale si facile à se communiquer entre codétenus,
de l'enseignement de chaque jour donné par le criminel
endurci à celui qui, pour la première fois, pénètre dans cet
abîme de corruption. Pour ce dernier il n'y avait aucun moyen
de se soustraire aux dangers qui l'entouraient; les premiers pas
dans la vie du crime lui fermaient irrévocablement le retour au
bien. Ecoutons ce que la Cour des aides disait, à ce sujet, dans
une de ses remontrances au roi (1) : « De tels gens (de mau-
« vais sujets enfermés avec des criminels) passent le temps de
« leur captivité ensemble, c'est-à-dire dans la plus funeste de
« toutes les sociétés, dans une société qui ne leur laisse d'autre
« occupation que celle de se préparer à de nouveaux crimes.
« Peut-on douter que de simples libertins n'y deviennent cri-
« minels ? Que celui qui avait commis seulement quelque délit
« et qui, pour cette raison, était peu dangereux, ne sorte de la
« prison enrôlé dans une bande de scélérats ? Ainsi, en procu-

(1) Rapporté par Philpin de Piépape, *op. cit.*, p. 372.

« rant au public le bienfait momentané de séquestrer quelques
« mauvais sujets, on relâche, tous les ans, des troupes entières
« de malfaiteurs, bien plus redoutables qu'avant leur réunion. »

L'opinion, que la réforme du condamné est un des buts de
la peine, avait cependant trouvé place dans les écrits de quelques auteurs contemporains. Malheureusement leurs vœux
n'avaient pas été entendus. Les prisons étaient dans un état déplorable, insalubres, étroites, sans air, humides; elles infligeaient
à ceux qui y étaient détenus un vrai martyre moral. Qu'on se
souvienne de l'impression si pénible que laisse aujourd'hui
encore la visite de certaines maisons d'arrêt! Et cependant
combien l'état de choses actuel est préférable à celui d'autrefois!

On le voit, notre ancienne société accumulait les erreurs et
les vices dans l'administration de la justice criminelle. Le
citoyen n'avait, ni règle fixe, ni loi certaine. L'accusé était
opprimé sans merci. Le coupable, et quelquefois l'innocent,
se voyait sacrifié par la haine et la vengeance ; rarement il pouvait rapporter à la justice la sentence qui le frappait.

Faut-il s'étonner ensuite que, dans ses légitimes revendications et dans l'ardeur d'une lutte acharnée pour conquérir ses
droits, le peuple n'ait pas su conserver cette mesure et cette
modération dont le pouvoir despotique d'autrefois savait, dans
les temps les plus calmes, complètement s'affranchir ?

DEUXIÈME PARTIE.

MOUVEMENT PHILOSOPHIQUE (1670-1789) EN FAVEUR DE LA RÉFORME DES LOIS CRIMINELLES, ET LÉGISLATION DURANT LA MÊME PÉRIODE.

LIVRE PREMIER.
1670-1748.

CHAPITRE PREMIER.

LÉGISLATION CRIMINELLE.

L'ordonnance de 1670, peu de temps après sa promulgation, a été complétée par une série de dispositions législatives, que nous allons citer, et dont nous analyserons les principales.

C'est d'abord l'édit d'août 1679, réprimant le duel.

Puis l'édit de décembre 1680, abrogeant, en matière de défauts et contumaces, les titres II et XXVII de l'ordonnance de 1670, et exigeant que les décrets d'ajournement personnel soient motivés.

Celui de janvier 1685, sur l'administration de la justice au Châtelet de Paris.

Une première déclaration du 21 janvier 1685, concernant les lettres de grâce.

Une seconde déclaration du même jour, portant que les cours et tribunaux ne pourront que, dans certains cas déterminés, prononcer contre les condamnés des amendes, destinées à être employées en œuvres pieuses.

L'édit d'avril 1695, réglementant la juridiction ecclésiastique.

Une déclaration de décembre 1701, sur les amendes.

Une déclaration du 29 mai 1702, sur la juridiction des juges présidiaux et des baillis, en Bourgogne.

Une déclaration de janvier 1703, concernant les lettres de rémission.

L'édit de décembre 1704, relatif aux outrages faits aux militaires par les officiers de robe.

Un édit du même mois et de la même année, concernant les prisons.

Un édit de mars 1707, portant création d'un juge gruyer, d'un procureur du roi et d'un greffier, dans chaque justice seigneuriale.

Une déclaration du 27 février 1708, concernant le recel des grossesses.

Une ordonnance du 18 février 1710, réprimant les délits commis à l'église.

L'ordonnance du 10 septembre 1716, concernant la juridiction compétente, pour connaître des crimes et des délits militaires (1).

La déclaration du 23 mars 1720, touchant la répression du délit de mendicité.

La déclaration du 5 février 1731, sur les cas prévôtaux, présidiaux, ou royaux. — Arrêtons-nous quelques instants à l'examen de ce mouvement législatif. Et d'abord qu'entendait-on par les différentes dénominations qui précèdent (2) ?

On donnait le nom de *cas prévôtaux* et de *cas présidiaux* aux crimes qui, soit par leur nature, soit par la qualité du prévenu, exigeaient une prompte répression, et qui dès lors devaient être jugés en premier ressort, tantôt par les prévôts des maréchaux, tantôt par les présidiaux. Une faveur royale, ou l'arbitraire qui régissait toutes ces matières, pouvait accorder exceptionnellement les mêmes attributions et la même compétence à des tribunaux qui ne rentraient dans aucune de ces catégories.

Les mots *cas royaux* avaient une double signification : Dans un premier sens, ils désignaient les crimes portant atteinte à l'ordre public, et que, comme tels, le souverain réservait à ses juges, à l'exclusion de la juridiction seigneuriale; à ce point de vue, les cas prévôtaux ou présidiaux pouvaient être des cas royaux, mais on les appelait alors *cas royaux prévôtaux*. — Dans un se-

_____

(1) V. Briquet, *Code militaire*. Paris, 1761. Huit vol. in-12.
(2) Nous avons dit ailleurs (§ 1er, section 1 du chapitre 2 du livre I), en invoquant le témoignage de Pothier, combien il était difficile d'en donner une définition satisfaisante.

cond sens, les mots *cas royaux* désignaient tous les crimes dont connaissaient les juges royaux (baillis, sénéchaux, etc.), autres que les prévôts des maréchaux, et les présidiaux. On les appelait alors *cas royaux ordinaires*.

Les cas royaux ordinaires avaient ce caractère, tantôt par leur nature, tantôt à raison de la qualité des prévenus.

L'art. 11 du titre Ier de l'ordonnance de 1670 indiquait trente-un cas royaux ordinaires *par leur nature*. Certains arrêts avaient même étendu cette nomenclature, en y ajoutant, par exemple, le crime d'empoisonnement, ainsi que les divers délits commis sur les rues ou places publiques.

Les crimes commis par les officiers de judicature, les ecclésiatiques, les gentilshommes, étaient, *à cause de la qualité des accusés*, de la compétence des baillis ou sénéchaux royaux.

Nous avons vu que le législateur de 1670 avait cherché, sinon à éteindre, du moins à réglementer les conflits de juridiction. Il n'y était pas parvenu ; et les édits, ou déclarations qui avaient suivi, loin de porter la lumière, avaient au contraire laissé beaucoup d'incertitude sur les points obscurs.

Louis XV voulut, en 1731, introduire des changements dans cette partie de la législation, en réunissant dans une disposition législative spéciale tout ce qui concernait les juridictions prévôtales, présidiales et royales.

Aux termes de cette ordonnance, qui fut enregistrée par le parlement de Dijon, le 14 mars 1731, les cas royaux, présidiaux, prévôtaux, seront classés (1).

---

(1) Voici ses principales dispositions :

Art. 5 (modifiant l'art. 12 du titre Ier de l'ordonnance de 1670). — Il énumère les cas prévôtaux par leur nature.

Art. 14, 16, 17, 20. — Ils apportent des exceptions à l'art 20.

Art. 11, 12, 13, 15. — Ils excluent certaines personnes de la juridiction prévôtale ou présidiale, pour les soumettre exclusivement à celle des juges royaux.

Art. 1, 2, 3, 4, 16. — Ils énumèrent les cas prévôtaux, par la qualité des coupables.

Art. 21. — Il donne la préférence aux magistrats du lieu du délit.

Art. 17, 18, 19, 23, 24, 25, 26, 27 (modifiant l'ordonnance de 1670). — Ils indiquent les formalités à suivre par les prévôts, jusqu'à ce qu'ils aient fait juger leur compétence, ainsi que celles (le pourvoi compris) qui suivront la sentence sur la compétence ; le moment où cette compétence devra être jugée ; le nombre des juges appelés à statuer sur cette question préjudicielle. Le jugement de compétence devra éviter d'aborder tout ce qui serait relatif au fond de l'affaire. Il devra être immédiatement notifié à l'accusé.

Art. 10 et 21 (modifiant l'art. 7 du titre Ier de l'ordonnance de 1670). — Ils donnent à tous les juges les pouvoirs qu'avaient autrefois les présidiaux ou

Les magistrats du lieu du délit auront une compétence privilégiée ; les baillis et présidiaux instrumenteront de préférence à tous autres. L'ordonnance de 1731 traçait également les formalités à suivre en cas de dessaisissement. (Les frais de l'information étaient à la charge du domaine royal, lors même qu'un magistrat incompétent l'avait commencée.) — Elle indiquait aussi les effets et les conséquences des jugements statuant sur la compétence. Enfin, elle édictait des règles spéciales au duel.

Une ordonnance du 28 juin 1735 a réglé ensuite la procédure concernant les pourvois en cassation.

Citons encore celle de juillet 1737, sur le faux, dont la disposition principale paraît être la faculté de transiger (1), accordée aux parties, pourvu que le procureur du roi y donnât son consentement.

Le dernier monument législatif de cette période est une ordonnance d'août 1737, qui reconnaît deux sortes d'évocations (2) : 1° les *évocations de grâce* particulières ou générales, que le roi pourra accorder à certaines personnes, ou même à des communautés, comme marque de sa faveur ou de sa pro-

baillis royaux, à condition d'avertir ces derniers, qui enverront ensuite chercher la procédure.

Art. 7, 9, 20. — L'art. 7 donne, dans certaines hypothèses, préférence aux prévôts des maréchaux sur les présidiaux, et réciproquement. Hormis ces hypothèses, ces différents magistrats pourront agir concurremment. — Le principe de préférence accordé aux présidiaux et aux baillis est nettement posé par les art. 9 et 20.

Art. 22. — Il permet aux juges inférieurs (le prévôt excepté) de commencer l'information. Le Châtelet supérieur, d'où ressortissait ce juge, devenait de suite compétent.

Art. 16. — Dans les villes de parlement, les compétences prévôtales et présidiales cesseront.

Art. 19. — Si le jugement ne mentionne pas que l'accusé demeure convaincu d'un cas prévôtal, la sentence ne sera rendue qu'en premier ressort.

Art. 20. — Il se réfère à l'hypothèse où il y a plusieurs accusés justiciables de juridictions différentes.

Art. 24. — Les prévôts devront mentionner, en tête des interrogatoires, qu'ils entendent juger en dernier ressort.

Art. 23. — Il fixe un délai de vingt-quatre heures, pour le dessaisissement par les prévôts des maréchaux.

Art. 27. — Il concerne spécialement le duel.

Art. 29. — Il exige qu'un registre, reproduisant les jugements rendus sur la compétence, soit tenu par les greffiers des bailliages, sénéchaussées, présidiaux, maréchaussées, et qu'on devait ensuite envoyer, tous les mois, au procureur général.

(1) Art. 52, titre II.

(2) Nous avons cité ailleurs (liv. I, ch 2, section 3, § 1) les diverses ordonnances ou déclarations relatives aux évocations. — L'ordonnance de 1670 (tit. XXVI) réglait l'évocation d'un tribunal inférieur à un tribunal supérieur.

tection; 2° les *évocations de justice*, qui auront lieu, sous trois conditions que le texte détermine, à raison des parentés ou des alliances que les parties auront dans le tribunal devant lequel l'affaire sera portée.

Certaines affaires, celles notamment dans lesquelles l'admistration était intéressée, étaient par ce moyen enlevées à la justice ordinaire, pour être soumises à celle des intendants et du conseil royal.

Ces exceptions ne tardèrent pas à se généraliser, absolument comme si elles avaient été admises en principe par un texte. Elles devinrent même une sorte d'axiome gouvernemental (1).

On a fait de nos jours une étrange application de cette théorie, qui tend à déposséder de plus en plus la juridiction de droit commun, au profit d'une juridiction nommée par le gouvernement, et qui connaît de tous les litiges, dans lesquels celui-ci est ou se prétend intéressé.

Si nous sommes frappé de l'extension de cet effroyable abus, constatons impartialement, en le regrettant, qu'il remonte à l'ancien régime.

Nous ne terminerons pas cette analyse des lois réformant la procédure criminelle (2), sans mentionner les projets de réorganisation judiciaire que Maupeou présenta à Louis XV, en 1769, et qui occasionnèrent une sorte de révolution intérieure dans le pays (3). Maupeou voulait établir de nombreux tribunaux d'appel fonctionnant avec régularité, diminuer l'étendue des ressorts, en leur donnant une étendue à peu près égale, rapprocher le justiciable du juge, régler la compétence et le mode de recrutement des juridictions inférieures, créer une cour su-

(1) V. de Tocqueville, *l'Ancien régime et la Révolution*, édition de 1877, p. 79.

(2) Nous reviendrons, dans le chapitre 2, livre II, sur l'énumération des différents mouvements législatifs, postérieurs à 1748 et antérieurs à 1789. — Ayant divisé le dix-huitième siècle en deux périodes, dont la première prend fin avec l'année 1748, nous terminerons ici l'analyse des édits, ordonnances ou déclarations de la première période. — Nous ne ferons d'exception, dans l'ordre chronologique, que pour la mention relative à la réforme de Maupeou, qui doit être ici signalée sommairement, afin de rendre plus clair ce qui va suivre. D'ailleurs, l'œuvre du chancelier de Louis XV ne fut jamais convertie en monument législatif.

(3) Voir, sur cette question, les intéressants développements que lui a consacrés M. Flammermont, dans le tome CXIV du *Compte rendu des séances de l'Académie des sciences morales et politiques* (année 1880. 2ᵉ semestre, p. 147, 569, 599), en discutant un mémoire, inédit jusqu'à ce jour, dans lequel Maupeou explique ses projets de réforme.

prême ayant mission de maintenir l'unité de jurisprudence et
de rappeler à l'observation de la loi, former un conseil d'Etat
qui préparerait les lois, et de plus statuerait sur les questions
de contentieux administratif (1).

Nous verrons plus loin que la constitution de l'an VIII, sous
le Consulat, n'est que la reproduction de ce projet d'organisation judiciaire, dont l'auteur premier est le chancelier Maupeou,
et non pas ses plagiaires, Bonaparte ou Lebrun, auxquels on a
faussement attribué l'honneur d'une initiative conçue trente
années avant leur avènement au pouvoir (2).

« Les réformes projetées par Maupeou, dit M. Flammermont,
« constituaient un progrès indiscutable ; malheureusement
« elles frappaient, dans ses plus chers intérêts, la classe la plus
« riche et la plus éclairée du royaume ; elles avaient, en outre,
« le tort de montrer à ceux qui pouvaient encore l'ignorer que
« la France n'avait d'autre constitution que le bon plaisir du
« roi ou de ses ministres (3). »

CHAPITRE II.

MOUVEMENT PHILOSOPHIQUE (1670-1748).

C'est l'histoire de notre pays que nous avons résumée jusqu'à
présent, en retraçant les principales phases de la législation
criminelle.

Tour à tour, maîtresse de ses droits, protégée par de puissantes garanties, puis opprimée, spoliée, abandonnée, l'hu-

---

(1) Pour rendre un hommage complet à la vérité et à l'histoire, il faut
reconnaître que Maupeou ne poursuivait qu'accessoirement cette réorganisation. Son but principal était plutôt la transformation du personnel. Afin de
créer une magistrature dévouée jusqu'à la servilité, il recourut à des moyens
que tous les contemporains, à l'exception de Voltaire, ont flétris ; et si, sur
cette importante question, la nation se sépara de l'illustre écrivain qui
tant de fois l'avait éclairée, guidée, convaincue, entraînée, c'est qu'elle
savait que les membres des nouvelles compagnies, en abdiquant toute indépendance, en se plaçant d'eux-mêmes sous le joug du ministre, n'offraient
plus de garanties aux justiciables.
Le souci de leur dignité et de leur honneur avait amené les anciens parlementaires à se retirer, non sans avoir soutenu une lutte énergique, dont
nous parlerons plus loin.
De là, le programme de Maupeou, que nous venons d'analyser.
(2) M. Flammermont, *loc. cit.*, p. 594, 595.
(3) *Id., ibid.*, p. 598.

manité touchait, au commencement du dix-huitième siècle, à
une des phases les plus glorieuses de son existence. Elle allait
réclamer, et bientôt après reconquérir, ce que le cours des
siècles et la succession des gouvernements lui avaient enlevé.

Une véritable croisade commençait. Nous allons en indiquer
les origines et les résultats.

Les discussions de juin et juillet 1670 avaient, pendant la
réunion de la commission, mis en lumière les points sur lesquels l'ordonnance de 1670 était défectueuse. Après sa promulgation, les esprits éclairés, qui n'avaient pas tardé à se rendre
compte et à proclamer qu'elle ne réalisait aucune amélioration sérieuse, ne lui ménagèrent pas leurs critiques. Les âmes
généreuses comprenaient qu'il fallait aller au delà du progrès
promis et non réalisé. Un plan de réforme était en germe; il
fut bientôt traduit dans les écrits, timidement d'abord, avec insistance ensuite (1).

Un siècle après Montaigne, en 1681, un maître des requêtes
du parlement de Dôle (2), s'attaquant comme son devancier
à l'iniquité de la torture, à l'insuffisance, aux périls et à la
fausseté « de ce prétendu mode de preuve pour découvrir les
crimes secrets, » publiait un volume qu'il dédiait à Louis XIV,
en demandant la suppression de cette pratique, qu'il signalait
comme funeste, surtout aux innocents. — Nous verrons que cette
protestation resta stérile et qu'un nouveau siècle s'écoula avant
qu'un des successeurs de Louis XIV prêtât l'oreille à la supplique humanitaire que Nicolas avait adressée au grand roi.

Dans le même temps, un illustre procureur général, écrivant
au prévôt de la maréchaussée de Franche-Comté (3), lui recom-
mandait de n'appliquer les peines que quand la culpabilité des
accusés était péremptoirement démontrée.

D'Aguesseau (4) ne se contentait pas de transmettre à ses inférieurs des instructions détaillées sur leurs attributions, ou
des conseils empreints d'une grande élévation et d'un noble

---

(1) Nous avons dit ailleurs que Montaigne, Ayrault, Loyseau, Dumoulin, etc., dont les écrits furent antérieurs à 1670, avaient vivement critiqué la procédure inquisitoriale. Ajoutons à ces noms ceux de Bodin,
Grotius, Puffendorf, Hobbes, Wolf, etc. — Nous ne parlerons dans le présent
chapitre que des ouvrages ou documents publiés postérieurement à 1670,
et antérieurement à 1748.
(2) Nicolas, *Si la torture est un moyen sûr de vérifier les crimes*.
(3) D'Aguesseau.
(4) Né en 1668, mort en 1751.

amour du bien, mais encore, dans ses instructions, ses mercuriales, ses ordonnances, il a abordé tous les sujets, en exposant des vues générales sur les principales questions que soulève la recherche du progrès.

On peut donc dire que, durant trente-cinq années, l'administration du chancelier, aussi bien que ses écrits, ont perfectionné l'instruction criminelle, et souvent suppléé à ce qui faisait défaut dans les textes (1).

En abordant l'examen de la réforme judiciaire, il s'est déclaré partisan de la diminution des juridictions inférieures, dont il trouvait le nombre excessif; de la suppression des prévôts, dans les localités où il y avait des baillis; de la réunion de plusieurs cours supérieures; du contrôle à exercer par les parlements sur les bailliages ou sénéchaussées, et par ces derniers sur les tribunaux inférieurs ; de la réorganisation territoriale de toutes les juridictions; de la diminution des frais de justice; enfin d'une sévère discipline dans l'ordre judiciaire (2). — Nous ne lui reprocherons que de s'être prononcé en faveur du secret dans la procédure.

Mais ce qui doit surtout nous frapper, c'est le silence du plus grand jurisconsulte du dix-huitième siècle.

Les biographes de Pothier (3) nous apprennent qu'au présidial d'Orléans on ne lui distribuait pas de dossiers criminels, quand on supposait que la *question* pouvait être ordonnée, tant était grande son aversion pour ce genre de supplice. Nous pouvions croire ou espérer qu'en commentant l'ordonnance criminelle, et surtout qu'en parlant de la torture, Pothier accompagnerait son exposé doctrinal de critiques dont la justesse et l'influence eussent produit une vive impression. Nous avons malheureusement à regretter cette abstention de l'homme le mieux apte à préparer la réforme. Son abstention dans certains procès criminels témoigne assez de sa répugnance à s'associer à certains usages ou aux formes d'une procédure qu'il réprouvait. Mais cette protestation ne vaut pas un livre, un livre de Pothier surtout. Elle est pourtant l'indice du mouvement qui se produisait dans les esprits, et auquel les magistrats eux-

<hr>

(1) V. Du Boys, *Hist. du dr. cr. de la France*, t. II, p. 216 et suiv.
(2) V. Monnier, *Etude sur d'Aguesseau* (compte rendu de l'Académie des sciences morales et politiques, t. LXVI, année 1858, p. 280).
(3) Voir notamment Siffren, *Vie de Pothier*, p. 53.

mêmes s'associaient indirectement, sans y prendre encore, il est vrai, une part active.

Peu à peu les efforts vont se combiner, et devenir persistants. Nous leur devons les conquêtes que nous enregistrerons dans un chapitre suivant.

Avec des mérites divers, et des compétences variées, les mieux préparés commençaient à se mettre à l'œuvre. Chacun allait, selon ses moyens, contribuer à la régénération désirée, qui avec éclat, qui modestement, tous avec un zèle et un désintéressement bien dignes de cette juste cause.

Les limites de notre travail ne comportent pas une étude approfondie des caractères ou des ouvrages qui ont rempli, à ce point de vue, le dix-huitième siècle. Des observations détaillées ne sauraient trouver place que dans une étude spéciale, littéraire, historique, ou philosophique, et sortiraient du cadre nécessairement restreint dans lequel nous devons nous renfermer.

Pourtant nous n'aborderons pas cette époque fameuse sans parler de trois hommes qui ont immortalisé leurs noms, en se faisant les interprètes convaincus des vœux de la nation. Plus que tous les autres, ils ont facilité le succès de la croisade en faveur de la réforme législative; et, si nous reportons nos regards à un siècle et demi en arrière, Montesquieu, Voltaire, Beaumarchais nous apparaissent au premier plan.

I. *Montesquieu.* — Montesquieu (1) ne fut pas un polémiste. Il n'avait, ni cette foi ardente qui fait les novateurs inspirés, ni la critique amère qui atteint si souvent le but. Il envisageait sans colère ce qui le choquait le plus, les lettres de cachet par exemple. — Magistrat impartial, éclairé, il sut, dès qu'il s'adressa au public, se faire écouter et admirer. Les *Lettres persanes* avaient attiré l'attention sur le président du parlement de Bordeaux. L'*Esprit des lois* acheva sa renommée, en causant en France une véritable révolution, sinon dans les faits, du moins dans les idées.

La cause que Montesquieu plaidait avait eu en d'autres temps des avocats diserts. Mais aucun de ceux-ci n'avait su consigner, condenser, et exposer dans un écrit vigoureux, logique, précis, savant, tous les arguments de ce grand et solennel débat. L'hu-

(1) Né en 1689, mort en 1755.

manité n'avait jamais entendu un plus éloquent plaidoyer en faveur de ses droits. Elle allait avoir son « mémoire », pour employer le langage de la procédure. En fouillant dans ses archives, son défenseur allait retrouver les titres perdus et cherchés (1).

Au triple point de vue que nous indiquions il y a un instant, l'illustre président devait promptement obtenir une approbation unanime.

Comme magistrat, il faisait connaître le fruit de son expérience ou de ses méditations, et parlait le langage de sa conscience. Comme écrivain, cherchant à convaincre sans passionner, il devait recueillir les fruits que produisent toujours l'impartialité, la modération et la bonne foi. Comme philosophe, à une heure où la philosophie avait la parole et savait se faire écouter, comme observateur ayant profité de ses nombreux voyages en Europe, il n'avait qu'à rappeler ses souvenirs, pour produire une œuvre originale, par laquelle il passerait en revue les différentes législations de l'Europe.

Montesquieu fut le premier qui compara notre législation à celle de l'Angleterre; le profit résultant de ce rapprochement fut considérable pour la France.

Son livre, sans précédent, a servi de modèle à toute une génération d'écrivains, qui n'ont fait que s'inspirer de sa doctrine et s'engager dans la voie qu'il avait tracée.

L'*Esprit des lois* ressemble au phare qui éclaire de loin. Ce magnifique monument de la pensée humaine a dissipé la confusion et les obscurités, en imprimant une efficace impulsion aux esprits.

Aussi avons-nous déjà divisé le dix-huitième siècle en deux parties : *celle qui est antérieure à l'année* 1748 (date de la publication de l'*Esprit des lois*), *celle qui lui est postérieure.*

II. *Voltaire* (2). — Il n'y a pas à discuter le rang ou la place de Voltaire dans le panthéon de l'histoire. Il s'impose. Parmi ses titres nombreux à l'estime de la postérité, il y en a un qui est incontestable, c'est la lutte que, comme criminaliste, il a commencée quatorze ans avant sa mort, et menée avec un incomparable éclat.

____

(1) « Le genre humain avait perdu ses titres, Montesquieu les a retrouvés et les lui a rendus » (Voltaire).
(2) Né en 1694, mort en 1778.

Ayant eu à souffrir, aussi bien dans sa personne que dans ses livres, de l'arbitraire qui personnifiait si clairement le despotisme royal, il pouvait, en parlant des abus qu'il signalait, se citer comme victime et ainsi émouvoir profondément ses lecteurs.

Nul n'a compris le siècle dans lequel il vivait mieux que l'auteur du *Dictionnaire philosophique*. Nul n'en a été l'interprète plus fidèle, après s'être assimilé ses aspirations. Nul n'a possédé au même degré son génie littéraire, ou ses merveilleuses qualités, pour peindre et convaincre. Au raisonnement de Montesquieu, Voltaire ajouta le sel de la plaisanterie. Ses sarcasmes valaient des arguments. Son ironie était sans réplique (1). Il excitait le rire, en parlant des juges, et la colère, en signalant les erreurs judiciaires (2). Il attaqua de front les vices de la procédure criminelle de son temps, et tous ses coups portèrent : « Personne ne fait réflexion, écrivait-il à Beccaria, « que la cause d'un citoyen doit intéresser tous les citoyens, « et que nous ne pouvons regarder avec des yeux indifférents « le sort sous lequel nous le voyons accablé. Nous écrivons « tous les jours sur des jugements portés par le sénat de « Rome et par l'aréopage d'Athènes. A peine songeons-nous à « ce qui se passe dans nos tribunaux (3). » Cet éloquent appel en faveur des opprimés, ce sombre tableau des obstacles qui voilaient la vérité, ne disent-ils pas éloquemment ce qu'étaient les desiderata de l'école philosophique au dix-huitième siècle ? Qu'on lise ses chaleureux plaidoyers pour Sirven, La Barre, Calas, on y verra, indiqués sous une forme séduisante, les grands problèmes que plusieurs écrivains avaient posés avant lui, mais auxquels personne n'avait su attacher un intérêt aussi puissant (4). D'autres re, rendront plus tard la thèse de l'abolition de la torture, de la suppression des supplices cruels, du droit de grâce (5), de la proportionnalité du délit à la

(1) Voir notamment t. XXI de ses *OEuvres*, p. 413 et suiv., édition de 1829.

(2) « Dans l'ordre judiciaire, qui est une pièce du gouvernement, il faut « nécessairement venir à une puissance qui juge et ne soit pas jugée, à la- « quelle on ne puisse dire : *Vous avez erré* » (De Maistre, *le Pape*).

(3) Voltaire, t. XXIX, p. 467-483, même édition.

(4) Voltaire (édit. de 1829), t. XXIX, p. 267, 283, 293, 349, 385 ; et t. LXII, p 284, 298 et suiv.; et t. LXV.

(5) T. XXVIII, p. 418, édition de 1829 (*Commentaire de l'Esprit des lois*). —Voltaire trouve qu'Henri IV et Louis XIII n'ont pas assez usé de ce droit. Nous verrons bientôt d'autres écrivains soutenir que les rois en ont au contraire abusé.

peine, du criterium en matière de preuves, de la supériorité de la raison sur l'énumération graduée et en quelque sorte arithmétique des charges, etc... Voltaire a épuisé le débat.

Ami des principaux souverains de l'Europe, il avait conquis un indiscutable ascendant en France. L'autorité attachée à ses écrits était incontestable.

Nous lui reprochons cependant d'avoir dépassé le but. Il haïssait la justice, à cause de certaines erreurs qu'il a trop généralisées. Il a témoigné trop de haine aux parlements, parce que ceux-ci personnifiaient la justice sous le règne de Louis XV.

Ainsi s'explique la sympathie qu'il témoignait à Maupeou, dans lequel il voyait et l'ennemi des grandes compagnies judiciaires, et l'inspirateur supposé de réformes qui devenaient chaque jour de plus en plus nécessaires.

III. *Beaumarchais* (1). — Ils étaient nombreux au contraire ceux qui protestèrent contre l'édit de 1771, et contre la magistrature de souche nouvelle, que le souverain institua alors, en portant la plus funeste atteinte au principe de l'inamovibilité des juges, et en donnant l'exemple de ces régénérations du personnel judiciaire, que nos révolutions ultérieures ont malheureusement rendues trop fréquentes. Beaumarchais était de ceux-là.

Il dut sa réputation au différend qu'il eut avec un des membres d'une des nouvelles compagnies judiciaires. Avant lui aucun écrivain n'était descendu dans l'arène. Il fut le champion sur lequel les yeux se portèrent. On eût dit que tous les novateurs de l'époque avaient cédé la parole, ou donné mandat, à un seul homme, celui-ci attaquant moins un magistrat que la justice, c'est-à-dire la gardienne du Temple, dans lequel se trouvaient renfermées les législations de tous les âges, surannées, illogiques, barbares.

Beaumarchais croisa le fer avec son adversaire, le vainquit, et devint aussitôt un triomphateur.

Le premier, il prit l'opinion publique pour juge. C'est pour elle qu'il plaida. C'est à elle que ses *Mémoires* sont adressés. Quand il se bornait à invoquer son titre de *citoyen* pour avoir justice, quand il déclarait ne point se préoccuper du rang de son adversaire, indiquant par là que chacun avait droit en

____

(1) Né en 1732, mort en 1799.

France à une même protection, quand dans un de ses plaidoyers écrits il plaçait ces mots qui sont une éloquente philippique et une véritable prophétie : « *Je suis citoyen, c'est-à-dire ce que vous devriez être depuis deux cents ans, ce que vous serez dans vingt ans,* » quand en un mot il revendiquait *l'égalité* (1), il touchait la note juste et formulait le vœu le plus cher de la nation.

Beaumarchais sut résumer exactement ce que tout le monde pensait.

Quand il gagna sa cause, on peut dire que l'humanité gagna aussi la sienne.

Il sut élever le débat, qui lui était personnel, à la hauteur d'une question de principe.

Il était d'ailleurs merveilleusement doué pour réussir.

Ecrivain gai, enjoué, moqueur quand il tournait en dérision les décisions de la procédure criminelle, aussi bien que les habitudes des juges, *castigabat ridendo mores.....* Ses pamphlets tenaient de la satire, de la comédie et du roman.

Bien qu'il n'ait jamais fait entendre sa parole en public, ne lui refusons pas le titre d'orateur ; nous pourrions aisément lui assigner une place à côté de ses émules du barreau ou de la chaire.

En résumé, Montesquieu donna le premier coup de pioche à l'édifice vermoulu, jusque-là respecté, et qui, comme dirait le poète : « *Mole tenebat.* » — Voltaire appela à lui l'armée des travailleurs. — Beaumarchais sut s'imposer à celle-ci, en devenir le directeur, et achever, grâce à son concours, la démolition de ce monument des autres âges.

Par des voies différentes, ils sont arrivés au même but, il ont coopéré tous trois à la même entreprise.

La procédure était secrète ; ils l'ont rendue publique, avant qu'elle le devînt par le fait du législateur. — Les abus se produisaient dans l'ombre, et se perpétraient en silence ; ils les ont mis en pleine lumière, à grands cris. — Le peuple était muet ; ils ont parlé pour lui. — A la frivolité des esprits ils ont substitué le mouvement philosophique, et le plus magnifique élan dont les hommes aient jamais été acteurs ou témoins. — A l'égoïsme ils ont opposé des tableaux faits pour émouvoir les

____

(1) *OEuvres* de Beaumarchais, édition Ledoux (1821), t. III et VI.

plus indifférents, avec leur génération pour disciple. — Ils ont préparé les cahiers de 1789, d'où est sortie notre organisation politique actuelle, assuré les nouvelles destinées de notre pays, et jeté les bases de la société moderne. — Grâce à eux, la tyrannie a été vaincue par l'alliance des libertés publiques et des garanties judiciaires. — Ils ont émancipé le citoyen, qui, cessant d'être opprimé par la justice, put aspirer à l'éclairer et à en devenir le collaborateur.

La France doit à Montesquieu, à Voltaire, à Beaumarchais le premier réveil libéral. Aussi la reconnaissance publique, en honorant la mémoire de ces trois apôtres de la justice et de la liberté, en les confondant dans un pieux respect, ne leur refusera-t-elle jamais le titre impérissable de « *défenseurs des droits de l'humanité.* »

LIVRE II.

1748-1789

CHAPITRE PREMIER.

MOUVEMENT PHILOSOPHIQUE (1748-1789).

Des faits nouveaux vinrent bientôt fortifier les critiques des écrivains qui avaient poussé le premier cri d'alarme. De regrettables erreurs judiciaires, ainsi que des crimes commis par l'autorité, qui, quelques années auparavant, auraient à peine réveillé une province de sa torpeur, surexcitèrent l'opinion publique tout entière, en accentuant encore les abus si vivement attaqués par les défenseurs de l'humanité.

La législation criminelle était ainsi mise en accusation. Tout contribuait à passionner le débat. L'émotion devint générale, immense.

Comment se produisit cette métamorphose et quelle en fut la cause ? C'est que l'innocence, qui n'était pas assistée à l'audience par un avocat autorisé ou toléré, avait pour protecteurs, hors du prétoire, les personnalités les plus en évidence ; c'est que la liberté avait reçu comme parrains et conservait comme tuteurs des hommes dont nous avons retracé, et dont nous dirons encore les patriotiques alarmes ; c'est que, par l'influence de l'étude et de la raison, l'intelligence humaine se relevait, l'éducation des citoyens commençait ; c'est que ceux-ci connaissaient leurs devoirs résultant des rapports sociaux, leurs droits primordiaux, le rôle et les attributions du gouvernement ; c'est que les fruits de dix siècles de travail, de patience, d'oppression devaient tôt ou tard saper les fondements du vieil édifice ; c'est que nul n'était assuré de ne pas être incessamment lésé dans sa personne, dans son honneur, dans ses biens, par quelque coutume inconnue, débris de la tradition (1) ; c'est que l'injustice révoltait ; c'est que l'égalité devenait chaque jour une nécessité de plus en plus impérieuse ; c'est que le poids des privilèges était intolérable ; c'est enfin que la nation avait appris, pour ne plus l'oublier, qu'elle était au-dessus des rois.

En prenant la plume, les philosophes, les publicistes, les avocats, les magistrats n'étaient que les interprètes des besoins, ou de l'indignation de leurs concitoyens, qui partout s'associaient, pour affirmer leur solidarité, pour encourager leurs mandataires officieux, et pour protester avec eux contre des abus invétérés.

§ 1. — *Philosophes* (2).

Si la polémique que nous allons rappeler eut moins d'éclat que le premier assaut livré par Montesquieu, nous verrons du moins sans étonnement les combattants remplir dignement leur tâche, et mériter l'estime de la postérité. Nous verrons tous ceux qui pensaient s'unir aux philosophes pour mener ensemble la campagne contre l'ancienne société, et faire prévaloir ensuite leur volonté.

Tous ces magistrats, tous ces avocats, tous ces jurisconsultes que nous allons voir apparaître, ne faisaient qu'apporter leur

---

(1) De Tocqueville, *loc. cit.*, p. 208.

(2) Nous avons déjà indiqué la part que prit Voltaire au mouvement libéral. — Nous nous bornerons, sous le présent §, à renvoyer à son *Commentaire du Beccaria*, lequel était, comme on sait, inspiré par l'*Esprit des lois* et dont l'auteur compte parmi les plus illustres disciples de Montesquieu.

pierre à un édifice, dont Rousseau, Puffendorf et Voltaire avaient
auparavant dressé le plan.

Ces philosophes, dont les recherches sur tous les grands problèmes qui agitent l'humanité ne tendaient à rien moins qu'à
constituer de toutes pièces un nouvel ordre social, se proposèrent un double but : *renverser l'ancienne législation criminelle et
rétablir le droit de punir sur d'autres bases* (1).

Leurs premiers efforts s'attaquèrent aux lois pénales, car
c'était là que la réforme était le plus urgente et que la société
était le plus outragée.

N'est-il pas digne de remarque que le sentiment intime et
profond de l'humanité est le dernier à germer dans les institutions d'un peuple ? Chez nous, il mit dix-huit siècles à se développer. — Ce sera l'éternel honneur des philosophes d'en
avoir été les inspirateurs et les apôtres.

Abattre ce qui existait fut le premier mot d'ordre de la phalange réformatrice, non seulement en France, mais en Italie et
en Allemagne. Pour bouleverser la procédure, il fallait saper
les institutions politiques. Car, dans une société où le pouvoir
est aussi centralisé qu'il l'était chez nous à cette époque, tout
se tient dans l'administration, et il est impossible d'enlever une
pierre du monument, sans que tout s'écroule à la fois.

Ce mot d'ordre, on l'exécuta ponctuellement contre tout ce
qui se rattachait de près ou de loin aux idées féodales ; et en
cela il n'y avait rien que de fort légitime. Mais on l'appliqua avec
la même rigueur à la procédure criminelle. L'ordonnance de
1670, que les contemporains regardaient comme un monument durable de justice et de sagesse, fut attaquée avec
fureur par les réformateurs du siècle suivant. En réalité, elle ne
méritait, ni cet excès d'honneur, ni cette indignité. Il y avait
une distinction à faire, qui ne fut pas comprise ; il ne fallait pas
répudier absolument le legs du passé, mais l'accepter sous
bénéfice d'inventaire. Entre le maintien impossible des abus et
le bouleversement complet de tout ce qui existait, il y avait un
terme moyen. Si les lois criminelles étaient encore imprégnées
de coutumes barbares, si elles représentaient un amalgame de
tout ce qu'on avait puisé dans les siècles précédents, d'heureux

____

(1) V. Filangieri, *Science de la législation*, liv. III, ch. 2 ; et Beccaria
op. cit., t. II.

perfectionnements avaient pourtant été réalisés ; la voie de la conservation progressive restait ouverte. Par quelques points, la procédure et le droit s'inspiraient d'idées de justice et d'humanité. Pourquoi déclarer impossibles ces améliorations ? Pourquoi renoncer à envisager à ce point de vue l'ordonnance de 1670 ? Pourquoi soutenir que l'œuvre de Colbert devait subsister ou disparaître dans son entier ?..... Ce fut la grande erreur du dix-huitième siècle.

Un autre fait, digne de remarque, c'est que les criminalistes du dix-septième siècle n'avaient pas d'idées d'ensemble sur le droit pénal : cette partie de la législation ne reposait sur aucun principe, sur aucune théorie, et il est à noter qu'aux époques où le droit civil trouvait dans les aperçus généraux de la philosophie une base solide, la législation criminelle au contraire paraissait abandonnée aux caprices du législateur, ou du juge, et aux incertitudes de la coutume. Le même fait s'était déjà produit à Rome, aux beaux temps de la littérature juridique (1) ; nous devons en être d'autant plus surpris que la législation pénale paraît surtout appropriée aux grandes questions que la philosophie essaie de résoudre.

Chez nous, les criminalistes du dix-septième siècle prenaient la tradition pour point de départ ; ils ne s'élevaient que bien rarement au-dessus de ce qui se faisait avant eux et de ce qui se pratiquait sous leurs yeux, en cherchant une solution rationnelle. Pour employer l'expression énergique de Servan, ils semblaient tous « *piétiner sur place.* » Et, quand, au dix-huitième siècle, il y eut cet immense réveil de la philosophie pour briser les liens qui depuis des siècles l'enchaînaient à la routine, celle-ci eut aussi ses défenseurs. Certains esprits, sur qui les préjugés régnaient encore en despotes, s'opposaient à tout changement, et professaient hautement qu'une réforme dans les pénalités ou dans les incriminations leur paraissait chimérique et dangereuse.

Mais il est vrai de dire que ces derniers furent peu nombreux, et que la voix des déserteurs de la grande cause libérale fut si faible que nul ne l'entendit.

Au dix-huitième siècle, on commença à envisager la législa

______

(1) M. Roland, *De l'esprit du droit criminel aux différentes époques,* etc. Première partie, liv. IV, p. 172.

tion criminelle sous un aspect philosophique ; malheureusement on employa une mauvaise méthode : on conçut *à priori* un plan idéal; pour l'édifice nouveau, on voulait un sol pur ; on s'acharna dès lors sur les institutions du passé ; on chercha à tout démolir et à ne rien conserver; l'ancienne société fut ébranlée jusque dans ses fondements. Puis, quand il s'agit de reconstruire, les démolisseurs se sentirent impuissants !

Une fièvre de destruction s'était emparée des esprits ; on se mit à l'œuvre avec ce reste d'illusion qui accompagne souvent les premiers instants qui suivent le sommeil. Le réveil fut brusque. Les erreurs furent fatales... On commença avec enthousiasme la destruction de la vieille bâtisse. Mais, quand il s'agit de reconstruire, la lassitude s'empara des novateurs; un incroyable dérèglement d'idées en fut la conséquence.

De même que nous avons été surpris du silence de Pothier, au moment où son opinion autorisée aurait tant fortifié les doctrines des jurisconsultes, ses contemporains, nous remarquons avec étonnement que l'homme qui s'était prononcé sur toutes les grandes controverses du dix-huitième siècle, a côtoyé le problème du perfectionnement de la législation criminelle, sans chercher à le résoudre. Après avoir essayé de régénérer le monde, Rousseau (1) ne s'est pas occupé de la réorganisation judiciaire. Ce censeur des vices de ses contemporains a épargné ceux de la procédure criminelle. Cet esprit profond, qui considérait l'égalité comme une « loi naturelle, » ne l'a pas réclamée pour les accusés. Son culte pour la loi était presque excessif (2); et cependant Rousseau n'a jamais étudié comment on pourrait rendre meilleure celle qui concernait l'honneur et la liberté des citoyens. Cette réserve n'a pu être que volontaire chez un penseur, si bien préparé pour toutes les discussions, si sympathique à la sauvegarde des droits de l'humanité. Elle a peut-être pour cause l'illusion, dans laquelle il vivait, sur la lutte, dont il ne voyait que le prélude, et dont il ne pressentait pas la dramatique issue.

Quoiqu'il en soit, c'est dans le livre du *Contrat social* que les combattants allèrent chercher leurs arguments.

Le premier système sur le fondement du droit de punir est

(1) Né en 1712, mort en 1778.
(2) V. le *Contrat social.*

extrait de cet ouvrage ; c'est celui que développe Rousseau et
que Puffendorf adopta après lui.

Aussi, quand, après avoir détruit, on songea à réédifier, les
théories furent rarement à la hauteur des difficultés qui surgirent. On avait été d'accord pour renverser ; ce fut l'œuvre commune ; et on réussit peut-être au delà des désirs de ceux qui
l'avaient commencée. Mais la Révolution française, dont le but
tendait plus à la régénération du genre humain qu'à un changement politique, eut le don d'exciter un enthousiasme qu'il
eût été difficile d'arrêter.

Si l'accord s'était fait au début pour une transformation radicale, la désunion survint dès qu'il s'agit de poser les bases
de la société nouvelle. On se maintint dans les théories spécula-
tives, abstraites, absolument étrangères à l'expérience et à la
pratique. On traduisit en axiomes aussi rigoureux que ceux de
la géométrie toutes les données du problème. On chercha dans
le raisonnement, plus que dans la vie quotidienne, ou dans les
faits, la réorganisation projetée. La faute en fut moins aux
hommes qu'aux circonstances, et aux mœurs politiques, la
liberté d'examen ou de discussion étant confisquée, et l'ignorance jetant son voile épais sur le monde des affaires, sur les
incidents judiciaires, sur les modifications de la procédure. De
là, une hardiesse inconsidérée et un manque absolu d'entente
chez les novateurs, qui préconisaient des théories, mais qui
faisaient preuve d'une complète ignorance. Nous ne pouvons
en donner de meilleures preuves qu'en signalant le désarroi
qui s'établit dans leurs rangs, dès qu'ils voulurent légitimer
le *droit de punir*.

Les systèmes qui dans les écrits des philosophes se manifes-
tent sur le fondement de ce droit, sont au nombre de deux; ils
furent inspirés par les écrits de Jean-Jacques Rousseau. Le
philosophe de Ferney ne s'attaqua pas directement à la législation pénale ; nous avons en effet remarqué qu'il s'est tenu complètement à l'écart de ce grand mouvement, qui, au début de
la Révolution, enflammait tous les esprits.

Quand, après le contrat primitif qui organisa la société et
constitua le pouvoir social, il s'est agi de donner à celui-ci les
moyens de remplir sa mission, chacun des contractants lui a
conféré le droit de frapper ceux qui troubleraient l'ordre ; et
ce droit, il l'a donné sur lui-même, s'il venait à violer la loi. —

Ainsi, dans ce premier système, le droit de punir a pour base un des articles organiques de ce grand pacte primordial, que Rousseau assignait comme origine à la société humaine.

Cette première doctrine était loin d'être sans reproches : elle paraissait peu logique et, dans son fondement même, peu compatible avec les tendances de l'humanité. Il semblait difficilement admissible que l'homme se dessaisît ainsi de sa propre vie et transmît à une autorité quelconque une puissance aussi exorbitante. On pouvait aussi faire remarquer que le citoyen n'a pas de droit sur la vie de ses semblables, qu'il n'en a même pas sur sa propre vie, et que dès lors il ne peut les céder au pouvoir social. Rousseau crut aller au-devant de ces objections, en faisant obs. rver que l'individu qui confère de semblables droits pense bien ne jamais se mettre dans le cas qu'on s'en serve contre lui..... Cet amendement au système primitif devait le ruiner dans sa base. Le contrat, voilà le point de départ de Rousseau ; or, avec la réticence précédente, que devient le consentement ? Une convention sérieuse peut-elle alors prendre naissance ?

Voltaire, tout en admettant le contrat social, crut corriger les vices de la doctrine de Rousseau en partant d'un autre point de vue : Les hommes avaient, dit-il, à l'état de nature, le droit de défense ; lors de la convention primitive qui organisa la société, chacun remit au pouvoir social le droit de défense qu'il avait jusque-là directement exercé. —C'est le système de la *délégation*, que d'autres philosophes ont modifié, en découvrant dans la vindicte publique une autre base du droit de répression. Mais la nature même des choses s'oppose à ce que la peine et le droit de punir puissent sortir, soit du droit de défense individuelle, soit d'une idée de vengeance. Entre ces idées, il y a une choquante antinomie. En effet, la légitime défense cesse avec l'agression ; la peine, au contraire, ne peut intervenir qu'après l'attentat consommé, de sorte que le droit de l'individu s'est éteint, dès que celui-ci a pu recouvrer un peu de liberté pour le céder valablement. Disons, en d'autres termes, que la légitime défense est tellement personnelle qu'elle est de sa nature incessible, et que dès lors elle ne saurait faire l'objet d'un abandon. D'autre part, avec les prérogatives attachées à la vindicte publique, la répression devient promptement illimitée, sans frein, sans garantie, abusive ; elle peut parfois intervenir, sans être indispensable; elle fait sortir le pouvoir ou la société de leurs missions, et les convertit en des agents passifs préposés à l'application des châtiments.

Les philosophes du dix-huitième siècle s'égarèrent, en s'inspirant outre mesure des théories du *Contrat social*. Ils s'étaient donné une double tâche; la première, ils l'exécutèrent avec un merveilleux ensemble; et tous ceux qui, à cette époque, savaient manier la plume ou la parole s'unirent à eux. Mais, quand il s'agit d'aborder la seconde, c'est-à-dire de formuler un programme précis, la désunion se mit dans le rang des travailleurs, qu'aucune méthode, qu'aucune vue d'ensemble ne guidaient. Il faudra les labeurs patients et fructueux des rédacteurs des Codes de 1808 et de 1810, pour réunir les fragments épars de la législation mutilée et détruite, pour les refondre et les agglomérer, enfin pour arriver à créer une législation perfectionnée et durable, servant d'assises à la société moderne.

Voyons maintenant à l'œuvre les philosophes de la seconde partie du dix-huitième siècle.

Diderot (1), dans sa critique du Traité des délits et des peines (2), *D'Alembert* (3), dans l'Encyclopédie (4), *Garat* (5), dans une série d'écrits (6), se sont montrés partisans des réformes.

Un membre du barreau, écrivain distingué, qui est mort en défenseur de la liberté, *Brissot de Warville* (7), doit également ment être compris dans cette phalange.

Ses écrits témoignent d'une instruction étendue, de méditations éclairées et d'une réelle connaissance des droits de la société, ou des besoins de l'individu. Avocat convaincu, il plaide avec chaleur : « Crions fort, dit-il, on sera bien forcé de modifier les lois. »

Brissot a publié plusieurs ouvrages.

C'est d'abord la *Théorie des lois criminelles* (8), dans laquelle il divise les crimes et classe les peines; il examine la nature des

----

(1) Né en 1713, mort en 1784.
(2) *Mélanges de littérature et de philosophie*, t. I, p. 719 et suiv.
(3) Né en 1717, mort en 1783.
(4) Il critique respectueusement, comme il le dit lui-même, la torture et l'arbitraire des peines. V. *Encyclopédie*, v° *Torture*.
(5) Né en 1749, morte en 1843. — V. notamment son *Mémoire sur Suard*.
(6) Très difficiles à trouver aujourd'hui, et dont les titres mêmes sont peu connus.
(7) Né en 1754, mort en 1793.
(8) Parue en 1781.

preuves; enfin il trace les formes, ou la marche d'une procédure, à la fois simple et respectueuse, des droits des citoyens.

La division des peines devant, d'après l'auteur, correspondre à celle des crimes, il donne une série de tableaux comprenant l'énumération de tous les crimes, puis, en regard de ceux-ci, l'indication des peines. Ce premier travail conduit Brissot de Warville à l'exposé de principes généraux, ou d'axiomes, parmi lesquels nous ne sommes pas peu surpris de rencontrer les idées suivantes : « La détention préventive, n'étant au fond « qu'une peine, devrait toujours être proscrite(1)... Pour remé- « dier à la mauvaise organisation des prisons, il conviendrait « de faire très peu d'arrestations, au cours de l'information... « Les crimes moraux, au lieu d'être frappés de peines ordi- « naires, ne doivent être punis que par l'opinion publique, etc. »

On est également étonné de le voir, dans l'énumération détaillée qu'il donne des différents crimes, réclamer l'impunité pour plusieurs faits qu'ont réprimés les législations de tous les pays et de tous les âges.

Il divise les peines en corporelles, infamantes, pécuniaires et religieuses.

Il se déclare partisan de la prescription, qui permet au coupable de réparer sa faute par une conduite irréprochable, mais ennemi de la grâce, à moins que celle-ci ne soit demandée par le juge.

Il critique l'exagération des impôts comme occasionnant la fréquence des délits de vagabondage et de mendicité.

Dans différentes parties de son livre, il propose, pour empêcher les crimes, des moyens qui sont de véritables utopies.

Abordant le chapitre des preuves, l'auteur commence par rappeler cette belle maxime des jurisconsultes romains, trop souvent oubliée au moyen âge, et qui va devenir la devise des criminalistes modernes : *Satius est impunitum relinqui facinus nocentis, quam innocentem damnare* (2).

Il remarque très justement que les présomptions sont des voiles qui couvrent la vérité, et ne peuvent suffire pour déterminer la conviction des juges, si elles ne sont pas accompagnées

---

(1) Le motif qu'il donne pour justifier son opposition aux arrestations préventives est bizarre : «C'est, dit-il, afin d éviter les vices ou la mauvaise organisation des prisons » (*Théorie des lois criminelles*, t. IV, p. 180).
(2) Loi 5, *De pœnis*.

de l'aveu de l'accusé, de la preuve testimoniale, ou de la preuve morale, qui donnent seules la certitude complète. La certitude juridique préconisée par l'ancien droit est, selon lui, insuffisante. Brissot de Warville est, en outre, un des premiers apôtres de la liberté illimitée de la presse. Qu'on en juge : « Si un mo- « narque voulait s'honorer, il rayerait les libelles du nombre « des crimes; on n'en fait pas contre les bons princes, et « l'amour de leurs sujets les venge suffisamment. »

Développant les idées qui lui sont personnelles, pour organiser une procédure criminelle idéale, il demande : 1° la célérité dans l'information; 2° la lenteur dans le jugement; 3° la conciliation des intérêts de la société et de la liberté des citoyens (1). Il se résume ainsi : Peu de tribunaux; division de la France en plusieurs grands ressorts; établissement de deux degrés de juridiction seulement; faculté d'appel; création d'un tribunal criminel, composé de vingt-quatre juges; élection des magistrats par le peuple; garanties d'instruction et d'intelligence à fournir par le juge président; inspection des magistrats inférieurs par un magistrat supérieur dans la hiérarchie.

Pour faire suite à sa « Théorie des lois criminelles, » Brissot de Warville publia le mémoire qu'il avait composé pour un concours proposé par l'académie de Châlons-sur-Marne, et qui lui avait valu un prix. La question à traiter était celle de savoir « quel dédommagement pourrait être accordé au citoyen jugé innocent. »—Dans cet opuscule, après avoir recherché tous les

---

(1) Voici, en peu de mots, l'économie générale du système de la législation criminelle, proposée par Brissot de Warville : Tout citoyen, de même que le ministère public, pourra être accusateur. — La plainte devra être formulée par écrit. — Elle sera communiquée au ministère public. — Il n'y aura pas d'accusation secrète. — Les juges, au minimum au nombre de six, pourront constater les crimes. Un expert pourra les assister. —Procès-verbal sera dressé. — Citation sera donnée; elle contiendra l'énoncé de la plainte et reproduira le procès-verbal — L'accusé ne sera arrêté préventivement qu'exceptionnellement. — Il sera bien traité en prison et pourra être libéré en donnant caution. — A l'audience, il aura le droit d'avoir un défenseur et de récuser la moitié des juges. — Lors de l'interrogatoire, pas de subtilités, pas de serment, pas de sellette — L'accusé fera, s'il le juge utile, entendre des témoins, dont les dépositions seront consignées. — Il pourra produire des faits justificatifs. — Dans sa plaidoirie, l'avocat ne devra présenter que des moyens de droit. — Le président résumera l'affaire. — On ira ensuite aux voix. — Le nombre de suffrages nécessaires variera selon la nature des peines à appliquer. — Huit jours après la première sentence, en interviendra une seconde, qui seule sera définitive. — Toute condamnation corporelle sera obligatoirement soumise à un second degré de juridiction. — La procédure devant la cour sera simple et rapide. — La sentence sera toujours publique. — On dressera un état des frais, etc.

moyens d'empêcher les erreurs judiciaires, l'auteur étudie la législation de 1670, contre laquelle il dirige de nombreuses critiques (1). — Il conclut, en distinguant entre les différents dommages éprouvés par les accusés acquittés, puis entre les diverses catégories de citoyens, et préconise, comme mode de réparation, tantôt les dédommagements pécuniaires, aux frais de l'Etat, tantôt la publicité. Enfin, il fait adhésion formelle à l'école philosophique, en réfutant les objections qu'il rencontre dans le cours de sa discussion. « Pourquoi les philosophes feraient-« ils briller la lumière, si celle-ci ne devait jamais dissiper les « ténèbres ? Les remèdes existent, il faut les appliquer. »

Brissot de Warville a également composé (2) un ouvrage intitulé : *Bibliothèque philosophique du législateur et du jurisconsulte*, précédé d'un discours préliminaire, dans lequel il commence par passer en revue, d'une façon générale, les écrits publiés sur la réforme criminelle. C'est avec raison qu'il fait ressortir qu'un grand nombre d'opinions ne doivent pas être admises sans contrôle, beaucoup d'ignorants, entraînés par le mouvement qui se produisait autour d'eux, ayant abordé sans préparation suffisante un sujet qu'ils avaient à peine étudié. — Il insiste ensuite sur les plaintes formulées de toutes parts contre la législation. « L'inaction est impossible pour qui-« conque n'a ni la léthargie d'un égoïste, ni un cœur de « bronze..... Si les personnes haut placées souffraient la moitié « de ce qu'éprouve le peuple, il y a longtemps que les lois cri-« minelles seraient déchirées. »

Il donne ensuite quelques développements sur l'éducation du peuple, sur les garanties dont l'accusé jouit en Amérique, sur les législations étrangères, etc...

Son « Discours préliminaire » témoigne à chaque page d'un esprit vraiment philanthropique.

Sous la réserve des observations que nous avons formulées au commencement, nous pouvons dire que Brissot de Warville a puissamment contribué, pour sa part, à l'œuvre législative, que Louis XVI d'abord, puis plus tard la Révolution, ont achevée. — Sans doute, les théories qu'émettait le jurisconsulte philosophe n'étaient pas nouvelles. Mais il a eu le mérite,

(1) La plupart de ces critiques ayant trouvé place dans le chapitre 3 du livre II de la première partie, nous ne les reproduisons pas ici.
(2) En 1782.

en résumant la discussion publique à laquelle il assistait, d'indiquer avec beaucoup de bon sens et de méthode ce que devait être l'innovation, et enfin dans quels termes précis il convenait de la formuler (1).

En résumé, pendant plusieurs siècles, les hommes avaient poursuivi, atteint, et perdu de vue un but qui n'était autre que le progrès, dans les rapports du citoyen et de la société protégée par la loi. Pendant d'interminables années, et par l'effet du despotisme qui empêchait tout progrès, ils avaient conservé des coutumes qui n'avaient de valeur que par le respect de la tradition, ainsi que des abus devenus intolérables. Un jour vint où ils pensèrent qu'en recourant simplement à la loi naturelle, ils découvriraient et formuleraient ensuite les règles fondamentales qu'ils cherchaient... — Tel était le problème. L'honneur de la découverte revient à la philosophie du dix-huitième siècle.

Nous verrons bientôt que cette solution a été comprise, puis adoptée avec enthousiasme, par les écrivains de tous rangs et de toutes classes, enfin par la foule (2).

§ 2. — *Publicistes* (3), *littérateurs, historiens.*

Les théories philosophiques ont toujours quelque chose de spéculatif et de général. Il appartient aux publicistes, qui donnent aux polémiques un caractère d'actualité, de spécialiser les questions et de faire des incursions dans le domaine des faits.

Dès leur entrée en campagne, nous allons voir le débat prendre une allure plus vive.

Ce sont les circonstances qui produisent les hommes. Plus elles sont graves, plus la tension et la préoccupation des esprits sont grandes.

(1) Nous avons donné quelques développements à l'appréciation des écrits de Brissot de Warville, parce qu'ils reproduisent avec beaucoup de détails et résument très exactement la théorie de l'école philosophique. — Cet exposé nous dispense d'analyser d'autres ouvrages ne renfermant pas d'idées nouvelles, et nous permet, ici encore, de ne pas tomber dans des redites, que nous évitons, avec le plus grand soin, depuis le commencement de notre travail.

(2) De Tocqueville, *loc. cit.*, p. 205 et suiv.

(3) Beaumarchais devrait figurer, en première ligne, dans ce chapitre, si nous n'avions pas déjà parlé de lui, de ses ouvrages, ainsi que du rôle qu'il a joué au dix-huitième siècle.

Le caractère solennel qu'elles avaient revêtu à la fin du dix-huitième siècle était bien de nature à émouvoir les esprits les plus calmes. L'agitation même fut si grande, qu'on ne saurait aujourd'hui et à distance s'en faire une idée. Elle donna naissance à une foule de talents vigoureux, qui, en d'autres temps, seraient peut-être restés inconnus.

Il y a surtout deux publicistes que leur notoriété a mis au-dessus de leurs contemporains.

Les nombreux emprunts que nous avons fait aux *Annales* de Linguet (1) nous dispensent de tenter un exposé détaillé de ses autres ouvrages (2). Paradoxal, frondeur, agressif, aigri, misanthrope, l'avocat du chevalier la Barre a mis sa plume au service de la coalition philosophique, littéraire et juridique. Les événements auxquels il s'était trouvé mêlé et dont il avait eu à souffrir, l'étude qu'il avait faite de la législation alors en vigueur, sa prodigieuse facilité pour peindre en traits lumineux ce qu'il voulait expliquer, ses saillies, ses malheurs, tout contribuait à lui acquérir une immense popularité. Voltaire disait de lui : « Il brûle, mais il s'éclaire. » — Ce jugement est bien celui qu'il convient de porter sur Linguet. Adversaire déclaré des abus, il les a fait toucher du doigt; pris de compassion pour les maux de l'humanité, il a stigmatisé le despotisme dans sa forme la plus habituelle, l'arbitraire. — Ses *Mémoires de la Bastille* ont été le premier appel aux armes pour démolir cette prison détestée. Il s'écriait, en 1767 : « Les châtiments « sont infligés en raison inverse de ce qu'exige une politique « éclairée. On y punit le pauvre par la tête et le riche par la « bourse. On pend le malheureux qui a cédé à un mouvement « de faiblesse. On vend l'absolution à l'homme opulent (3), « qui a cherché dans le crime une jouissance faite pour flatter « son cœur dépravé. » — L'auteur des *Annales* doit certainement figurer au premier rang des précurseurs de la Révolution de 1789.

____

(1) Né en 1736, mort en 1794. — Linguet fut avocat et, à ce titre, il devrait peut-être être compris dans le § 3. Mais comme il a dû sa célébrité plus à sa polémique dans la presse, ou à ses nombreux écrits, qu'à ses plaidoiries, nous croyons devoir le classer ici parmi les publicistes.

(2) *Nécessité d'une réforme dans l'administration de la justice* et *Mémoires de la Bastille*, 1782 et 1783.

(3) Brissot de Warville (*Théorie des lois crim.*, t. I, p. 200) raconte, à l'appui de l'assertion de Linguet, que les évêques d'Orléans se chargeaient moyennant finance d'obtenir l'élargissement des prisonniers.

Historien et jurisconsulte, Delacroix (1), après avoir publié en 1769 une « Lettre d'un philosophe sensible, » composa en 1781 des « Réflexions sur la civilisation,» dans lesquelles il critiquait la torture, ainsi que les errements de la procédure criminelle. — Voltaire lui écrivit pour le féliciter.

En regard de ces partisans des réformes, nous placerons un défenseur de l'ancien régime, un ennemi du perfectionnement à introduire dans les lois criminelles. — Bernardi (2) exprime le vœu (3) de voir disparaître « l'alliage monstrueux des lois révolutionnaires avec celles de l'ancienne législation. » Il se fait l'apologiste des dernières années du dix-huitième siècle. Il estime qu'on a eu tort de parler au peuple de ses droits, et de prononcer sans cesse le mot de liberté. Les ordonnances du seizième siècle, formant par leur réunion un corps complet de législation, paraissent être son idéal. Il regrette même que cette opinion n'ait pas prévalu lors de la discussion de l'ordonnance de 1670.

§ 3. — Avocats et jurisconsultes (4).

Il en est de la science du droit comme de la médecine : elle a besoin d'être incessamment complétée par l'usage et par l'application.

Les avocats, qui à de sérieuses études théoriques joignent des connaissances pratiques étendues, sont excellents juges du mérite ou des défauts de la législation qui les régit ; ils sont en outre les promoteurs éclairés des perfectionnements à y introduire.

Pour bien comprendre les appréciations de ces critiques autorisés, ainsi que le mouvement général des idées dont ils ont

(1) Jacques-Vincent Delacroix [ou de Lacroix], né en 1743, mort en 1832. — Il fut nommé juge en 1795.

(2) Né en 1751, mort en 1824.

(3) De l'origine et des progrès de la législation française. Cet ouvrage, imprimé en 1817, est postérieur à la Révolution. Mais Bernardi avait, de 1781 à 1788, publié deux opuscules intitulés : Moyens d'adoucir les lois pénales, sans nuire à la société publique et Lettres de la procédure criminelle.—L'auteur était avant 1789 lieutenant-général d'un comté de Provence. Son nom figure dans tous les livres (Voir notamment Legraverend, Législ. crim.), à côté des écrivains de la fin du dix-huitième siècle. — Aussi nous avons cru devoir mentionner Bernardi, en même temps que les publicistes précédents.

(4) Voir le Barreau français (Paris, Panckoucke, 1822), première série, t. III.

été les interprètes dans la seconde partie du dix-huitième siècle, il faut consulter les mémoires écrits que les avocats composaient pour chaque procès, et qui renferment, avec d'intéressants rapprochements entre les faits et les usages judiciaires, un aperçu des vices si variés et si nombreux de la procédure criminelle.

A ce point de vue, l'*Essai sur la réforme de la législation pénale et criminelle* (1), dû à la plume de Vermeil (2), les mémoires composés par Lacretelle (3) pour quelques concours académiques, ou les harangues qu'il a prononcées de 1775 à 1778 à l'occasion de certaines réunions, enfin les nombreux ouvrages que Desessarts (4) a écrits de 1773 à 1781, dans l'intervalle de ses plaidoiries, ont rendu de réels services au parti progressiste et novateur.

Desessarts a donné une énumération très complète des diverses juridictions, ainsi que de curieux détails sur les *Epreuves*. Il s'est déclaré l'ennemi de la torture. Il a demandé que les parents des suppliciés ne fussent plus notés d'infamie.

Quelques mois avant l'ouverture des États généraux, Robespierre stigmatisa, dans un procès civil, qu'il plaidait à Arras, les lettres de cachet (5) qu'un particulier avait obtenues pour écarter un de ses cohéritiers, et pour s'emparer ensuite de la succession d'un parent. Puis, généralisant ses philippiques contre la plus détestable invention de l'ancienne monarchie, il annonça l'écroulement prochain de la vieille Bastille législative, dont il montrait l'affaissement commencé. — Cette harangue valut un triomphe à l'avocat, que ses concitoyens nommèrent quelques semaines plus tard député du Tiers-État pour la province d'Artois (6).

En résumé, il ne s'élevait qu'un cri, et c'était celui d'une protestation unanime et d'une indignation générale, depuis une des extrémités de la France jusqu'à l'autre.

(1) Paru en 1781.
(2) Né en 1732, mort en 1810.
(3) Pierre-Louis Lacretelle est né en 1751, mort en 1824. — On a de lui : *Moyens de rendre les crimes plus rares.* — *Répertoire de jurisprudence.* — *Réflexions sur la réforme des lois criminelles.*
(4) Desessarts est né en 1774, et mort en 1810.—On lui doit les ouvrages suivants : *Instruction sur l'ordonnance criminelle.* 1773. — *Histoire des tribunaux.* 1778. — *Projet de Code pénal*, précédé d'un discours sur l'administration de la justice. — *Dictionnaire de police.* 1786.
(5) C'est Robespierre qui à la séacce du 23 mars 1790 (V. le *Moniteur universel*) demanda la suppression des lettres de cachet.
(6) A. Mauduit, *Une page d'histoire : Etude sur Robespierre.*

§ 4. — *Magistrats.*

Nous n'hésitons pas à proclamer que le témoignage auquel nous attachons le plus de prix dans la grande enquête dont nous essayons de donner le compte rendu, est celui des magistrats qui, serviteurs de la loi, chargés par leurs fonctions d'en faire une quotidienne application, sont, plus que tous autres, en situation, pour en signaler les imperfections avec discernement et impartialité (1).

La recherche du progrès qui s'était emparée de tous les esprits pendant la période que nous étudions ne pouvait pas ne pas envahir les corps judiciaires. Leurs membres avaient en effet au plus haut degré l'amour de la justice, et ils commençaient à bien la rendre ; nul n'aurait pu les accuser de servilité ; le pouvoir royal ne leur avait jamais refusé le droit de recevoir les plaintes, et, à différentes époques, ils n'avaient pas craint de blâmer vivement les actes du gouvernement.

Tout les portait à prendre part à la grande croisade dirigée contre les lois criminelles. — Comment aurait-il pu en être autrement ? — Ne se trouvaient-ils pas sans cesse embarrassés et liés par des règles dont ils comprenaient l'inefficacité, ou dont ils sentaient le danger ? Ne recouraient-ils pas, depuis quelques années, pour tempérer les inconvénients du droit strict, à des accommodements, à des pactes de conscience, pour protéger les accusés contre l'iniquité des textes, et pour se soustraire eux-mêmes à la tyrannie des formalités ? Leur intervention dans les actes émanant du pouvoir n'avait-elle pas maintes fois constitué une précieuse sauvegarde de la liberté individuelle ?

Félicitons donc nos devanciers d'avoir généreusement associé leurs réclamations à celles de leurs justiciables. — Saluons l'indépendance dont ils ont fait preuve en se servant de leur autorité légitime pour soumettre au roi leurs revendications, donnant ainsi à leurs successeurs de nobles exemples. Constatons enfin que, devant de telles protestations, il n'était pas possible au souverain de différer les modifications humanitaires, que

---

(1) Aussi donnerons-nous plus de développement à ce paragraphe qu'à celui qui précède.

ses officiers, ses mandataires, ses conseillers, sollicitaient de lui respectueusement, mais avec une ferme conviction.

La pléiade de ces magistrats libéraux est nombreuse.

La Chalotais, Le Trosne, Prost de Royer, Philpin de Piépape, Guyton de Morveau, Servan, Dupaty, Boucher d'Argis, de Pastoret, Séguier, ont sur tous les points du territoire et avec une remarquable spontanéité élevé la voix en faveur des réformes.

I. *La Chalotais* (1). — Ce courageux défenseur des privilèges de la magistrature, qui dut à sa résistance aux projets du chancelier Maupeou une poursuite criminelle dans laquelle il fut compris, écrivit pour sa justification (2) des « Mémoires, » que nous avons cités ailleurs, et qui constituent la plus sanglante critique des abus de pouvoir, de l'arbitraire, des obscurités, des pièges, dans lesquels se résumait la procédure criminelle de son temps. La noblesse de son caractère, la dignité de ses fonctions, la grandeur de la cause qu'il défendait conquirent au procureur général du parlement de Rennes la sympathie universelle. Ce n'est pas lui qui fut vaincu, dans le combat qu'il soutint contre l'autorité royale personnifiant un système unanimement condamné.

II. *Le Trosne* (3) a parlé d'un siège élevé. C'est comme avocat général à Orléans qu'il a prononcé en 1777, devant le bailliage, un discours, dans lequel, en exposant les devoirs de sa charge, il a indiqué ses « vues et ses réflexions sur la justice criminelle. » — Cette harangue est un véritable résumé de cette procédure, dont il passe en revue les différentes phases, contre laquelle il dirige des critiques timides et qu'il justifie

---

(1) Né en 1701, mort en 1785. — A l'annonce des projets du chancelier Maupeou (dont nous avons parlé dans le chapitre premier du livre premier de la seconde partie), la résistance des parlements à toute réforme amena leur suspension, en1771. — En ne proclamant pas nettement que l'ancienne magistrature ne serait jamais rappelée, Louis XV donnait à celle qui la remplaçait un fâcheux caractère de précarité, et empêchait l'adjonction à cette dernière des anciens parlementaires revenant sur leurs démissions. De là, d'inextricables difficultés pour le succès de l'œuvre entreprise par Maupeou. Dès ce moment aussi, prirent naissance les griefs et les reproches violents, que rappelleront, quinze ou dix-huit ans plus tard, les écrivains qui porteront à la monarchie les coups sous lesquels elle a succombé.

Le cours de la justice, interrompu durant trois années, en France, fut repris en 1774.

(Voir M. Flammermont, *op. cit.; Compte rendu de l'Académie des sciences morales et politiques*, t. CXIV, année 1886, 2e semestre, p. 596.)

(2) En 1766.

(3) Né en 1728, mort en 1784.

trop souvent. Mais elle est empreinte d'une véritable fermeté et d'une rare vigueur (1), quand l'intègre magistrat parle de la torture (2).

Le Trosne est tout à fait opposé à la multiplicité des tribunaux, ainsi qu'à l'institution des juridictions seigneuriales.

Il émet le vœu de la prompte rédaction d'un Code pénal, indiquant les peines qui doivent correspondre aux divers crimes, et groupant les lois anciennes, obscures, éparses, incomplètes, qui ont été édictées en cette matière.

Selon l'auteur, lorsque le roi exerce le droit de grâce, ce n'est pas en qualité de juge supérieur ou de magistrat suprême revisant les sentences, c'est comme souverain agissant dans la plénitude de sa puissance.

Il trace ensuite en termes élevés la mission du juge.

Enfin, il déplore que le progrès, dont on suit facilement la marche dans la plupart des connaissances humaines, soit éternellement ajourné pour le perfectionnement des lois criminelles.

III. *Prost de Royer* (3), qui fut successivement avocat, échevin, lieutenant-général de police à Lyon, est l'auteur d'un « *Dictionnaire de jurisprudence et des arrêts* (4), qu'il a fait précéder d'un « Discours préliminaire (5), » ainsi que d'une « Préface, » dans lesquels nous trouvons exposés les principes et les vœux de ce jurisconsulte distingué.

Ses écrits sont empreints d'un esprit éminemment philanthropique. Rappelant quelque part la maxime favorite d'Alexandre Sévère, Prost de Royer répète après l'empereur romain : « Malheur à celui qui ne désire pas de pouvoir faire à tous les hommes tout le bien qu'il désire lui-même. » — Il se fait l'écho du *cri de liberté* qu'il entend autour de lui. — Le

---

(1) Voir, à ce sujet, Brissot de Warville, *Bibliothèque philosophique*, t. III, p. 290 et suiv.

(2) Toutefois, par une incroyable faiblesse, et par une fâcheuse concession à la pratique invétérée de cette époque, Le Trosne admet que la torture peut se justifier, quand on y recourt pour départager les juges, parmi lesquels les uns consentent et les autres s'opposent à prononcer la peine capitale contre un coupable.

(3) Né en 1729, mort en 1784.

(4) Ce dictionnaire est la refonte de celui antérieurement publié par Brillon.

(5) Dans ce discours préliminaire, l'auteur indique sous quels mots de son dictionnaire il traitera les différentes questions de droit criminel. — Nous lui avons déjà fait des emprunts, en parlant des lettres de grâce.

premier principe en matière de justice est, dit-il, le respect de l'humanité ; le Code du juge est dans son cœur. — Il faut que le peuple ait le culte de la justice et qu'il la considère comme une divinité, protégeant le faible, inspirant l'orateur, éclairant le magistrat (1). — « Les choses jugées ont force de lois (2). »

Faisant sans doute allusion à des iniquités judiciaires dont il avait gardé le souvenir, Prost de Royer invoque l'opinion de d'Aguesseau (3), s'indigne de voir le procès trop souvent fait deux fois au même accusé, et s'écrie : « *La maxime non bis in idem est une maxime inviolable en France.* »

Il incline à admettre que l'Etat devrait indemniser, par une allocation de dommages-intérêts, l'accusé jugé innocent.

Il voudrait que le législateur se préoccupât des moyens de prévenir les crimes et de proportionner les châtiments à la variété des faits délictueux.

Il insiste pour que les arrestations préventives soient ordonnées par trois juges ayant pris connaissance des charges, pour accorder un défenseur à l'accusé, pour rétablir la publicité, enfin pour renoncer au secret dans l'information.

Il termine sa préface par ces mots pleins de vigueur : « Les « traces de la barbarie et la confusion dans la jurisprudence, « *voilà l'ennemi* (4). »

IV. Un éminent chimiste, qui était en même temps avocat général au parlement de Dijon, *Guyton de Morveau* (5), écrivit également un « discours sur les mœurs », et un « discours sur les moyens de réformer la jurisprudence. » — On y trouve la reproduction de quelques-unes des idées qui précèdent; mais les écrits de ce magistrat sont loin d'avoir la valeur des ouvrages de ses collègues contemporains.

V. En 1766, *Servan* (6), avocat général au parlement de Grenoble, prononçait, dans une audience solennelle, une harangue qui eut un immense retentissement et dans laquelle il traçait les devoirs du magistrat, qu'il résumait dans l'équité envers l'accusé; il établissait le but de la justice criminelle; il

(1) Préface, p. CVI, CVII, CX.
(2) Préface, p. XXX.
(3) Lettre du 20 mars 1733; *OEuvres* de d'Aguesseau, t. IX, p. 181.
(4) Préface, p. CXVII.
(5) Né en 1737, mort en 1816.
(6) Né en 1737, mort en 1807. — Brissot de Warville (*Bibliothèque philosophique*. Discours préliminaire) parle des ouvrages de Servan.

insistait sur la nécessité de l'exemple en matière de répression ; il traçait un émouvant tableau du sort des prisonniers coupables ou innocents ; il réclamait une grande célérité dans l'expédition des affaires ; il demandait l'abolition de la torture : « Ne travaillerons-nous jamais, s'écriait-il en finissant, à surpasser l'ordonnance de 1670 ? Voilà bientôt un demi-siècle que la justice criminelle repose sur ce glorieux monument. N'est-il pas temps d'en sortir pour arriver à des lois plus parfaites (1) ? »

Trois ans plus tard, cet illustre magistrat quittait la vie publique et se consacrait exclusivement aux études philanthropiques, qui avaient pour lui un irrésistible attrait. Il publia alors un ouvrage ayant pour titre : *Influence de la philosophie sur l'instruction criminelle*, dans lequel il insiste sur l'harmonie qui doit exister entre la procédure criminelle et les institutions politiques. — Il n'admet pas la division des délits adoptée par Montesquieu (2) et préfère la suivante : Délits contre les lois politiques, les lois civiles, les lois religieuses, les lois de l'opinion.—Les peines doivent être basées sur le dommage, qui ne sera jamais évalué par l'offensé. — Le dommage public et le dommage privé sont distincts. — Les supplices de l'âme sont plus pénibles que ceux du corps. — La honte est le plus dûr châtiment à infliger au coupable. — « Le citoyen ne doit être emprisonné que dans les cas où sa liberté serait plus nuisible qu'utile au public. »

C'est bien là l'expression des idées du dix-huitième siècle. Malheureusement, Servan a, lui aussi, malgré son attachement aux règles de douceur et d'humanité dans la procédure, partagé le préjugé commun. En parlant de la torture dans son *Commentaire des Essais de Montaigne*, il a tenté de justifier cet abominable supplice, sous prétexte : 1º que la rétractation postérieure de l'aveu arraché par la douleur effaçait cet aveu ; 2º que la torture était un moyen excellent pour arriver à connaître les circonstances du crime ; 3º qu'elle corroborait l'aveu libre et spontané.

Hâtons-nous d'ajouter qu'en 1781, dans un nouvel ou-

---

(1) Discours sur *l'administration de la justice criminelle.*
(2) Montesquieu avait divisé les crimes en quatre classes: 1º contre la religion ; 2º contre les mœurs ; 3º contre la tranquillité ; 4º contre la sûreté.

vrage (1), notre sympathique auteur félicita le roi d'avoir supprimé la torture.

Ecrivain sensible et profond, il prenait, là encore, la défense de l'humanité. Il se lamentait, en constatant que les honnêtes gens n'étaient pas à l'abri d'indignes accusations de la part d'hommes effrontés. « On frémit, disait-il, en pensant à la facilité de l'accusation et auxd ifficu lté de la défense. » Il remarquait que l'innocent était moins protégé que le criminel endurci et audacieux, auquel la confrontation, les reproches et la série des formalités ordinaires de l'information permettaient de gagner du temps, en créant de réels embarras à ceux qui avaient mission de rechercher la vérité.

Nous ne terminerons pas cette rapide biographie sans nous associer aux nombreux éloges que cet homme de bien a reçus durant sa vie et depuis sa mort.

Il a eu le bonheur d'assister au « réveil de la félicité publique, » et, comme disait un de ses contemporains, « cette aurore ranima son génie (2). »

VI. *Dupaty*, avocat général, puis président de chambre au parlement de Bordeaux (3), publiait, en 1785, ses *Réflexions historiques sur les lois criminelles*, et, en 1788, ses *Lettres sur la procédure criminelle*. — Comme La Chalotais, il blâma la guerre que Maupeou faisait aux parlements et fut incarcéré. Comme Voltaire, il se constitua l'avocat officieux de condamnés innocents (4), en faveur desquels il publia un Mémoire anonyme. Dans ce libelle, Dupaty passe bientôt à la critique générale tant de la législation que de la magistrature. Il dirige contre l'ordonnance de 1670 des récriminations acerbes. Son langage est surtout empreint d'une extrême violence, quand il déplore l'absence de conseil donné aux accusés, puis quand il démontre l'inconséquence de la loi, qui cherche à empêcher la démonstration de la vérité et qui, cependant, par une anomalie singulière, autorise le droit d'appel comme réparation des erreurs que le juge du premier degré est prédestiné à com-

____

(1) Discours sur *les progrès des connaissances humaines, de la morale, de la législation en particulier*.
(2) Prost de Royer, préface précitée, p. LXVI.
(3) Né en 1744, mort en 1788.
(4) Les nommés Pradier, Simare et Lardoise, condamnés à la roue. — Dupaty parvint à les faire mettre en liberté. (V. le mémoire qu'il fit imprimer dans ce but.)

mettre. « Vingt millions d'hommes, s'écrie-t-il, seront-ils réduits à n'apprendre qu'ils ont des magistrats qu'à la vue des échafauds ?... »

Quelle attaque furieuse ! Quel langage peu digne de la robe !

Ce mémoire excitait une véritable excitation des citoyens à la haine des uns contre les autres.

Doit-on compter Dupaty au nombre des avocats et des bienfaiteurs de l'humanité ?

VII. C'est *Séguier* (1) qui se chargea de donner une verte réplique à son collègue, avant que le mémoire de Dupaty fût brûlé par ordre du parlement de Paris. De même que son adversaire, l'avocat général de Paris ne sut pas rester dans la mesure et arriva à soutenir une mauvaise thèse. Sans doute, il avait raison de rappeler que les magistrats doivent avoir pour la loi un respect illimité. Mais cette déférence professionnelle ne va pas jusqu'à leur interdire les appréciations personnelles sur la législation en vigueur, ainsi que l'examen des perfectionnements possibles de celle-ci. Elle ne devait pas surtout entraîner le magistrat parisien à tenter une justification complète de l'ordonnance de 1670, même sur les points où la controverse n'était pas possible. Séguier l'essaya pourtant. Sa cause était perdue d'avance, et nous regrettons que cet esprit éclairé ait pu témoigner de l'étonnement, de l'indignation même pour l'école humanitaire, qu'il va presque jusqu'à accuser d'une sensiblerie ridicule (2). — Nous aimons mieux ne conserver de lui que la mémoire de ces belles paroles, qu'il prononça dans le même temps : « Que deviendrait l'autorité des tribunaux, s'ils oubliaient un moment que tous les hommes sont égaux aux yeux de la justice? »

VIII. Citons également *Boucher d'Argis* (3), qui termina dans la magistrature une carrière commencée au barreau, et qui publia, lui aussi, d'utiles plaidoyers dans le grand procès qui s'agitait. — Nous lui devons deux mémoires intéressants et bien étudiés, qui ont pour titre : *Essai sur la réforme de la législation pénale* (4), et *Observations sur les lois criminelles.*

(1) Né en 1726, mort en 1791.
(2) Le *Barreau français,* édition Panckoucke, 1re série, t. III.
(3) Né en 1750, mort en 1794.
(4) Paru en 1781,

IX. *De Pastoret* (1) aurait pu également figurer parmi les philosophes. C'est, en effet, comme professeur de philosophie qu'il termina sa carrière publique ; mais il avait antérieurement été conseiller à la cour des Aides, et l'ouvrage qu'il a publié avant la Révolution (2), travail qui lui a valu plus tard le prix Montyon, est le fruit de ses observations et des études qu'il faites, comme magistrat.

Son *Traité des lois pénales* n'est, en réalité, que le dévelopement de cet axiome humanitaire prononcé, pour la première fois, par Lamoignon, puis répété à satiété par les philosophes depuis un demi-siècle : La condamnation d'un innocent est un plus grand malheur que l'absolution « de plusieurs coupables (3). »

Il émet ensuite, pour exposer sa doctrine, une série de principes dont voici les principaux : le crime est l'outrage fait à la société ou à la loi ; il faut toujours rechercher quel mal le coupable a causé à ses semblables ; l'accusé doit être considéré comme innocent jusqu'au jugement de condamnation ; pour prononcer une sanction pénale, il faut des preuves complètes ; le châtiment doit être proportionné au forfait ; il n'y a pas de crime sans intention ; toute peine inutile ou trop sévère est injuste ; un grand nombre de circonstances influent sur la peine à prononcer ; une excessive sévérité engendre souvent l'impunité (4).

La plupart de ces idées généreuses étaient nouvelles au dix-huitième siècle ou, du moins, elles avaient rarement été formulées avec cette netteté. Aujourd'hui elles sont des axiomes incontestés, et une sorte de monnaie courante en matière de législation pénale.

De Pastoret est peu partisan de la détention préventive (5). Il recherche quel doit être le fondement des preuves, et concède que sous ce rapport on ne saurait être aussi exigeant en matière criminelle qu'en matière civile. Il examine les garanties nécessaires à la preuve testimoniale.

Il combat le secret dans l'instruction.

---

(1) Né en 1756, mort en 1840.
(2) *Les lois pénales.*
(3) Même ouvrage, t. I, première partie, ch. 2, p. 14.
(4) Même ouvrage, *loc. cit.*, ch. 2 et 6, p. 21, 22, 65.
(5) Même ouvrage, *loc. cit.*, ch. 9, p. 103.

Il se pose en adversaire déclaré de la torture (1).

Il demande qu'avant la sentence définitive, un jugement préalable détermine les caractères légaux du fait incriminé, le précise et le qualifie ; le second jugement devant avoir pour objet de statuer sur la culpabilité du prévenu, le jury pourrait s'acquitter de cette dernière mission (2).

En terminant, il adjure les juges de ne prononcer des peines que « quand la culpabilité de l'accusé leur paraîtra plus claire qu'à midi (3). »

Les lois pénales de Pastoret peuvent être considérées comme une des meilleures photographies du dix-huitième siècle, au point de vue de la législation criminelle.

X. *Philpin de Piépape* (4), ancien président du bailliage de Langres, plus tard conseiller d'Etat, avait été chargé par Louis XVI de préparer un travail sur la revision des lois criminelles. — Pour se conformer au désir du roi, l'ancien président se mit à l'œuvre, et adressa aux gardes des sceaux, Miroménil et Lamoignon, cinq mémoires ayant pour titres : *Observations sur les lois criminelles*, et portant les dates des 15 juin 1786, 13 septembre 1786, 6 décembre 1786, 15 avril 1787 et 1er mai 1787. Dans ce premier travail l'auteur émet d'abord des idées générales, puis il insiste sur la nécessité d'adjoindre un second magistrat à celui qui était chargé de l'instruction. Il ne dit que peu de mots de la torture, qu'il qualifie de « barbare (5), » mais dont il ne demande pas formellement l'abolition.

Partisan de la liberté de la défense, il est d'avis d'accorder à l'accusé un conseil, dont il définit la mission et dont il indique les devoirs (6) ; mais il apporte à l'innovation qu'il approuve quelques correctifs (7). C'est ainsi qu'il estime inutile de donner un avocat à l'accusé en liberté ou à celui qui n'est prévenu que d'un délit minime. Si la communication de l'avocat avec l'accusé avait lieu aussitôt après l'arrestation, le prévenu n'avouerait jamais, poursuit ingénument l'auteur des *Observa-*

---

(1) Même ouvrage, *loc. cit.*, première partie, ch. 1, p. 9.
(2) Même ouvrage, *loc. cit.*, première partie, ch. 1, p. 9.
(3) Même ouvrage, *ibid.*
(4) Né en 1731, mort en 1793.
(5) P. 256.
(6) P. 44 et suiv , p. 66 et suiv.
(7) Mémoire sixième.

tions sur les lois criminelles. Dans les cas où l'intervention de l'avocat serait possible, elle ne pourrait avoir lieu qu'après la clôture de la procédure, afin que les procès criminels ne fussent pas interminables (c'est la reproduction de l'opinion Pussort). — Philpin de Piépape conclut en disant : « L'innocence n'a « pas besoin de conseil pour faire luire la vérité. »

La partie capitale de ce travail est celle dans laquelle l'ancien magistrat commente l'ordonnance de 1670, étudie chacun de ses textes et remplace ceux-ci par une rédaction différente, comprenant les corrections ou les améliorations qu'il juge indispensables.

Malheureusement, il n'a pu achever cette partie de sa tâche. Dans son quatrième mémoire, il s'arrête aux confrontations.

Le bouleversement politique qui se produisit en 1789, et les réformes que l'Assemblée nationale se hâta d'apporter rendirent inutile l'achèvement de l'étude commencée par ce savant jurisconsulte.

C'est alors que, pour répondre à l'appel que Louis XVI adressait à ses sujets, par sa déclaration de mai 1788, Philpin de Piépape écrivit son sixième mémoire (1), dans lequel il blâma la plupart des innovations promises par le roi, les jugeant susceptibles « de porter atteinte à la sécurité publique; » il signala des omissions, demanda le maintien du serment des prévenus, lors des confrontations entre coaccusés, le secret pour l'interrogatoire et pour l'audition des témoins, enfin que le règlement à l'extraordinaire fût prononcé par le nombre de juges exigé pour la sentence définitive. Il étudia également dans ce mémoire la question de communication des pièces de la procédure, des adjoints chargés d'assister le plaignant, de l'impossibilité pour les témoins de se présenter, de la pluralité des accusés, des récolements, du rapport public des procès criminels, des conclusions orales développées à l'audience par le ministère public, des plaidoiries étendues des avocats, etc. — L'auteur des *Observations* se montrait très peu sympathique à ces dernières innovations.

Il termine par une énumération des peines et des crimes, puis par un « plan de distribution des peines et de leur appli-

(1) Il porte la date du 10 décembre 1789.

cation aux délits » (nous dirions aujourd'hui Code pénal), dont il donnait le texte et le projet.

Philpin de Piépape avoue qu'il n'est pas un censeur de l'ordonnance de 1670. « Je doute, poursuit-il, qu'il ait été « possible de former un Code criminel sur un plan plus « sage. »

Si cette ordonnance est sévère, c'est, selon lui, à cause de la fréquence des crimes qui se produisirent au dix-septième siècle. Mais, conclut-il, nous ne devons pas trop nous en plaindre, puisque ces dispositions législatives ont procuré la sécurité à la majorité des citoyens.

Il se déclare hostile au jugement par jurés, aux juridictions seigneuriales et à l'arbitraire dans la répression.

Partisan de peines rigoureuses pour les crimes graves, d'une sévère répression du duel, d'une instruction scrupuleuse et rapide, d'une indemnité à accorder à l'accusé jugé innocent, du secret dans la procédure (1), de la liberté de la défense, il remarque qu'on se laisse trop souvent « échauffer par les déclamations, » et qu'on éprouve trop de « sensibilité pour l'être qui est sous la main de la justice; » il déclare que, quant à lui, il sera toujours plus enclin à voir un coupable qu'un innocent dans le prévenu. Sans doute chaque membre de la société a intérêt à ce qu'une accusation téméraire et une condamnation injuste n'interviennent pas. Mais les complots, imaginés pour perdre un innocent, sont beaucoup moins fréquents qu'on ne se l'imagine d'ordinaire.

En résumé, par l'exercice de ces anciennes fonctions, par le zèle et la conscience avec lesquels Philpin de Piépape les a remplies, cet homme de bien a peut-être témoigné trop d'admiration pour une législation qu'il avait l'habitude d'appliquer, mais dont il n'y a plus à contester les vices, et trop de répugnance pour des changements, dont la plupart ont été consacrés par toutes nos constitutions modernes. Sa timidité exagérée pour la réforme des lois bonnes ou mauvaises, sa partialité pour la société contre l'individu, son légitime désir de voir le magistrat respecté (2), ont peut-être entraîné ce conseiller prudent à donner, comme conclusions de ses

_____

(1) P. 18 et 20.
(2) Voir les premières pages du premier mémoire.

Observations, un mélange (1) singulier de libéralisme et de principes autoritaires.

N'oublions pas, en faisant impartialement cette remarque, que la rédaction qu'il proposait pour modifier l'ordonnance de 1670 apportait à celle-ci de très utiles perfectionnements, et que son projet eût réalisé un incontestable progrès, si l'Assemblée nationale n'avait pas, dès sa réunion, songé à détruire, au lieu de le réparer, notre arsenal législatif.

Nous ne terminerons pas cette analyse des œuvres d'un magistrat très peu connu, sans citer quelques lignes, qui montrent assez ce que fut le juge, ce qu'était le jurisconsulte, et ce que désirait le citoyen : « Constater le crime, en découvrir l'auteur ; « le convaincre, en lui laissant tous les moyens praticables de « se justifier ; l'obliger à réparer le tort qu'il a fait au particulier, « et à satisfaire à l'ordre public qu'il a violé ; absoudre celui « que l'on n'a pu convaincre, et dédommager celui qui est « déclaré innocent de ce qu'il a souffert ; voilà quel a dû être, « dans tous les temps, et quel doit être dans tous les pays le « but de la législation criminelle (2). »

XI et XII. Les nombreux extraits que, dans le chapitre II du livre III de la première partie, nous avons donnés des commentaires de *Jousse* (3) et de *Serpillon* (4) sur l'ordonnance de 1670, nous dispensent d'analyser plus longtemps leurs écrits.

Serpillon, qui avait fait précéder son ouvrage du Discours de Servan, *Sur l'administration de la justice*, ne nous semble pas devoir être rangé au nombre des partisans systématiques de l'ordonnance de Louis XIV, qu'il loue et qu'il critique successivement.

---

(1) Dès le début de la Révolution, il paya de sa liberté son attachement à l'ancien régime ; il mourut dans les prisons de Langres, à la veille de sa comparution devant le tribunal révolutionnaire. Il avait consacré ses lumières et sa vie au bien de ses concitoyens. Sa correspondance témoigne d'une réelle sollicitude pour les intérêts du peuple.

(2) Mémoire premier, p. 7.

(3) Conseiller d'Etat au présidial d'Orléans, né en 1704, mort en 1781. Son *Commentaire sur l'ordonnance de* 1670 a été publié en 1753.

(4) François Serpillon, dont la famille était originaire d'Autun, fut pourvu, en 1725, du titre de lieutenant-général criminel ; il exerça ces fonctions jusqu'en 1765, époque à laquelle il s'en démit, en faveur d'Etienne Serpillon, son fils aîné. — Il est l'auteur d'un *Code criminel*, d'un *Code du faux* et d'un *Code civil*, ouvrages estimés, qui ne furent publiés qu'après son décès. — Son *Commentaire de l'ordonnance de* 1670 a paru en 1767. — Il mourut en 1772, âgé de soixante-seize ans. (Voir le recueil *l'Eduen*, mars 1841 ; *Annales de la Société éduenne*, années 1860-1862.)

Quant à Jousse, il en était incontestablement l'adversaire.

Comme si l'irrésistible courant qui entraînait dans la polémique tous ceux qui pouvaient tenir une plume n'était pas assez fort, les académies, les sociétés savantes, les particuliers eux-mêmes mettaient au concours l'étude de la revision de la législation criminelle, et proposaient des prix à ceux qui présenteraient de judicieuses solutions à tous les problèmes qu'avaient depuis longtemps posés les novateurs, dont nous venons d'indiquer les travaux.

En 1777, un particulier soumit à l'examen la question suivante : « De la proportion des crimes et des peines ; de la « nature et de la force des preuves ; des secours que peut « apporter dans ce but la procédure criminelle, de façon à « concilier les principes sociaux avec la douceur de l'instruc- « tion ou des peines, et avec le respect de l'humanité ou de « la liberté (1). »

Le même sujet avait été mis au concours par l'académie de Châlons-sur-Marne, qui décerna le prix, en 1780, à Brissot de Warville.

L'académie de Metz donnait les mêmes encouragements.

En 1779, le lieutenant de police de Paris annonça qu'il récompenserait le mémoire qui indiquerait le meilleur mode de travail des détenus dans les prisons (2).

Des plans de réforme, des dissertations sur des points controversés en droit criminel, tels que la réparation à accorder aux individus acquittés, étaient ainsi à l'ordre du jour.

Parmi les concurrents de ces tournois littéraires et juridiques, nous trouvons les noms d'hommes mêlés, quelques années plus tard, à la crise politique, Garat, Lacretelle, Marat, Robespierre.

§ 5. — *Etrangers.*

Les souverains de plusieurs nations de l'Europe, parmi lesquels nous citerons en première ligne, Catherine de Russie et Marie-Thérèse, se montraient favorables à la réforme.

(1) Voir Letrosne, cité par Brissot de Warville, *Bibliothèque philosop.*, t. II, p. 330.

2) Brissot de Warville, *Théorie des lois crim.*, t. I, p. 162 et suiv.

Quant aux écrivains, une généreuse émulation les entraînait. En Angleterre (1), en Italie (2), en Allemagne (3), en Espagne (4), une véritable ligue du bien public s'était organisée; elle défendait d'une façon militante et efficace la cause humanitaire (5).

Les limites de notre travail ne nous permettent pas d'aborder l'examen du mouvement philosophique, littéraire et juridique, qui se produisit hors de France, pendant le dix-huitième siècle. Et cependant, comment affirmer l'influence que nos illustrations nationales ont exercée sur la réforme criminelle, sans parler de leurs admirateurs et de leurs imitateurs étrangers? — L'*Esprit des lois* n'a-t-il pas inspiré deux ouvrages italiens, qui, ont fait époque? Nos jurisconsultes ne se sont-ils pas pénétrés de la législation anglaise (6), pour tracer, depuis des siècles, le programme des modifications que réclame d'après eux notre législation criminelle? — Les deux mouvements ont une origine et un but communs; leurs points de contact sont nombreux. Nous ne saurions les passer complètement sous silence.

Au dix-huitième siècle, l'Angleterre se singularisa. Son organisation intérieure, ses tendances politiques surtout, faisaient contraste avec celles des autres nations de l'Europe. La destruction de la féodalité avait été contemporaine de l'égalité devant la loi; la publicité des débats, ainsi que de nombreuses garanties en faveur de l'accusé, parmi lesquelles nous citerons, en première ligne, l'*habeas corpus*, le respect de l'individu, la liberté de la presse, le double jury, etc., caractérisaient cette législation.

Quelques débris du moyen âge subsistaient encore; mais la procédure inquisitoire tendait à disparaître (7).

Déjà *Thomas Morus*, au dix-septième siècle (8), avait préconisé une répression plus douce et une meilleure économie so-

---

(1) Blackstone, Eden, Poley, Kaimes, Howard, Bentham.
(2) Risi, Dragonetti, Genovesi, Murena, Pagano, Filangieri, Romagnosi.
(3) Sonnenfels, Globig, Huster, Wieland, Erhard, Tittmann, Kant, Feuerbach.
(4) Lardizabal.
(5) Voir, sur cette partie, Kœnigswarter, *Histoire et progrès de la législation criminelle, depuis le dix-huitième siècle;* — et Du Boys, *Histoire du droit criminel de la France, depuis le dix-septième siècle jusqu'au dix-neuvième siècle, comparé avec celui des différentes nations de l'Europe.*
(6) Voir à ce sujet Prost de Royer, *loc. cit.*, préface, p. LXIX.
(7) Ortolan, *Histoire du droit criminel en Europe, depuis le dix-huitième siècle*, p. 127 et suiv.
(8) Né en 1480, mort en 1535.

ciale. Blackstone (1) et Bentham (2) continuèrent. Bentham prit la direction du mouvement.

En Saxe, *Vatel* (3) professait aussi les théories humanitaires. « Les peines, disait l'auteur du *Droit des gens*, ont pour objet de procurer la sûreté ; elles ne doivent pas s'étendre au delà de ce qu'exige celle-ci. Les cas dans lesquels il y a lieu d'infliger des châtiments sévères sont très rares (4).

En Allemagne, *Kant* (5), promoteur de l'idée de justice, de la justice absolue, de la justice indépendante, de la sécurité sociale, émit une théorie nouvelle sur le droit de punir.

Dans ses observations sur la justice criminelle et sur les matières de jurisprudence (6), *Rizi* examine la nature des preuves, la mesure des peines et les règles de la compétence. Ses développements sur le premier point sont un véritable traité ; il condamne justement la théorie obscure et surannée des preuves pleines ou semi-pleines ; il étudie ensuite l'aveu et la preuve testimoniale. Au sujet de l'aveu, Rizi s'élève avec force contre la torture, et reproduit, contre cette pratique injustifiable, la plupart des arguments que nous avons rappelés ailleurs. Il répète, comme les autres criminalistes, cette phrase qui est, depuis quelques années, un axiome philanthropique : « *Ne vaut-il pas mieux laisser un coupable impuni que de perdre un innocent* (7) ? » Mais il a tort de concéder l'emploi de ce cruel supplice pour les cas où le crime est péremptoirement démontré.

L'auteur examine, dans la seconde partie de son travail, les diverses circonstances plus ou moins graves dont il importe de tenir compte dans l'application de la peine. Tous ceux qui ont violé la loi ne doivent pas, dit-il, être punis de la même manière et indistinctement.

Dans la troisième partie, *Rizi* reconnaît au juge des pouvoirs étendus, même au delà de sa juridiction, pour procéder à des informations, mais non lorsqu'il s'agit d'arrestations. Il conclut en recommandant d'éviter à tout prix d'incarcérer un homme, pour le mettre en liberté peu de temps après.

(1) Né en 1725, mort en 1780.
(2) Né en 1747, mort en 1832.
(3) Né en 1714, mort en 1767.
(4) « Droit des gens. »
(5) 1724-1808.
(6) Parues en 1768.
(7) Chapitre premier.

En Italie, *Beccaria* (1) témoigna un immense enthousiasme pour Montesquieu, et l'Europe se passionna pour Beccaria.

Droit de punir, proportion des délits et des peines ; classification des délits et des crimes ; garanties que doit présenter le témoin ; mission du juge ; supériorité du jugement par les pairs sur toute autre sentence ; nécessité de la publicité dans certains actes de l'information, et de la promptitude du châtiment, inconvénients des arrestations arbitraires, du secret, du serment, de la détention préventive, de la torture, etc. ; séparation du pouvoir législatif et du pouvoir judiciaire ; moyens de réprimer les atteintes à l'honneur ou à la considération, ou de prévenir les crimes ; résultat auquel doivent tendre les peines.

Tels sont les points de vue auxquels se place Beccaria dans son *Traité des délits et des peines* (2).

Le but de l'auteur était, comme il l'a dit lui-même, « d'ar-« racher des victimes à la tyrannie ou des innocents à l'igno-« rance, » de défendre l'opprimé, de limiter le droit de punir.

Ni les éloges, ni les critiques ne furent épargnés au *Traité des délits et des peines* (3).

Bien que ce livre n'aborde pas les grands problèmes et qu'il se borne trop à l'affirmation de principes de droit criminel incontestables, il compte cependant encore aujourd'hui parmi les meilleurs exposés philosophiques du droit de punir.

Beccaria a été dans la seconde partie du dix-huitième siècle le chef du mouvement réformateur en Europe, de même que Montesquieu l'avait été dans la première partie du même siècle.

Il a ruiné à tout jamais la procédure secrète.

Filangieri (4) publia, jeune encore, deux ouvrages importants. En faisant la part de l'illusion inévitable, en raison de l'âge et du peu d'expérience de leur auteur, ces écrits étaient dignes de fixer l'attention des contemporains. C'est avec une réelle éloquence que Filangieri a critiqué les rigueurs de la

---

(1) Né en 1738, mort en 1794.

(2) Paru en 1764. — Voici les principales divisions du livre : *Droit de punir. Instruction et procédure. Peines. Nomenclature des crimes. Vices de la jurisprudence. Moyens d'empêcher les délits.*

(3) Voltaire, Brissot de Warville, Servan, l'abbé Morellet, Rœderer, le défendirent ; Diderot, Muyart de Vouglans, Jousse, Duclos et un moine étranger le combattirent (Voir *Annales de Linguet*, t. II et V). — Bernardi, *loc. cit.*, p. 534, reproche à Beccaria « d'être révolutionnaire, d'avoir fait l'apologie du plus fort, d'avoir prouvé que les tribunaux n'étaient composés que de bourreaux et d'avoir dépeint les criminels comme des opprimés.»

(4) Né en 1752, mort en 1788.

procédure criminelle, et réclamé la publicité de l'instruction.

Dans la *Science de la législation* (1), il retrace l'objet des lois répressives, en passant en revue l'accusation, la constatation du délit, les attributions dévolues aux magistrats, la défense et la sentence.

Le souffle le plus libéral anime ces pages dans lesquelles l'innocence est chaudement défendue, le prévenu traité en citoyen libre, et le juge affecté à la mission la plus élevée. Au point de vue pénal, Filangieri pose en principe que les actions volontaires sont seules punissables; que celles qui méritent la plus sévère répression sont les atteintes à l'ordre social; que certaines circonstances aggravent les crimes ou les délits. Il classe ensuite ceux-ci en crimes ou délits contre la religion, le souverain, l'ordre public, le droit des gens, l'ordre des familles, les personnes, la dignité ou l'honneur des citoyens, enfin la propriété.

A propos des personnes, il parle du duel qu'il désire voir réprimé, en punissant non l'offensé, mais l'agresseur.

Sous ce même chapitre, il estime qu'il y a lieu de considérer la situation des parties, ce qui revient à proposer une véritable thèse d'inégalité sociale. — C'est là une regrettable erreur de l'auteur.

D'après lui, le pardon de l'offensé ne peut jamais entraîner l'impunité.

Enfin, il signale les diverses causes de la fréquence des crimes, et, afin d'en diminuer le nombre, il conseille les moyens préventifs suivants : accroissement des richesses ou du bien-être, éducation, amélioration des lois, etc.

Filangieri effleurait ainsi les éléments de cette science fort peu connue de son temps, qui est une des créations du dix-neuvième siècle, et qui, comme la législation, tend au perfectionnement de l'humanité; nous voulons parler de l'*économie politique*.

En résumé, ses réminiscences des lois romaines, ses emprunts aux législations contemporaines, ses théories philosophiques, ses dissertations sur le caractère ou le but des peines offriront toujours un puissant attrait à quiconque voudra étudier d'une façon approfondie la grande controverse du dix-huitième siècle.

____

(1) Parue en 1780.

Tant de plaidoyers, faits pour convaincre, tant de travaux ayant les origines les plus variées, l'esprit nouveau qui donnait une sorte de vie aux livres, ne pouvaient pas demeurer stériles. L'impulsion qu'ils produisirent n'avait eu d'analogue que l'impérieux mouvement d'idées qui signala les premiers jours de la chrétienté (1).

Les écrits humanitaires de Montesquieu, de Beccaria et de tant d'autres avaient, en éclairant les citoyens et en leur faisant connaître l'étenduc de leurs droits, préparé l'émancipation du dix-neuvième siècle. Répondant à l'appel de ses chefs, la foule éleva la voix et encouragea ses autres défenseurs, qui ne firent ensuite que traduire les vœux populaires.

Semblable à un essaim qui dépose dans des ruches le produit de ses investigations et de sa récolte, l'armée des réformateurs réunissait les matériaux, et se disposait à leur donner une forme méthodique, en les consignant dans le testament de l'ancienne société française, que les députés des trois ordres rédigeaient à la veille de la convocation des Etats généraux.

L'enquête avait été solennelle. Elle ne laissait aucun point obscur. Les philosophes, les avocats, les publicistes avaient été entendus publiquement. Les uns avaient généralisé le débat par leurs théories, les autres l'avaient spécialisé par le récit des faits auxquels ils avaient été mêlés ; certains (2) l'avaient dramatisé, en divulguant les injustices, dont ils avaient été témoins. La presse périodique (3), qui commençait à acquérir cette influence que nous avons vue depuis s'accroître d'une façon prodigieuse, ainsi que cette tolérance et cette approbation tacite, sans lesquelles la parole et la raison sont impuissantes ou mises sous séquestre, la presse, disons-nous, vulgarisait et développait la controverse. La révolution avait en effet commencé le jour où chacun obtint la faculté de penser et d'écrire à son gré.

En réclamant avec insistance ce que la raison et l'équité sollicitaient depuis longtemps, les polémistes conquirent sans peine la liberté, comme fruit de leur victoire ; ce succès n'avait

(1) Guizot, *Histoire de la Révolution en Europe.* (Paris, édition Didier (1847), p. 156 et 157.)

(2) Voltaire et Linguet, notamment.

(3) Le premier numéro du premier journal quotidien, lequel se nommait *Journal de Paris*, parut le 1er janvier 1777. Mais il existait depuis quelques années déjà des feuilles périodiques non quotidiennes.

rien d'imprévu, la liberté ayant depuis longtemps pour elle la force morale qui dérive du droit, et la force matérielle que communique la volonté populaire.

La lutte fut plus vive sur le terrain de l'égalité, non pas que l'aristocratie, qui devait y être si intéressée, opposât une résistance efficace au courant, ou plutôt au torrent impétueux, dont nous avons étudié le cours; mais des obstacles naissaient de la difficulté de détruire des préjugés contemporains de la caste qui en profitait. Depuis longtemps, la noblesse n'avait que son nom pour prestige; son pouvoir avait disparu; son action sur l'opinion était nulle; son incrédulité relativement à la possibilité d'une transformation politique et sociale n'avait d'égale que son ignorance; le souvenir du passé obscurcissait chez elle la notion du présent, aussi bien que la prévision de l'avenir. Rien ne l'avertissait ostensiblement de la chute et de la ruine prochaines. Comme au quinzième siècle, elle s'entêtait à ne voir d'adversaire redoutable que dans la royauté, et à ne pas apercevoir l'ennemi plus dangereux, plus ardent, plus passionné, qui grandissait et s'approchait (1).

Quant au peuple, il témoignait une véritable haine à l'ancien régime.

La France avait intégralement conservé la mémoire de tous ses griefs. Quel homme n'avait pas souffert dans sa personne, dans son orgueil, dans ses affections, dans son patriotisme? Qui n'avait pas chaque jour éprouvé une vexation nouvelle? Pendant que la justice apparaissait, plutôt comme une menace, ou un péril, que comme une garantie aux justiciables, ceux-ci n'étaient-ils pas continuellement molestés par chacun des actes de l'administration, par la perception des tailles, ainsi que par les innombrables servitudes qu'il fallait supporter? Ces souffrances n'étaient-elles pas plus vives à la pensée qu'elles avaient pour cause première les faveurs, les immunités, les droits adverses, dont quelques privilégiés jouissaient aux dépens de la masse?

Dès qu'elle comprit que l'heure de la revanche avait sonné, comme un malade auquel on promet la santé prochaine, la France sortit de son apathie, enflammée par le souffle de la réforme, et éprouva toutes les ardeurs, toutes les illusions, tous

____

(1) De Tocqueville, *loc. cit.*, p. 209 et suiv.

les enthousiasmes, tous les entraînements de la jeunesse. Aux idées d'améliorations progressives succéda rapidement la rage du bouleversement général. Les premiers programmes furent abandonnés comme insuffisants.

Avait-on souffert, même indirectement, d'un règlement, d'une coutume, d'une loi, ce grief était immédiatement converti en acte d'accusation contre tout ce qui rappelait le passé.

On était impitoyable, inflexible, pour ébranler la société, sauf à la consolider plus tard.

Pourtant, perfectionner les institutions suffisait. Il y avait un terme moyen entre le renversement de tout ce qui existait, et le maintien d'abus reconnus et condamnés. Un emportement, que rien ne modérait, pouvait au contraire entraîner jusqu'au précipice. Sous prétexte d'un simple changement dans les idées ou dans les principes, on était entraîné vers un sanglant cataclysme.

En poursuivant un idéal, impossible à atteindre, on devait heurter à des écueils sur lesquels le navire pouvait périr.

Les esprits modérés, si peu compris et si mal écoutés dans tous les temps, se seraient contentés de conserver et d'améliorer tout ce qui n'était pas intolérable..... Ils furent promptement dépassés !

L'étude de ces précédents et du mouvement égalitaire, qui est parti de la France, en rappelant les principes de la philosophie stoïcienne et qui a donné à la Révolution de 1789 son véritable cachet, nous permet maintenant de mieux comprendre les événements qui vont suivre.

Le désir accentué du pays pour l'égalité va figurer en tête des cahiers des bailliages (1) (2) pour être traduit plus

(1) Par ces cahiers, la nation demandait la publicité de l'instruction, et celle des débats, la liberté de la défense, l'obligation de motiver les arrêts, le jugement par jurés, la suppression des juridictions ou commissions spéciales, des lettres de cachet, des arrestations arbitraires, de certains règlements de police, des privilèges de *committimus*, la démolition de la Bastille, la gratuité de la justice, la nomination dans chaque bailliage d'un défenseur gratuit pour les pauvres, l'assistance d'un avocat dans les procès criminels (voilà pour la procédure)... Des peines contre ceux qui mettraient à exécution un ordre d'arrestation arbitraire, la proportion des peines aux délits, l'égalité et l'adoucissement des châtiments, la suppression des supplices corporels, notamment de la torture, la diminution des cas dans lesquels la peine capitale sera prononcée, l'amélioration du sort des prisonniers, et surtout des prévenus, la suppression de la confiscation (voilà pour les peines). [Voir sur ce point De Tocqueville, *op. cit.*, p. 388, cahiers de la noblesse ; Ortolan, *Histoire du droit criminel* précitée ; Kœnigswarter, *loc. cit.*]

(2) Voir, pour les cahiers du tiers-état, de la noblesse et du clergé, Henri Martin, *Histoire de France, depuis* 1789 *à nos jours* (t. I, p. 3, 5, 6, 15, etc.

tard en axiomes légaux par l'Assemblée constituante, pour se propager aussitôt avec autant de rapidité que les rayons solaires; il engendrera comme conséquence une révolution politique, et contribuera à la marche triomphale de la civilisation, qu'interrompront seulement la tyrannie odieuse de la populace et le despotisme d'un militaire. — Dès que cette revendication aura été convertie en conquête, elle comptera comme un des biens les plus précieux de notre patrimoine national; elle sera une des pierres angulaires de notre édifice social; elle deviendra la cause de notre force, de notre puissance et de notre unité; elle éclairera l'Europe, comme les rayonnements d'une lumière éblouissante.

CHAPITRE II.

LÉGISLATION CRIMINELLE (1748-1789).

Les seuls monuments législatifs que nous ayons à citer dans cette période sont les suivants :

1771. — Edit épargnant aux seigneurs les frais de poursuite, qui seront désormais à la charge du roi.

Avril 1771. — Edit portant suppression et réorganisation des parlements (1).

Les travaux de ces deux ordres étaient à peu près les mêmes que ceux de la noblesse. Nous ajouterons pourtant : La suppression des intendants, des prévôts des maréchaux, etc., ainsi que de la vénalité et de l'hérédité des offices (1), l'abolition du serment de l'accusé, la restriction de la juridiction militaire à tous les actes dérivant du service, l'abréviation de la détention préventive, la faculté d'interjeter appel de toutes espèces de sentences, l'élection et l'inamovibilité des juges. — Un grand nombre de cahiers insistaient pour obtenir la liberté de penser et d'écrire. — D'autres voulaient que le prononcé des jugements ne fût plus autant différé, qu'une indemnité fût accordée à l'accusé réputé innocent, que le préjugé d'infamie ne frappât plus la famille du coupable. — La plupart désiraient voir instituer un double jury, à l'imitation de l'Angleterre. — Tous demandaient des garanties sérieuses et efficaces en faveur de la liberté individuelle, ainsi que l'amélioration du sort des détenus qui, jusqu'au jugement de condamnation, devraient être réputés innocents et traités comme tels.

(1) On ne doit pas oublier que, tout en déclarant la guerre aux parlements, le chancelier Maupeou rédigeait un projet de réforme judiciaire, qui ne reçut pas, ainsi que nous l'avons déjà dit, d'application, mais dont les rédacteurs du Code de 1810 surent plus tard s'inspirer.

(1) L'Hôpital, Montaigne, Charron, Pasquier, Loyseau, avaient depuis longtemps demandé la suppression de cet usage. (Voir le discours de rentrée prononcé à la cour de Paris, le 4 novembre 1879, par M. Loubers, avocat général.)

Novembre 1774. — Edit rétablissant celui de Paris.

Novembre 1774. — Ordonnance concernant la discipline de ce parlement.

Novembre 1774. — Edit augmentant les attributions des présidiaux.

24 août 1780. — Déclaration portant abolition de la torture préparatoire.

1er mai 1788. — Déclaration précédant un projet préparatoire de la revision des lois criminelles, qui fut enregistré après un lit de justice, tenu le 8 du même mois (1).

Mai 1788. — Edit portant la suppression des tribunaux d'exception.

Nous ne terminerons pas l'examen des modifications ou des perfectionnements apportés à l'ordonnance de 1670, sans indiquer l'influence et la pression qu'avait exercées sur l'esprit de Louis XVI ou de ses ministres le mouvement de l'opinion. Bien que celle-ci ne fût pas, comme aujourd'hui, servie par une presse empressée et bruyante, l'expression des désirs de la France devenait assez manifeste, pour que le souverain en fût touché. Louis XVI cédait, il faut en convenir, sur les points essentiels, et l'exposé à la fois juridique, philosophique et politique, dont il faisait précéder son projet de réformes, est visiblement le reflet, souvent même la reproduction littérale, de la philosophie contemporaine.

Par cette déclaration(84), après avoir très heureusement rappelé que « les législateurs de l'antiquité bornaient l'autorité de « leur Code à une période de cent années, Louis XVI recon- « naissait qu'il était opportun de *reviser l'ordonnance de* 1670 » et d'en corriger les abus ; que, pour arriver à ce résultat, et pour obtenir l'unité de législation et de jurisprudence qui paraissait

____

(1) Cette résistance du Parlement ajouta encore à l'impopularité dont ces hautes magistratures étaient l'objet, et rendit leur chute plus inévitable encore, quelques mois après. Un certain orgueil, un esprit de corps mal compris, un attachement excessif à des usages surannés motivèrent cette attitude des grandes compagnies judiciaires. Celui de Rennes se signala surtout par son opposition aux réformes projetées, qu'il considéra comme un bouleversement ou une désorganisation, susceptibles de provoquer et de ramener la crise de 1771. Des pétitions témoignant du même esprit de résistance furent également adressées au roi. Linguet (*Annales*, t. XIV, p. 175 et suiv.) a donc raison de dire que le lit de justice du 8 mai 1788 eut une importance exceptionnelle.

(2) Isambert, t. XXVIII, p. 534, 550, etc.; Linguet, *Annales*, t. XIV, p. 215. — Dès 1787, Louis XVI avait nommé une commission pour préparer un projet de réforme.

être son principal objectif, il comptait donner la parole à la nation entière, en autorisant chacun de ses sujets à adresser au garde des sceaux des mémoires contenant l'exposé de leurs vues personnelles (1).

Il insistait ensuite sur cette idée, éminemment juste, qu'il importe autant de prévenir les crimes que de les punir. Puis, il annonçait une nouvelle organisation des bailliages, une augmentation de leur compétence, la création d'une cour plénière et l'abolition de l'emploi de la question préalable (2).

Il estimait que deux degrés de juridictions suffisaient et devaient être maintenus. Il se proposait de faire d'énergiques efforts pour rapprocher la justice des justiciables. Il indiquait le nombre de voix nécessaires pour prononcer les différentes peines. Il restreignait la compétence des parlements aux crimes ou délits commis par les ecclésiastiques et les gentilshommes. Il annonçait qu'il travaillerait à faire cesser les incertitudes existant en matière de compétence ainsi que la multiplicité des juridictions (3). Les tribunaux d'exception n'ont aucune raison d'être et disparaîtront. Il sera possible d'éviter la juridiction seigneuriale, pour arriver immédiatement à la juridiction royale. La matière des récolements et des confrontations sera réglementée. Les accusés auront toujours un conseil qui les dirigera dans leur défense. Les arrêts de condamnation à mort ne seront plus exécutés de suite, ainsi que le prescrivait le titre XXV de l'ordonnance de 1670 ; un sursis de trente jours sera accordé au condamné, afin que celui-ci puisse implorer la clémence

---

(1) Répondant à cet appel, M. *Philpin de Piépape*, qui avait résigné ses fonctions judiciaires, et dont nous avons déjà cité l'ouvrage, adressa au roi un sixième mémoire rerfermant ses observations personnelles sur l'état de la législation et sur les améliorations annoncées. — Nous devons à l'obligeance de son arrière petit-fils, M. le commandant Philpin de Piépape, la communication de ces mémoires aujourd'hui fort rares.

Un autre magistrat démissionnaire, M. Bucquet de Bracheux, ancien procureur du roi à Beauvais, composa aussi, au dire de M. de Piépape (p. 552), un travail ayant le même objet. Nous n'avons pu nous le procurer.

(2) « Le serment de l'accusé portant un avantage équivalent, » porte la déclaration.

(3) De Tocqueville (*l'Ancien régime et la Révolution*), édition de 1877, p. 41, fait remarquer qu'à la fin du dix-huitième siècle, les attributions des juges seigneuriaux étaient extrêmement limitées, sinon nulles. C'est à peine, en effet, s'ils jugeaient quelques procès et s'ils faisaient quelques règlements de police dans les limites de la seigneurie. Quant aux nobles, ils s'étaient peu à peu désintéressés du pouvoir, ou en avaient été graduellement exclus. Ils n'envisageaient depuis longtemps le droit de rendre la justice que comme une source de revenus.

royale. N'y aurait-il qu'un innocent auquel cette faveur pût profiter, disait le garde des sceaux dans son exposé des motifs, c'est de celui-là que le législateur doit s'occuper. » Belle maxime qui, un siècle auparavant, ne serait pas sortie de la plume de nos anciens chanceliers (1)! mais qui atteste le terrain gagné et les conquêtes faites par l'école libérale. — La déclaration portait également que les arrêts seraient à l'avenir motivés, « afin que le délit fût montré à côté de la peine (2). »

Le roi promettait aussi d'examiner ultérieurement à quelles réparations auront droit les accusés jugés innocents (3). En attendant, les jugements d'absolution seront affichés aux frais du Trésor. Enfin les conclusions du ministère public ne pourront tendre à l'interrogatoire sur la sellette dont l'usage sera définitivement aboli (4).

Ce rapide exposé nous montre Louis XVI converti aux idées de Montesquieu et de ses disciples (5), touché des vœux de la nation, dont l'expression lui arrivait, chaque jour, énergique, irrésistible, décidé enfin à porter la hache dans l'ancienne procédure criminelle.

Necker s'était, quatre ans auparavant, rendu compte de ce travail et de la force de l'opinion, quand il écrivait : « La « plupart des étrangers ont peine à s'en faire une idée ; ils « comprennent difficilement ce que c'est que cette puissance « invisible, qui commande jusque dans le palais du roi (6). »

Louis XVI se sentait entraîné par ce courant, auquel il s'abandonnait sans trop de résistance. Descendant de rois qui avaient considéré le changement des anciennes règles de la procédure, comme une atteinte directe à leurs prérogatives, il finit par s'apercevoir que l'heure des concessions était arrivée. En d'au-

---

(1) A quelque temps de là, le même garde des sceaux ne craignait pas d'insister sur le « chaos de la législation française » .(Linguet, *Annales*, t. XIV, p. 205).

(2) Nous avons déjà vu qu'il y avait unanimité, chez les jurisconsultes, pour reconnaître l'urgence de ce changement.

(3) Linguet, *Annales*, t. XIV, p. 181-199.

A l'heure où nous écrivons, cette promesse de Louis XVI n'a pas encore été réalisée, faute de pouvoir se mettre d'accord sur le moyen pratique, auquel il faudrait recourir, pour indemniser les individus acquittés du préjudice moral et du dommage matériel qu'ils ont éprouvés.

(4) Cette déclaration royale fut rapportée, à la veille de la convocation des Etats généraux.

(5) Linguet, *Annales*, t. XIV, p. 287 et suiv., 302 et suiv., 379 et suiv., 425 et suiv.

(6) De Tocqueville, *l'Ancien régime et la Révolution*, édition de 1877 (p. 256).

tres temps, il eût peut-être défendu, comme ses aïeux, avec autant d'opiniâtreté que d'ignorance, cette législation surannée, qu'une funeste illusion faisait considérer comme une sorte d'arche sainte, où étaient déposés les archives et les titres de leur puissance. Mais la France, qu'il aimait, qu'il craignait, qu'il flattait et qu'il écoutait, s'était prononcée. Louis XVI sut céder. Sans doute les réformes qu'il annonçait étaient incomplètes. Mais il faut le louer du sacrifice qu'il faisait.

Les revendications vont bientôt devenir pressantes, impérieuses, bruyantes. La monarchie séculaire va disparaître dans l'effondrement général. La parole est à la révolution.

TROISIÈME PARTIE.

LÉGISLATION POSTÉRIEURE A LA RÉVOLUTION DE 1789 ET ANTÉRIEURE A LA PROMULGATION DU CODE D'INSTRUCTION CRIMINELLE (1).

CHAPITRE PREMIER.

ASSEMBLÉE NATIONALE CONSTITUANTE.

SECTION PREMIÈRE.

PROCÉDURE CRIMINELLE.

Quand, après soixante-quinze ans d'interruption, les Etats généraux furent convoqués, au commencement de l'année 1789, on vit le courage et l'espérance renaître au cœur de tous les Français. Chacun avait confiance dans cette réunion des députés des trois ordres, qui s'assemblaient avec la ferme intention de travailler pour le bien du pays.

On entrevoyait déjà la réalisation de la majeure partie des vœux formulés les années précédentes.

Malheureusement les Etats généraux ne consacrèrent leurs courtes séances qu'à de stériles débats.

Le 16 juin 1789, le tiers-état se constitua en assemblée nationale.

(1) Nous ne donnerons pas à cette troisième partie de notre travail une grande étendue, les textes que nous allons citer ayant été pour la plupart abrogés et ne constituant qu'un incident dans cette grande lutte d'idées qui commence avec l'Assemblée nationale constituante, pour prendre fin le 6 décembre 1808, lors de la promulgation du Code d'instruction criminelle.

Nous renverrons le lecteur au remarquable ouvrage de M. Picot, qui vient de paraître récemment, et qui a pour titre *la Réforme judiciaire en France.*

Onze jours plus tard, les trois ordres furent confondus pour former l'*Assemblée nationale constituante*, dont le premier soin fut de préparer un projet de loi permettant de juger les personnes arrêtées dans l'émeute du 14 juillet 1789. — Cette atteinte portée à la non-rétroactivité des lois criminelles ne s'expliquerait pas à une autre époque; elle fut, dans cette circonstance, motivée par l'impossibilité morale où on se trouvait de puiser, dans l'arsenal législatif ancien, une procédure ou des sanctions, depuis longtemps condamnées par l'opinion publique.

On pourvut au plus pressé, en s'occupant de la procédure. Il importait cependant de ne pas différer la promulgation des lois générales nécessaires et impatiemment attendues.

Le décret (1) des 4-11 août 1789, voté avec enthousiasme, semble s'être surtout attaché à donner une satisfaction immédiate aux aspirations populaires, en abolissant le régime féodal, les justices seigneuriales, ainsi que la vénalité des offices, qui datait de François Ier.

Celui des 8 octobre-3 novembre 1789 accorde (2) à l'accusé le droit de choisir un avocat, ayant la faculté d'assister à tous les actes de l'information, sans pourtant pouvoir prendre la parole ; la publicité de l'instruction, des débats et de la défense ; l'obligation de motiver la sentence, etc. —Ce décret supprima le serment, l'interrogatoire sur la sellette, et la torture. Il prescrivit que la première information serait faite secrètement, mais en présence de plusieurs notables adjoints, appelés par le juge instructeur, lequel était tenu de rédiger les procès-verbaux (3). Cette innovation, à l'encontre des précédentes, lesquelles abrogeaient l'ordonnance de Louis XIV, n'apportait au contraire qu'une addition à celle-ci. Le décret du 3 novembre 1789 ordonnait que la procédure serait communiquée par copie à l'accusé, et que les jugements de condamnation énonceraient les faits ayant motivé la peine (4). C'était la confirmation d'une disposition de l'ordonnance de 1670, rappelée précédemment par nous, mais qui dans la pratique n'avait, pour ainsi dire, reçu aucune application.

(1) On appelle indistinctement *décrets* ou *lois* les décisions de l'Assemblée nationale constituante.
(2) Art. 12, 20, 24.
(3) Art. 1 et 5.
(4) Art. 22.

Enfin, le décret du 3 novembre 1789 exigeait une majorité des deux tiers ou des quatre cinquièmes des voix, selon que les juges avaient à prononcer une peine afflictive ou infamante, ou bien la peine capitale.

Quand, le 26 août 1790, la *Déclaration des droits de l'homme* affirma solennellement l'égalité que la France réclamait avec tant d'énergie depuis quelque temps, et concéda cette faculté « de parler, d'écrire, d'imprimer (1), » si longtemps contestée, une partie importante de l'œuvre entreprise se trouvait accomplie. Au lieu d'une bigarrure inouïe dans les juridictions et d'incessants conflits entre les juges royaux ou seigneuriaux (2), la France allait être dotée d'un bout à l'autre de son territoire et dans chaque province d'une justice nouvelle, ayant des attributions nettement déterminées; l'harmonie et la méthode remplaçaient le désordre et l'incertitude. — Avec la publicité, la liberté de la défense et le motivé des sentences, la vérité aura moins à craindre d'être opprimée par l'erreur ou le mensonge.

A quoi en effet eût servi le secret, puisque les décisions judiciaires allaient être rendues sous le contrôle de l'opinion publique? Un débat oral et contradictoire éclairera ces décisions d'un jour complet, et fournira aux juges tous les éléments nécessaires pour motiver leur conviction.

Depuis que la Bastille, véritables oubliettes qu'alimentaient sans cesse les lettres de cachet, avait disparu, depuis l'abandon des privilèges, une ère nouvelle avait commencé. Aux vieilles maximes : « *Si veult le roi, si veult la loi, car tel est son* « *bon plaisir,* » la Révolution avait substitué la formule qu'on grava plus tard sur les médailles commémoratives de la fête de la Fédération : « *la Nation, la Loi, le Roi.* » — Cette nouvelle hiérarchie des pouvoirs indiquait assez la métamorphose qu'avaient subie les institutions.

Quand les parlements qui empiétaient trop souvent sur le domaine royal auront été supprimés (3), un nouvel abus disparaîtra : la confusion du pouvoir judiciaire et du pouvoir législatif.

(1) Art. 11 de la *Déclaration des droits de l'homme.*
(2) Depuis plusieurs années déjà, les juges seigneuriaux avaient presque partout cédé la place aux juges royaux.
(3) Séance du 3 novembre 1789.

Il n'y avait à ce moment, comme nous le verrons plus tard, qu'un régime intermédiaire, qui n'avait pas reçu sa forme définitive, mais qui pourtant, par son économie générale, assurait d'importantes améliorations, lesquelles ne seront, ni modifiées, ni contestées pendant quatre-vingt-dix ans.

Après avoir accompli les réformes les plus urgentes, l'Assemblée nationale, qui représentait la puissance populaire, héritière directe de la puissance monarchique, se proposa le double but de restaurer l'édifice judiciaire et de résoudre les difficultés de théorie pure.

Au premier point de vue, elle rendit la célèbre *Déclaration des droits de l'homme,* qui entre autres dispositions prononce l'égalité devant la loi entre tous les hommes, ainsi qu'une sanction identique pour les mêmes délits, sans tenir compte de la situation des personnes ; pose le principe de la personnalité des peines ; proclame que tout ce qui n'est pas défendu par la loi est licite ; ajoute que la loi ne doit établir que des peines nécessaires, que tout homme doit être présumé innocent jusqu'au jugement de culpabilité, que nul ne peut être inquiété pour ses opinions présumées ; enfin prohibe rigoureusement les arrestations arbitraires.

Pour arriver à la solution des problèmes théoriques, elle nomma des comités composés de jurisconsultes, tels que Duport, Prugnon, Robespierre, Siéyès, Thouret, Tronchet, Pétion, Lafayette, Pelletier, Garat, Barnave, Maury, Féraud, Lameth, qui préparaient les lois.

La discussion publique avait lieu ensuite.

Au début des travaux de l'Assemblée nationale constituante, nous devons citer la loi du 1er mars 1789, qui abolit les lettres de cachet.

Bergasse, premier rapporteur de la commission législative, se montra plutôt désorganisateur qu'organisateur, et presque exclusivement préoccupé d'empêcher ce qu'il appelait les empiétements de la magistrature (1). Il demandait que la justice fût gratuite ; que le pouvoir judiciaire ne dépendît plus de l'autorité royale, mais de la nation et de la loi ; que le souverain se bornât à choisir et à nommer des juges sur une liste dressée par le peuple ; que la balance fût égale entre l'accusation et la

____

(1) Voir le *Moniteur* de l'année 1789, p. 170 et suiv.

défense; que le jury, depuis longtemps réclamé par Montesquieu et Servan, et dont l'institution était unanimement sollicitée, statuât sur les faits, tandis que les juges appliqueraient la peine au coupable; que les parlements fussent supprimés (1). — Thouret organisait les justices de canton, les tribunaux de district et de département, la cour suprême de revision, enfin la cour nationale. Il innovait, en proposant la création des justices de paix, de même qu'en créant les tribunaux de famille et ceux de conciliation. Il maintenait les juridictions commerciales et celles du contentieux administratif; il refusait au roi, pour le donner à la nation, le droit de nommer des juges; il concédait au roi la nomination de ses officiers, en séparant toutefois les attributions de ces derniers de celles de l'accusateur public; il proposait d'établir des cours d'appel (2); le tribunal de cassation, « qui rappelait l'ancien conseil des parties, « créé en 1738 par d'Aguesseau, subsistait, avec cette diffé- « rence que les parlements qui contrebalançaient autrefois « l'influence du conseil des parties avaient disparu; les membres « de la Cour de cassation devaient également être nommés par « le peuple (3).» Il demandait enfin la publicité complète pour l'instruction, la séparation des pouvoirs et la suppression de tous privilèges en fait de justice.

Le 21 janvier 1790 et les jours suivants, quelques décrets peu importants furent rendus.

Le 24 mars 1790, la discussion commença sur le rapport de Thouret. Duport et Chabroud présentèrent des contre-projets qui ne furent pas adoptés.

Le 31 mars 1790, l'Assemblée nationale constituante décida qu'avant d'aller plus loin, on résoudrait, afin d'élucider le débat, plusieurs questions considérées comme importantes. C'est alors

---

(1) Cette suppression ne fut prononcée que le 3 novembre 1789, sur le rapport d'Alexandre de Lameth; elle eut pour conséquence une suspension momentanée du cours de la justice, car la réorganisation ne fut pas contemporaine de la destruction.

Ce premier travail fut remanié; et Thouret, nouveau rapporteur, révéla les qualités d'organisateur que n'avaient pas montrées Bergasse. Son œuvre accentuait cependant le mouvement dans un sens démocratique.

(2) On verra plus tard que cette idée, par suite d'un programme de nivellement exagéré, ne reçut pas d'application et que les tribunaux de district remplirent l'un vis-à-vis de l'autre le rôle des cours d'appel.

(3) Ce corps judiciaire ne tarda pas à démontrer le vice de ce funeste mode de recrutement. Les magistrats issus de l'élection sont en effet fatalement asservis au caprice et au despotisme inintelligents de ceux qui les ont nommés.

que, le 30 avril 1790, un vote presque unanime décréta l'établissement du jury (1) en matière criminelle (2).

Dans le courant des mois d'avril et de mai suivants, l'Assemblée décida que les juges des tribunaux inférieurs ou d'appel seraient sédentaires, élus par le peuple pour six ans, rééligibles ; que les officiers du ministère public seraient nommés à vie par le roi ; qu'un tribunal de cassation et des tribunaux de commerce seraient organisés.

Plus tard, elle décréta que l'accusation publique serait retirée aux commissaires du roi. Le but était manifeste, on avait voulu (art. 8, titre II) amoindrir l'autorité royale ; mais elle violait ainsi la règle fondamentale de droit constitutionnel, en vertu de laquelle le pouvoir exécutif, qui est responsable de l'exécution des lois et du maintien de l'ordre, doit pouvoir disposer de ses agents et les remplacer à son gré. Elle ajouta qu'il y aurait un préliminaire de conciliation, un tribunal de famille et un bureau de jurisprudence charitable. Elle créa un tribunal de police confié aux corps municipaux et supprima tous privilèges de juridiction ; elle réitéra l'abolition de la vénalité des offices, et confirma la liberté de la défense, la publicité de la procédure jusqu'au jugement (3) inclusivement, ainsi que la nécessité de motiver les jugements ; elle interdit aux juges de faire des règlements ; elle sépara les fonctions administratives et judiciaires.

Les tribunaux de district devaient être juges d'appel, les uns des autres ; le nombre de leurs membres était de cinq, au lieu de trois, ainsi que cela avait d'abord été proposé.

Le 24 août 1790, le roi donna sa sanction à toutes ces modifications. Elles constituaient par leur ensemble et leur réunion une loi d'*organisation judiciaire* (4), et nous pouvons dès à présent la définir : une juxtaposition de l'instruction préparatoire réglementée par l'ancien droit criminel, et du principe nouveau de l'oralité des débats.

Avant d'examiner dans son ensemble l'organisation judiciaire de cette période de l'époque révolutionnaire, nous de-

----

(1) Voir *Moniteur* de 1790, p. 398, 404 et suiv.

(2) Ce décret fut confirmé ensuite par l'art. 15 du décret du 16-24 août 1790.

(3) Art. 15, titre I.

(4) L'élection des juges eut lieu en octobre 1790. Le roi leur donnait l'investiture et ne pouvait les destituer que dans les cas de forfaiture.

vons énumérer les lois qui ont suivi celle du 24 août 1790 et qui ont complété celle-ci : ce sont les décrets du 22 juin 1791, du 19-22 juillet 1791, organisant la police municipale et la police correctionnelle ; — le décret du 19 juillet 1791, — la constitution du 3 septembre 1791 (1), établissant le double jury ; — le décret du 8 septembre 1791, — celui du 17 septembre 1791, — celui du 16-29 septembre 1791, concernant la police de sûreté, la justice criminelle et l'établissement des jurés pour les délits les plus graves (2).

En matière d'organisation judiciaire, la première préoccupation du législateur fut de disperser les parlements ; il voulut même en poursuivre jusqu'au dernier souvenir ; c'est cette idée qui lui inspira en 1790 et 1791 le principe de la séparation de la justice criminelle et de la justice civile, qui autrefois étaient réunies dans la main de ces corps puissants.

Cette ligne de démarcation doit être considérée comme le caractère distinctif et primordial de la législation nouvelle.

Les lois qui précèdent ont trait à la police de sûreté et à l'instruction criminelle proprement dite.

§ 1. — *Police de sûreté*.

La police de sûreté était confiée aux juges de paix, aux officiers de gendarmerie, aux commissaires de police, aux officiers municipaux, aux agents de police et aux gardes champêtres (3).

L'action publique était mise en mouvement, soit d'office par le ministère public, soit à la suite d'une plainte reçue par l'officier de police. Celui-ci faisait les premiers actes de l'instruction, tels que procès-verbaux de constat, audition de témoins, interrogatoire, mandat d'amener ou d'arrêt. Un pouvoir discrétionnaire était ainsi laissé aux officiers de police, qui pouvaient procéder secrètement à l'audition des témoins ; l'accusé ne recevait de conseil que lorsqu'il comparaissait devant le jury de jugement. — C'était revenir à l'ordonnance de 1670.

____

(1) Cette constitution, de même que la déclaration du 29 mai-8 juin 1793, énumère les droits de l'homme, comme l'avait fait la déclaration du 26 août 1790.

(2) L'organisation judiciaire, qui va être établie, ne devait commencer à fonctionner qu'en janvier 1792 (Hivet, *Institutions judiciaires*).

(3) Voir la loi du 19 juillet 1791 et celle du 16 septembre 1791.

A ce premier caractère rigoureux, la loi de 1790 en ajoutait un autre : le citoyen dénonciateur pouvait requérir l'officier de police et celui-ci décernait seul le mandat d'amener, véritable prise de corps, plus grave que la gradation adoptée par l'ordonnance de 1670 en matière de décrets.

Dans le même ordre d'idées, l'arrestation immédiate avait lieu en cas de flagrant délit.

Quant à la détention préventive, elle était appliquée dans un grand nombre de cas et même pour certaines contraventions de police. Toutefois, dans certaines hypothèses et moyennant certaines conditions, les prévenus pouvaient fournir caution et être mis en liberté.

Il faut encore ajouter que le législateur avait soin de recommander aux officiers de police, qu'il investissait du droit de décerner des mandats, une grande prudence et une constante douceur, « parce que c'était à des hommes libres qu'ils noti-« fiaient des injonctions légales. » — Ce n'était point la seule précaution que la loi de 1791 avait prise, afin d'assurer la liberté individuelle, et de prévenir des abus analogues à ceux qu'avaient produits les lettres de cachet. Ainsi, on ne pouvait conduire l'individu arrêté que devant le juge de paix, et ce dernier devait, dans les vingt-quatre heures, statuer sur la mise en liberté ou sur le maintien de l'incarcération du prévenu. — Nul ne pouvait être écroué que dans une des maisons à ce destinées et en vertu d'un mandat régulier. Enfin la municipalité avait le droit de visiter les prisons, et c'était un de ses membres qui recevait le mandat d'arrestation.

§ 2. — *Instruction criminelle.*

Trois ordres de tribunaux furent établis : le tribunal de police municipale, le tribunal de police correctionnelle, le tribunal criminel. Les deux premiers prenaient la place des basses et moyennes justices ; le troisième remplaçait les bailliages, sénéchaussées et parlements.

La procédure devant les deux premiers était réglée par les art. 29, 41, 58, 60 et 68 du décret de juillet 1791 ; celle qui avait lieu devant le tribunal criminel était prévue par le titre Ier du décret de septembre 1791.

Devant ces trois juridictions, le fond allait dorénavant l'emporter sur les exigences de la forme, en même temps que la décision des magistrats se dégagerait de toute responsabilité, hormis que celle de leur conscience et de leurs appréciations personnelles.

La procédure se déchargea du fardeau des preuves légales.

I. *Tribunaux de simple police*(1). — Les tribunaux de simple police municipale étaient composés de trois officiers municipaux et du procureur syndic de la commune. Ils connaissaient des infractions aux lois de police et aux prescriptions des arrêtés municipaux, et prononçaient, sur la réquisition du procureur syndic, ou sur les conclusions de la partie plaignante, une amende laissée à l'arbitrage du juge, ou bien huit jours de prison au maximum.

Les débats commençaient par la lecture des procès-verbaux. L'instruction se faisait à l'audience et publiquement. Le jugement était ensuite rendu.

Les sentences des tribunaux de police municipale étaient portées en appel devant ceux de district.

On retrouve dans l'organisation des tribunaux de police municipale un dernier souvenir de cette confusion fâcheuse des fonctions judiciaires et administratives.

II. *Tribunaux de police correctionnelle* (2). — Les tribunaux de police correctionnelle jugeaient sur les réquisitions du procureur syndic de la commune, ou de citoyens commis par la municipalité pour remplir à l'audience les fonctions du ministère public, ou bien encore sur la plainte des citoyens lésés, tous délits n'emportant pas peine afflictive ou infamante, c'est-à-dire tous les faits dont, sous l'ancienne législation, on demandait réparation civile par la procédure dite *ordinaire*.

Ils étaient composés du juge de paix, président, et de deux juges de paix, assesseurs, ou, à défaut de ceux-ci, de simples citoyens.

L'instruction se faisait publiquement et oralement. Le jugement devait être rendu immédiatement ou au plus tard le lendemain. L'appel se portait devant les tribunaux de district.

III. *Tribunaux criminels* (3). — Ils connaissaient des crimes

---

(1) Loi du 16-24 août 1790 (art. 1 et 2 du titre XI) et décret du 19 juillet 1791 (art. 39, 42, 43).

(2) Décret du 19 juillet 1791 (art. 44, 45, 48).

(3) Décret du 6 août 1790 (titre V). — Décret précité de septembre 1791 — Constitution du 3 septembre 1791 (art. 2, titre V).

emporant peine afflictive et infamante. Ils étaient composés de quatre juges permanents pris dans le tribunal du district, dont l'un se nommait le président ou le directeur du jury. A ces magistrats, huit jurés étaient adjoints. Les tribunaux criminels siégeaient dans les chefs-lieux des départements.

Le ministère public était représenté : 1° par le commissaire du roi (1), qui avait pour mission exclusive de veiller, soit à l'application de la loi, soit à l'exécution des jugements; 2° par un accusateur public élu aux suffrages de ses concitoyens et qui soutenait l'accusation.

Le jury, établi par la loi du 30 avril 1790 et par celle du 16-29 septembre 1791, se composait de tous les électeurs, et rappelait l'institution des *judices selecti* auxquels incombait le droit de rendre temporairement la justice.

Au grand criminel, l'instruction suivait deux phases qui rappellent également l'ordonnance de 1670.

L'instruction préparatoire était confiée au juge de paix, à la fois partie poursuivante et juge instructeur. Elle était ensuite revisée et complétée par le directeur du jury, soumise plus tard au tribunal du district, qui, en qualifiant le fait, ou bien ordonnait la mise en liberté, ou bien renvoyait devant le tribunal correctionnel, ou bien faisait dresser l'acte d'accusation. Dans ce dernier cas, l'accusateur public ou la partie civile rédigeait un mémoire, véritable souvenir de l'accusation populaire. Cet acte était communiqué au commissaire du roi.

Le jury d'accusation qui se composait de huit jurés, tirés au sort sur une liste de trente, qu'avait préparée le procureur syndic de la commune, déclarait, après l'audition des témoins, s'il y avait lieu à accusation. En cas d'affirmative, il y avait ordonnance de prise de corps et le prévenu était renvoyé devant le tribunal criminel.

Cette partie de la procédure qui reproduisait l'ancien règlement à l'extraordinaire, était faite en dehors de l'accusé qui ne pouvait, ni la contrôler, ni la discuter (2). Elle n'était au fond que la vérification de la première enquête, conduite par les soins du juge de paix (3).

<hr>

(1) Les commissaires du roi furent supprimés par le décret du 20 octobre 1792.

(2) Art. 18, 19, 20 du titre I et titre X du décret du 19 septembre 1791.

(3) Duport, rapporteur de la loi sur le jury, avait demandé qu'aucune audition de témoin n'eût lieu avant la comparution de l'accusé devant le

Après cette décision, l'accusé devait être, dans les vingt-quatre heures, interrogé par le président, qui lui désignait un avocat d'office, quand il n'en avait pas.

Le jury de jugement était composé d'un président, de trois juges, d'un commissaire du roi, d'un accusateur public, et de douze jurés choisis sur la liste formée par les procureurs syndics. Cette liste était communiquée à l'accusé qui avait vingt-quatre heures pour exercer ses récusations. La procédure lui avait été préalablement communiquée.

Les attributions du président étaient fort étendues ; son rôle consistait à interroger l'accusé, à entendre les témoins, en un mot, à poursuivre par tous les moyens possibles la recherche de la vérité, afin de la montrer aux jurés dans le résumé des débats.

L'accusateur public se bornait à soutenir l'accusation.

Le commissaire du roi veillait à l'accomplissement des formes et prenait ses réquisitions. La partie civile et l'avocat de l'accusé prenaient ensuite la parole. Le président résumait l'affaire et posait les questions aux jurés ; ceux-ci délibéraient à haute voix, en présence du public. C'était là une innovation considérable.

Après le verdict rendu par le jury sur la question de culpabilité, le tribunal appliquait la peine. Trois voix suffisaient pour l'acquittement, lors du vote par le jury.

Le commissaire du roi et le condamné avaient trois jours pour se pourvoir en cassation.

Lorsque l'accusé avait été acquitté, il ne pouvait plus être poursuivi pour le même fait (1). La plupart de ces formalités ont été conservées jusqu'à nos jours, sauf de très légères modifications. Elles constituent des franchises et des innovations heureuses, dont nous sommes redevables à l'Assemblée constituante.

IV. *Tribunal de cassation* (2). — Au-dessus de toutes ces juridictions, planait, comme régulateur suprême, le tribunal de

jury de jugement, comme pour protester contre tout souvenir de l'ancienne procédure. Son opinion ne fut pas sanctionnée par la loi.

(1) Titres VI, VII, VIII du décret du 2 septembre 1791.

(2) Les discussions législatives concernant ce tribunal portent la date des 24 mai, 26 mai et 13 août 1790. — (Voir les différents décrets des 17 novembre 1790 ; 28 janvier 1791 ; 11-18 février 1791 ; 18-20 mars 1791 ; 21 septembre 1791 ; 14-30 octobre 1791 ; 7-15 avril 1792 ; 28 juin 1792 et 6 juillet 1792.)

cassation, dont la mission était d'assurer l'uniformité de la jurisprudence. Il avait la plupart des anciennes attributions du conseil du roi, mais on avait eu soin de lui enlever les évocations et de veiller à ce que les anciens abus ne pussent se renouveler.

Ce tribunal était composé de quarante et un membres, nommés par les électeurs de toute la France; ils étaient élus pour quatre ans, et pris parmi d'anciens juges.

V. *Haute cour nationale* (1). — Cette cour était une véritable juridiction politique; elle avait été instituée pour combattre les factions.

Elle se composait de quatre juges tirés au sort parmi les membres de la Cour de cassation, et de vingt-quatre jurés tirés sur la liste des citoyens ayant les qualités requises pour être députés.

Elle devait procéder suivant les formes ordinaires.

D'un seul mot, nous pouvons, en terminant l'examen des travaux de l'Assemblée nationale constituante sur la procédure criminelle, signaler les réformes accomplies et les progrès obtenus; la procédure est faite avec une publicité qu'étendront encore les compte rendus de la presse périodique (2), et contradictoirement avec l'accusé; celui-ci n'est plus tenu de prêter serment; il reçoit copie des pièces, et est assisté d'un défenseur à toutes les phases de l'instruction; la preuve testimoniale acquiert une autorité qu'elle n'a jamais eue à un si haut degré. Le premier règlement de la procédure est ordonné par trois juges, ce qui constitue une garantie de plus; l'interrogatoire sur la sellette est aboli; le rapport de l'affaire confiée à un juge, les conclusions motivées du ministère public, le dernier interrogatoire, la plaidoirie de l'avocat, le jugement, tout cela bénéficie du grand jour de l'audience publique.

Remarquons, toutefois, que cette transformation radicale de la procédure s'appliquait surtout au grand criminel, l'ordonnance de 1670, ainsi que les règlements postérieurs, ayant continué au moins pour une grande partie de réglementer la procédure au petit criminel.

(1) Voir le décret du 5 mars 1791.
(2) Il est incontestable que l'efficacité de la publicité dans les débats judicaires a été singulièrement augmentée, le jour où ceux-ci ont pu être reproduits par la presse périodique.

Les dispositions concernant la police judiciaire et le jury d'accusation ont été abrogées, lors de la rédaction du Code d'instruction criminelle.

Si les cours d'appel n'ont pas été établies en 1791, la commission chargée de préparer la réforme judiciaire en avait du moins conçu l'idée. Quant aux justices de paix et au tribunal de cassation, ils ont encore de nos jours conservé leurs formes premières.

On peut donc conclure, de l'analyse de tous ces monuments législatifs, que l'honneur revient à l'Assemblée nationale constituante d'avoir fondé en France notre organisation judiciaire moderne.

On n'a pourtant pas épargné les critiques à la législation de 1791, dont les défectuosités proviennent surtout de la rapidité avec laquelle elle a été établie.

Les institutions valent en effet ce que valent les hommes; leur puissance ou leur inefficacité dépendent surtout du caractère ou de la valeur de ceux qui en reçoivent le dépôt et qui sont chargés de les appliquer.

La monarchie avait légué à la Révolution une magistrature intègre, indépendante, ferme, libérale, éclairée, passionnément dévouée à ses devoirs, et qui a laissé à celle d'aujourd'hui des traditions pieusement conservées.

Mais les tribunaux hâtivement institués en 1791 n'avaient ni tradition, ni jurisprudence, ni point de contact. Leurs décisions s'en ressentaient incessamment.

Le ministère public était divisé, ce qui l'amoindrissait et paralysait son initiative.

Le jury d'accusation ne rendait aucun des services qu'on attendait de lui ; la mission d'instruire l'affaire, de discerner les simples présomptions ou les charges de l'accusation, incombait à des hommes inexpérimentés, craintifs, redoutant à l'excès les inconvénients de la détention préventive, prononçant parfois de regrettables décisions, ou, lorsqu'ils renvoyaient l'affaire devant le jury, influençant par leur verdict la solution que devait rendre une magistrature temporaire, ayant même origine et composée des mêmes éléments.

Ajoutons qu'en voulant réagir contre l'arbitraire autrefois laissé au juge pour l'évaluation et l'application de la peine, le législateur de 1791 est tombé dans un autre inconvénient : il a édicté des châtiments proportionnés, il est vrai, aux crimes et aux délits, mais fixes et non susceptibles d'être modifiés.

L'élection des juges offrait surtout de déplorables spectacles et des scandales quotidiens, dont le récit a été maintes fois présenté.

En résumé, l'Assemblée nationale constituante s'est inspirée, à un double point de vue, des législations anciennes. A celles antérieures au quinzième siècle, elle a pris le jugement par jurés, la publicité des audiences, les preuves orales, le droit de défense, l'appel.

A celles qui ont suivi, elle a emprunté la permanence des juridictions, qui ne permettra plus d'interrompre le cours de la justice, l'information secrète et écrite qui, ayant lieu antérieurement aux débats, préviendra l'erreur, enfin le ministère public, mandataire de la société et protecteur des citoyens.

De même qu'à l'inspection d'un édifice qui a traversé les années, on reconnaît par les divers styles de l'architecture à quelles époques les travaux ont été repris et continués, de même la législation de 1791 offre à ceux qui l'analysent la réunion d'éléments constitutifs de provenances opposées.

SECTION II.

DROIT PÉNAL.

A la différence de la procédure criminelle qui dépend des révolutions politiques et qui par conséquent en subit le contre-coup, le droit pénal échappe facilement à l'influence de ces bouleversements périodiques. Cependant, comme la Révolution de 1789 fut surtout sociale, elle devait influer et elle influa en effet sur le droit pénal.

Sous ce rapport, il y avait tout à refaire : les peines étaient prononcées arbitrairement; pour se guider, le juge n'avait que ses impressions ou la mobilité de son caractère; les faits punissables n'étaient pas qualifiés juridiquement; l'action simplement blâmable n'était pas distinguée de celle qui était criminelle ou délictueuse, enfin la loi ne plaçait aucune sanction fixe et déterminée en regard des faits méritant une répression.

La réorganisation du droit pénal opérée par l'Assemblée

nationale constituante survécut aux circonstances dans lesquelles elle s'était produite, tandis que la procédure criminelle, sans cesse bouleversée dans la suite, subit le contrecoup des événements postérieurs et n'eut qu'une existence éphémère.

Avant de parler de la grande loi qui rétablit sur de nouvelles bases le système pénal, nous devons citer : 1° la loi du 2 janvier 1790 (art. 2), proclamant le principe de la personnalité des peines, et exonérant la famille du condamné de la note d'infamie qui pesait autrefois sur elle ; 2° la loi du 30 janvier 1792, édictant l'égalité des peines et abolissant la confiscation ; 3° le décret du 1er juin 1791, abolissant l'usage des lettres de grâce.

Ce qui constitue le caractère distinctif du Code pénal de 1791 (1), ce fut la simplicité du plan. Il divise les faits punissables en crimes, délits et contraventions ; et les sanctions, en peines criminelles, correctionnelles et de simple police. Cette harmonie dans la distinction des délits et des peines a subsisté dans nos lois actuelles. Les anciennes pénalités ont été considérablement réduites et simplifiées ; d'un autre côté, on en a ajouté quelques autres, telles que les fers, la gêne, la détention, la déportation et la dégradation civique ; l'emprisonnement devint un châtiment d'une application fréquente.

Le principe de la liberté des cultes ayant été reconnu par la Déclaration des droits de l'homme, le 26 août 1790, les crimes d'apostasie, d'hérésie, de sacrilège, cessèrent d'être punis. Le trouble apporté à l'exercice légal du culte fut seul réprimé.

La mort ne fut plus que la privation de la vie, ce qui impliquait la suppression des supplices et des tortures qui précédaient autrefois l'expiation suprême.

Durant la discussion du nouveau Code pénal, quelques orateurs avaient même demandé l'abolition complète de la peine de mort, et parmi eux Robespierre s'était fait remarquer par un discours ardent et énergique ; mais ce vœu ne fut pas consacré par le législateur.

Voici, au reste, la gradation des peines afflictives ou infa-

(1) Le rapport de Lepelletier de Saint-Fargeau sur le Code pénal fut lu aux séances des 22 et 23 mai 1791.
Une instruction explicative portant la date du 29 septembre 21 octobre 1791 suivit le vote du Code pénal du 25 septembre-8 octobre 1791.

mantes, applicables aux crimes proprement dits. Elle a été à peine modifiée de nos jours :

1º La mort ;

2º Les travaux forcés à perpétuité ou à temps ;

3º La reclusion ;

4º La gêne ;

5º La détention ou l'emprisonnement au pain et à l'eau ;

6º La déportation ;

7º La dégradation civique.

Les peines principales pour les simples délits étaient :

1º L'amende ;

2º La confiscation de l'objet du délit ;

3º L'emprisonnement dans une maison de correction.

Remarquons, à ce propos, une contradiction singulière qui accordait au juge la latitude de se mouvoir, en matière correctionnelle, entre un maximum et un minimum, tandis que semblable faculté lui était complètement refusée dans les causes criminelles. — Cette dernière règle était une conséquence de l'idée trop étroite énoncée au *Contrat social*, à savoir, que la conservation de la société est l'unique base du droit de punir, et que tout meurtre apportant un trouble égal à l'ordre social doit dès lors être frappé de la même peine.

La loi du 25 septembre-8 octobre 1791 dotait la France de son *premier Code pénal*. Elle a reçu, comme le décret du 22 juillet de la même année, de grands éloges ; elle les méritait. — En conservant le respect des formes, en renonçant par la suppression d'un grand nombre de peines afflictives au système de l'intimidation ou à la théorie de la vengeance, qui, durant plusieurs siècles, avaient caractérisé notre législation, en se bornant à réprimer les actes contraires à la paix publique, sans toutefois désarmer la société, elle parvenait à concilier deux idées jusqu'alors réputées contradictoires : l'intérêt de la société et celui de l'individu. Elle proscrivait en effet les rigueurs inconciliables avec l'esprit des mœurs, et rendait la peine autant moralisatrice que répressive. Elle s'inspirait de l'opinion, caractérisait les tendances de celle-ci, et en satisfaisait les besoins ; elle reproduisait des règles anciennes autrefois en vigueur, puis abandonnées, ainsi que celles qui avaient résisté, soit aux épreuves du temps, soit aux changements politiques.

Les peines n'étaient pas seulement édictées et appliquées

avec un incontestable sentiment d'humanité et de modération. Le législateur se préoccupait, pour la première fois, de l'amendement et de la réhabilitation du coupable.

Nous pouvons même ajouter que le Code de 1791 est à certains égards plus parfait que celui de 1810, qui, dans le rétablissement de plusieurs supplices rejetés comme iniques par l'Assemblée nationale constituante, tels que la confiscation générale, la mort civile, la mutilation du poignet et la marque, semble se rattacher aux théories utilitaires que Bentham venait de développer dans son livre: *Des peines et des récompenses*, et dans ses *Traités de législation civile et pénalc*.

L'Assemblée nationale constituante, qui, malgré les fautes de ses derniers jours, demeurera la plus grande que nous ayons eue depuis près d'un siècle, se sépara le 30 septembre 1791.

CHAPITRE II.

ASSEMBLÉE LÉGISLATIVE.

Les sept cent trente membres élus pendant le mois de septembre 1791 pour composer l'Assemblée législative se réunirent le 1er octobre. Plus préoccupée des luttes politiques intérieures, de la guerre avec l'étranger, que des réformes judiciaires, cette assemblée ne prépara aucune loi criminelle importante. Nous n'avons à citer que le décret du 1er octobre 1791 et celui du 24-27 février 1792, réglant les formalités à suivre dans la poursuite des crimes de faux assignats et de fausse monnaie.

Nous allons aborder maintenant une période néfaste, pendant laquelle furent suspendues ou supprimées les garanties protectrices si laborieusement conquises depuis trois ans en faveur de la liberté individuelle.

CHAPITRE III.

CONVENTION.

Le 21 septembre 1792, la Convention nationale ouvrait ses séances.

Elle perdit bientôt ce sentiment d'humanité et de justice qui avait guidé ses devanciers. Loin d'appartenir au droit, sa législation en est la plus odieuse négation.

SECTION I.

PROCÉDURE CRIMINELLE.

Le premier soin de la Convention (1) fut d'abolir toutes les juridictions criminelles: « Quant aux tribunaux, disait Billaud- « Varennes, il faut les supprimer... ils n'ont été jusqu'à pré- « sent que les suppôts de la tyrannie. » Le 14 octobre 1792, il fut procédé à de nouvelles élections, et les juges nommés par les citoyens qui avaient nommé la Convention pouvaient être choisis parmi tous les citoyens âgés de vingt-cinq ans.

Un décret du 20-22 octobre 1792 supprima les commissaires nationaux (anciens commissaires du roi), dont les attributions furent dévolues aux accusateurs publics.

Le décret du 26 juin 1793 rappelait que les juges seraient tenus d'opiner en public et à haute voix.

La loi du 5 thermidor an II décida que le tribunal criminel jugerait, sans adjonction de jurés, les accusés contumax. Elle donna au tribunal criminel des attributions prévôtales pour juger sur-le-champ, sans adjonction de jurés, les insurgés contre-révolutionnaires; ceux qui étaient pris les armes à la main comparaissaient devant une commission militaire. La même loi supprima les jurés d'accusation pour les crimes d'embauchage, de complicité d'émigration, de fabrication et de distribution de faux assignats et de fausse monnaie.

Tous citoyens âgés de plus de vingt-cinq ans pouvaient être jurés.

(1) Décrets du 21 septembre et du 19 octobre 1792.

Devant le jury, les dépositions écrites des témoins ne devaient pas être produites. — Pour l'application de la peine, il y avait, en cas de partage, adjonction d'un cinquième juge (1).

Un décret du 4 thermidor an III sur la compétence des tribunaux correctionnels fut rapporté le cinquième jour complémentaire de la même année.

Mais l'œuvre la plus odieuse de la Convention est assurément la création des tribunaux révolutionnaires, qui, suivant l'énergique expression de M. Hiver (2), « assassinaient, mais ne jugeaient pas. » Le premier qui fut établi eut mission de statuer sur le sort des Suisses de la garde du roi, vaincus par l'insurrection populaire du 10 août. Il était composé de sept directeurs du jury, de huit juges, de huit suppléants, de deux accusateurs publics et de quatre greffiers nommés par les quarante-huit sections de Paris. Les formes judiciaires que l'on observait encore à peu près devant ce tribunal parurent trop peu expéditives au gré des impatiences démagogiques ; et le peuple lui-même, par des massacres qui durèrent plusieurs jours, se livra à des exécutions sommaires.

Le 10 mars 1793, un autre tribunal révolutionnaire fut créé pour connaître de tous actes de nature à froisser les susceptibilités ombrageuses de la tyrannie populaire.

Tout était sacrifié à la passion et à la haine ; rien n'était accordé à la justice.

C'est ainsi que les membres de ce dernier tribunal furent nommés par la Convention elle-même, ce qui rappelait sous une autre forme les *juges-commissaires* de l'ancien régime.

Le 22 prairial an II, le tribunal révolutionnaire fut reconstitué sur de nouvelles bases. On trouvait qu'il y avait encore trop de lenteur dans l'expédition des affaires et que la procédure présentait trop de garanties pour l'accusé : « Celui qui veut « subordonner le salut public, disait Couthon, aux préjugés du « palais et aux inventions des jurisconsultes, est un insensé ou « un scélérat qui veut tuer juridiquement la patrie et l'huma- « nité. »

Le 1er prairial an III, une loi donna compétence aux tribunaux pour juger certains crimes.

____

(1) Décrets successifs des 5 nivôse, 17 ventôse, 19 prairial, 3 messidor, 28 vendémiaire (15 octobre) an II.
(2) *Institutions judiciaires*.

Le 2 nivôse an III, Merlin fit passer un décret de réorganisation des tribunaux révolutionnaires.

Le 11 prairial an III, le tribunal révolutionnaire institué par Merlin de Douai fut aboli.

Il n'y eut plus dès lors d'autre juridiction criminelle que celle des commissions militaires et celle des jurés.

Citons maintenant au hasard un projet de loi sur l'organisation judiciaire, au mois de février 1793, déposé par Condorcet, et qui, soutenu par les Girondins, tomba avec eux, le 31 mai suivant ; un deuxième projet, présenté par Hérault de Séchelles (1), dont quelques articles furent adoptés, mais ne furent jamais mis en pratique.

Mentionnons ensuite les lois des 14 floréal, 11 prairial, 18 thermidor an III, ordonnant la revision des jugements révolutionnaires ; la constitution du 5 fructidor an III, donnant au gouvernement le droit de décerner des mandats d'amener dans certains cas, et réglementant (2) la justice criminelle et correctionnelle ; enfin la loi du 5 frimaire an III, renouvelant la Cour de cassation et la reconstituant sur de nouvelles bases.

SECTION II.

CODE PÉNAL.

Une théorie faite d'avance pour déterminer exactement les faits punissables ne pouvait rentrer dans le plan d'une assemblée qui se réservait, par la loi des suspects, l'arbitraire le plus complet dans les incriminations. Pour s'en convaincre, il suffit de jeter un rapide coup d'œil sur la législation monstrueuse consacrée par le décret du 22 prairial an II. En voici les principaux articles :

« Le tribunal révolutionnaire est institué pour punir les en-
« nemis du peuple.

« Sont réputés ennemis du peuple :

« Ceux qui auront provoqué le rétablissement de la royauté,

---

(1) L'économie de ce dernier projet, quant à la justice criminelle, était fort simple. Toute accusation devait au préalable avoir été admise par des jurés ; les accusés devaient avoir des conseils choisis ou nommés d'office. Les débats étaient publics. Le jury de jugement était conservé.
(2) Art. 222 à 253.

« en cherchant à avilir ou à dissoudre la Convention natio-
« nale...

« Ceux qui auront trahi la République...

« Entretenu des intelligences avec les ennemis, travaillé à
« faire manquer les approvisionnements pour le service des
« armées...

« Ceux qui auront secondé les projets des ennemis de la
« France, soit en favorisant la retraite et l'impunité des conspi-
« rateurs et de l'aristocratie, soit en persécutant et calomniant
« le patriotisme, soit en corrompant les mandataires du peuple,
« soit en abusant des principes de la Révolution par des appli-
« cations fausses et perfides...

« Ceux qui auront cherché à égarer l'opinion du peuple, à
« dépraver les mœurs et à corrompre la conscience publique,
« à altérer l'énergie et la pureté des principes républicains et
« révolutionnaires, ou à en arrêter les progrès, soit par des
« écrits contre-révolutionnaires ou insidieux, soit par toute
« autre machination.

« Les fournisseurs de mauvaise foi.

« Enfin, tous ceux qui sont désignés dans les lois précé-
« dentes relatives à la punition des conspirateurs et contre-
« révolutionnaires, et qui, par quelque moyen que ce soit et de
« quelque dehors qu'ils se couvrent, auront attenté à la liberté,
« à l'unité, à la sûreté de la République, ou travaillé à en em-
« pêcher l'affermissement. »

Ajoutons à toutes ces incriminations, dont le vague laissait
prise à toutes les poursuites, que, dans les temps troublés,
les haines individuelles pouvaient se donner libre carrière,
que toute liberté dans la défense était supprimée, que
dans la procédure on ne visait qu'un but, la célérité dans les
condamnations, et qu'une seule peine était conservée, la
mort.

Et maintenant, qu'on rapproche ce document législatif de la
période révolutionnaire des lois de majesté promulguées sous
les empereurs romains, et l'on pourra se convaincre que le
despotisme produit partout les mêmes résultats, que ce soit
l'omnipotence d'un seul ou la tyrannie de la multitude.

Il convient d'ajouter toutefois que la Convention, revenant
sur les excès qui l'avaient déshonorée, vota, la veille de sa dis-
solution, un Code des délits et des peines, œuvre du juriscon-

sulte Merlin (1) et connu sous le nom de Code du 3 brumaire an IV.

Ce monument législatif se rapprochait de l'ordonnance de 1670 (2) par les règles qu'il édictait sur l'action publique, l'action civile, l'information écrite, les procédures de faux et de contumaces. Il refusait à la partie civile, à laquelle il restituait ses anciennes prérogatives, son droit d'initiative en matière de poursuite. — Mais il s'éloignait de l'ordonnance de 1670, par diverses dispositions qui élevaient l'intérêt individuel au-dessus de la société et faisaient à l'accusé une situation exceptionnellement favorable.

Plus complet que la loi de septembre 1791, le Code de brumaire an IV étendait les attributions du directeur du jury, ainsi que celles du président du tribunal criminel; il précisait mieux les débats devant le jury de jugement. Il supprimait la procédure orale devant le jury d'accusation et remplaçait l'audition des témoins par une lecture de pièces.

Mais, en voulant tout prévoir et tout régler, ce Code avait eu le tort de multiplier les formalités ou d'édicter d'incessantes fins de non-recevoir qui entravaient l'action publique; l'intérêt de l'accusé passait avant celui de la société... Tardive et exagérée protestation contre l'ordonnance de 1670 !

Après avoir scandalisé l'Europe par ses actes de démence, que n'excuse pas la fermeté avec laquelle elle a tenu l'épée de la France, la Convention nationale, vaincue le 13 vendémiaire an IV (4 octobre 1795), fut dissoute le 4 brumaire suivant.

____

(1) Bien que ce Code n'ait été promulgué que sous le Directoire et que son commentaire puisse également trouver place sous la section suivante, nous croyons devoir analyser ici ses dispositions, lesquelles ont été préparées et adoptées par la Convention.

(2) Afin de ne pas scinder l'analyse d'un document qui gagne à être étudié dans son ensemble, nous rapporterons ici les règles relatives à la procédure criminelle édictées par le Code du 3 brumaire an IV, qui auraient pu aussi trouver place dans la section I du présent chapitre.

CHAPITRE IV.

DIRECTOIRE.

Une loi, votée le 22 prairial an IV par la Convention nationale et promulguée sous le Directoire, punissait la tentative comme le crime lui-même. — Une loi du 19 fructidor an V décida qu'à l'avenir les jurés ne pourraient rendre leurs décisions qu'à l'unanimité. — Enfin une loi du 29 nivôse an VI donna compétence aux conseils de guerre pour connaître de certains crimes. — Mais ce ne sont là que des dispositions de détail.

La Constitution du 6 brumaire an IV s'occupait également de la police judiciaire, en réorganisant les justices de paix, le ministère public, les tribunaux de département, les juges d'appel, la juridiction consulaire, les tribunaux de police, les tribunaux correctionnels, les tribunaux criminels. — L'accusateur public avait sous sa surveillance divers agents. — Les tribunaux de conciliation, d'arbitrage et de famille étaient supprimés. — L'instruction continuait à avoir lieu publiquement et oralement.

En résumé, cette Constitution revenait à la majeure partie des règles posées par la loi du 29 septembre 1791. On pouvait lui reprocher de maintenir pour les juges le principe de l'élection, destructeur de toute bonne justice; de mêler les magistrats aux luttes politiques ; et de leur permettre de se venger des terroristes avec autant de passion que leurs prédécesseurs en avaient mis à juger les « ci-devant. »

CHAPITRE V.

CONSULAT.

L'ère des ruines finissait.

Désireux de rétablir l'ordre social, Bonaparte commença par la réorganisation judiciaire ; et, pour rétablir ce que les aberrations des conventionnels avaient fait disparaître, il exhuma

certaines lois de la monarchie, rejetant dans le passif de la
Révolution tout ce qui favorisait la licence et tout ce qui
gênait l'autorité. On vit alors réapparaître d'anciens usages, et
renaître les règles anciennes, relatives au magistrat instructeur,
à l'information secrète, à la procédure extraordinaire, etc...
C'est ainsi que certains fleuves s'enfoncent dans la terre pour
reparaître un peu plus loin (1), après s'être séparés du limon,
qu'au début de leur cours ils avaient entraîné avec eux.

Une loi du 18 pluviôse an VIII créa d'abord des tribunaux
spéciaux pour juger les récidivistes et les vagabonds.

La Constitution du 22 frimaire an VIII et les sénatus-consultes postérieurs ont remplacé l'élection directe des fonctionnaires par un vote qui ne faisait plus que désigner au
gouvernement un certain nombre de citoyens, parmi lesquels
il avait le choix (2).

Les magistrats de sûreté étaient chargés de la recherche et
de la poursuite des délits; ils commençaient l'instruction que
devait compléter le directeur du jury. — La poursuite était
centralisée dans les mains des agents du ministère public responsables et liés entre eux par la hiérarchie. — Le droit de
grâce, enlevé jadis à Louis XVI, était rendu au premier consul.
· — Le nombre des justices de paix était réduit et les assesseurs
étaient supprimés. — On créa un certain nombre de tribunaux
de première instance et d'appel. — L'unité du ministère public ·
fut rétablie. — On supprima le jury d'accusation et on sim-
plifia le mode de votation du jury de jugement. — Les juges,
ceux de paix exceptés, conservaient leurs fonctions à vie (3).
— L'information était confiée à un juge spécial. — Les juges
civils connaissaient des délits. — Les fonctionnaires ne pouvaient être actionnés qu'en vertu d'une autorisation du conseil
d'Etat. — Le gouvernement se réservait la faculté de décerner
à son gré des mandats d'arrêt, dans les affaires politiques.

____

(1) De Tocqueville, *loc. cit.*, avant-propos, p. 6.
(2) Dans les intéressantes observations que nous avons citées plus haut
(compte rendu des séances de l'*Académie des sciences morales et politiques*,
année 1880, p. 147, 569), M. Flammermont démontre qu'en l'an VIII, le
consul Lebrun, ancien secrétaire de Maupeou, ne fit que reprendre les projets antérieurs du chancelier, lesquels avaient posé les bases du principe de
l'inamovibilité des fonctions judiciaires, et avaient été mis à exécution,
sinon en totalité, du moins en ce qui concernait la suppression de la vénalité des charges, ainsi que la création de conseils supérieurs.
(3) Art. 41. — Voir dans le même sens les art. 234 et 241 de la Constitution de fructidor an III.

Par la plupart de ces dispositions, la Constitution de l'an VIII réagissait contre les principes démagogiques, dont nous venons de parler.

Elle portait en outre, par une fâcheuse et pour ainsi dire fatale réaction, une atteinte grave aux droits des citoyens, comme si cette fois encore il était impossible au législateur de rencontrer l'harmonie idéale entre les deux intérêts et les antagonismes sans cesse aux prises.

La loi du 7 pluviôse an IX fit revivre l'ordonnance de 1670 par les règles qu'elle traça au sujet de l'information préliminaire écrite et de la mise en accusation.

La loi du 18 pluviôse an IX créa des tribunaux spéciaux, chargés de connaître des crimes déférés aux conseils de guerre.

Les sénatus-consultes du 16 thermidor an X et du 28 floréal an XII complétèrent les dispositions de la Constitution du 22 frimaire an VIII, relative à la procédure criminelle.

Le premier de ces sénatus-consultes permettait au Sénat de suspendre les jugements attentatoires à la sûreté de l'Etat, et même dans certains cas de détenir les citoyens sans jugement.

Nous touchons ici au terme de notre travail, la Constitution de frimaire an VIII étant le dernier monument législatif et comme le dernier mot du dix-huitième siècle.

Le 7 germinal an IX, un arrêté avait désigné une commission de jurisconsultes pour préparer un Code d'instruction criminelle.

Dans le sein de cette commission, qui se réunit immédiatement, la discussion ne porta pas sur les principes primordiaux en matière criminelle, dont la revendication avait figuré en tête des cahiers de 1789, et que l'Assemblée nationale constituante avait admis sans opposition. Dès les premières séances, ils avaient été considérés comme indiscutables; ils furent bientôt admis et consacrés. Le débat principal eut pour objet l'examen des opinions formulées, soit avant 1789, soit dans les dix années qui suivirent la Révolution, pendant lesquelles, des jalons avaient à peine été posés, en révélant le tâtonnement, la précipitation ou le parti pris. Les doctrines libérales et autoritaires, si souvent abandonnées, reprises, oubliées et triomphantes, se trouvèrent encore en présence. Les éternels conflits entre les libéraux et les autoritaires eurent un nouvel écho dans la commission législative.

Nous ne voulons pas rechercher aujourd'hui de quelle manière ces idées opposées ont été fondues dans le travail des criminalistes, chargés de préparer le Code de procédure criminelle, qui fut promulgué le 16 décembre 1808 ; ce sera l'objet d'une étude ultérieure.

Le 20 février 1810, le Code pénal fut à son tour publié (1).

Ces deux dernières législations, à l'encontre de celles qui avaient pris naissance avec la Révolution, et qui n'ont eu qu'une existence éphémère, nous régissent encore aujourd'hui.

------

(1) Le Code pénal de 1810 contient, pour les causes que nous avons exposées, en parlant de l'œuvre de l'Assemblée constituante, des peines plus sévères que la loi de 1791.

CONCLUSION GÉNÉRALE.

Nous venons de feuilleter les Annales de notre histoire criminelle; nous avons jeté un regard sur ses origines; nous avons étudié nos institutions, ainsi que les efforts de nos législateurs, pour atteindre l'idéal d'une bonne procédure, qui est la constatation de la vérité. Mais, dans cette poursuite, la marche des travailleurs a été plus d'une fois rétrograde.

Il y avait lieu cependant de concevoir de légitimes espérances des lumières, aussi bien que des sentiments humains de ceux qui, en 1670, ont collaboré à la rédaction de la grande ordonnance. Malheureusement, la terreur qu'inspirait alors la multiplicité des crimes et cette influence occulte du despotisme, qui dominait tout, non seulement la politique, mais la vie sociale elle-même, les ont changées en amères désillusions. L'individu en a souffert et la société n'y a rien gagné.

Le temps d'arrêt fut court. L'humanité a pris sa revanche en 1789. — Comparez l'état de la France, ses lois, sa procédure, quelques mois avant la Révolution, avec les institutions, les lois, la procédure, qui la régissent à présent! Ne semble-t-il pas qu'au lieu d'un siècle, mille ans se soient écoulés?

Pour ne citer qu'un exemple, rapprochez le secret qui voilait toute la procédure ancienne, avec cette immense publicité qui, par les comptes rendus de la presse, fait de nos jours assister toute une nation aux débats judiciaires (1).

Sans doute, avant d'apercevoir la lumière qui nous éclaire aujourd'hui, et qui n'aura désormais plus d'éclipse, nous aimons à le croire, quelle nuit profonde nous avons dû traverser!... Comme tous les principes de justice s'étaient évanouis, pendant la tourmente révolutionnaire! Il en sera fatalement ainsi, chaque fois que la volonté d'un seul ou de plusieurs sera substituée à celle de la loi, et qu'on méconnaîtra les principes fondamentaux des sociétés modernes : l'égalité de tous, et la liberté pour chacun! — Qu'on s'éloigne de ces deux phares de

(1) A Rome, publicité du Forum; au moyen âge, obscurité et mystère; dans les temps modernes, retour à la publicité.

la civilisation, on tombera inévitablement sur les écueils du despotisme et de l'arbitraire, on compromettra les intérêts qu'on voudrait servir; ce sera une halte dans la voie du progrès, souvent même un retour en arrière.

Ce serait cependant une erreur de s'imaginer qu'après les Codes de 1808 et de 1810, et les modifications heureuses qui les ont complétés en 1832 (1), en 1863 (2), en 1874 (3), le but soit atteint.

La législation, pas plus que les autres institutions, ne saurait se soustraire aux conditions ordinaires des œuvres humaines. La perfection absolue n'est jamais atteinte; mais on doit y tendre sans cesse. Plus un champ est fertile, plus il faut y donner de soins; la négligence ou l'incurie amènent promptement la stérilité.

Aujourd'hui encore, que de questions se posent aux méditations des criminalistes, des philosophes ou des législateurs! A l'heure où nous écrivons, ne songe-t-on pas à reviser, soit nos lois criminelles (4), soit notre organisation judiciaire?

Le privilège de l'inamovibilité doit-il être maintenu à la magistrature assise (5)?

Les officiers du ministère public doivent-ils rester maîtres de leurs conclusions, ou bien au contraire ne sont-ils que des agents à la merci du pouvoir?

(1) Loi sur les circonstances atténuantes.
(2) Loi concernant la détention préventive, les jugements, certaines pénalités, etc...
(3) Loi sur la surveillance de la haute police.
(4) Plusieurs projets de loi, dus à l'initiative parlementaire, ont été déposés, dans ce sens, par nos hommes politiques. — Une commission, nommée par l'honorable garde des sceaux, M. Dufaure, s'est réunie à différentes reprises, depuis le milieu de l'année 1878, au ministère de la justice, et se dispose à soumettre très prochainement au Sénat et à la Chambre des députés le résultat de ses travaux. Il y a lieu de supposer que la discussion publique aura bientôt lieu dans nos assemblées délibérantes.
(5) Quand on procéda à la réorganisation judiciaire, il y a soixante et dix ans, la France fut, comme nous l'avons vu, dotée d'une magistrature qui dépassa les espérances qu'on avait conçues d'elle. Elle fut cependant souvent attaquée par les ennemis de toutes les institutions. Mais son esprit de corps lui donna une force suffisante pour résister au choc. Sa dignité et sa considéra:ion la mettaient à l'abri des coups qui lui étaient portés. La confiance qu'ont en elle les justiciables, lui a jusqu'ici donné une force suffisante, pour n'avoir rien à redouter des attaques furieuses et injustes dont elle est l'objet. — Mais, si ce débat sans cesse renaissant aux époques de troubles et de bouleversement s'accentuait davantage, il lui suffirait pour se défendre de rappeler les choix honteux de la Révolution.

L'instruction doit-elle rester secrète, ou bien l'avocat y assistera-t-il avec le prévenu ?

A l'audience, le défenseur dirigera-t-il les travaux, concurremment avec le ministère public, prendra-t-il à partie les témoins et reviendra-t-on aux usages de l'ancienne Rome?

Le jury sera-t-il étendu aux matières correctionnelles?

Au criminel, les présidents d'assises conserveront-ils leur pouvoir discrétionnaire ? Continueront-ils à résumer les débats?

Modifiera-t-on la double faculté de récuser les jurés?

Des règles nouvelles seront-elles apportées en matière d'expertise légale? Celle-ci sera-t-elle exclusivement prescrite par le magistrat instructeur?

Maintiendra-t-on l'interrogatoire de l'accusé (1)?

Limitera-t-on la durée des mandats?

Restreindra-t-on celle de l'interdiction de communiquer, ainsi que celle de la détention préventive, et imposera-t-on à la détention préventive un maximum?

L'aveu de l'accusé aura-t-il pour effet de simplifier les débats, comme en Angleterre?

Limitera-t-on l'action publique aux cas où l'ordre et la sécurité auront été gravement menacés ou compromis?

Donnera-t-on une plus grande extension à la mise en liberté provisoire ?

Fixera-t-on au juge un délai pour terminer l'instruction?

Modifiera-t-on la législation quant au choix des jurés?

Reviendra-t-on à l'ancien usage de la chambre du conseil, statuant au lieu et place du juge d'instruction, sur les divers incidents qui peuvent se produire au cours d'une information ?

Enlèvera-t-on au chef de l'Etat le droit de grâce, que certains esprits considèrent comme incompatible avec la forme du gouvernement républicain ?

Rendra-t-on plus facile la réhabilitation?

Enfin, quelle mesure conviendrait-il de prendre, afin d'éviter que, dans les grandes villes, les tribunaux, trop chargés, fussent obligés, pour assurer la prompte expédition des affaires, de recourir à des débats parfois trop sommaires ?

Mais il est surtout un problème qui, au dix-neuvième siècle,

______

(1) Voir le discours de rentrée précité, prononcé en 1863 par M. l'avocat généra *Julhiet.*

a eu souvent le don de passionner les esprits (1) et qui n'a pas
encore reçu sa solution définitive, nous voulons parler de l'a-
mendement du coupable par la peine, sans lequel il n'est pas
permis à la société d'espérer une sécurité suffisante. Un des
maîtres de l'école stoïcienne disait, il y a déjà plusieurs siècles :
« *In vindicandis injuriis, hæc tria, lex secuta est, quæ princeps*
« *quoque debet, ut eum quem punit amendet, aut ut pœna ejus*
« *cæteros reddat meliores, aut ut sublatis malis securiores cæteri*
« *vivant* (2). »

Les mêmes idées furent reprises de nos jours ; et les noms
de MM. de Beaumont, de Tocqueville, de Metz, des deux Bé-
renger (de la Drôme), de Ch. Lucas, de Faustin Hélie, de Bonne-
ville de Marsangy, de d'Haussonville, disent assez avec quel éclat
elles furent développées et soutenues, dans les grandes discussions parlementaires, relatives au système pénitentiaire.

———

Sur ces innombrables controverses et difficultés, aussi bien
que sur celles qui surgirent encore plus tard, le dernier mot est
peut-être au passé...

Qu'est-ce que notre législation actuelle, si ce n'est une série
d'emprunts à celles qui l'ont précédée ?

« Les rédacteurs de 1808 et 1810, en parcourant les ruines
« éparses sous leurs yeux, n'ont-ils pas recueilli de riches
« épaves ou de fécondes inspirations (3) ? »

Leur œuvre ne ressemble-t-elle pas à un monument cons-
truit avec les débris d'autres édifices, dont les matériaux ont
déjà servi ?

La procédure orale, la publicité des débats, la liberté de la
défense, le jury, ont en effet le *droit romain* pour origine. —
La procédure écrite, les appels, ont été introduits par les *juridictions ecclésiastiques.* — Le ministère public date du *moyen
âge.* — L'information a été confiée à un juge spécial, le débat
sur la compétence soumis à une juridiction supérieure, la procédure préliminaire rendue secrète, le rôle des magistrats net-

---

(1) Surtout en 1843, en 1872 et en 1875.
(2) Sénèque, *De clementia*, lib. I, cap. 22 ; *De ira*, lib. I, cap. 16 ; et
lib. II, cap. 31.
(3) Discours de rentrée, sur la *Preuve testimoniale*, prononcé devant la
cour de Grenoble, le 4 novembre 1867, par M. Boë, avocat général.

tement déterminé, par l'*ordonnance de* 1670, qui avait supprimé la publicité, ainsi que la défense et réglementé les preuves. — La *législation de* 1791, en conservant l'information écrite, le ministère public et l'appel, a restitué aux accusés la publicité des débats, la liberté de la défense et réformé le mode de preuves.

—

Que sera la législation de nos descendants, si ce n'est une réminiscence des siècles écoulés, dont on retrouvera quelques traces, et dont on pourra tirer quelque fruit? En cette matière, la tradition est souvent le guide le plus sûr, en même temps que la meilleure réponse, soit aux programmes des esprits généreux, mais ignorants, soit aux exagérations de ceux qui trouvent tout à censurer. « Tout est dit depuis plus de mille ans, « qu'il y a des hommes, et qui pensent (2). »

Nous répéterons à notre tour avec le poète (3) :

Multa renascentur quæ jam cecidere, cadentque
Quæ nunc sunt in honore, si volet usus.

Ce sera notre dernière réflexion, en souhaitant que le dix-neuvième siècle ne finisse pas avant d'avoir fait de nouveaux pas dans la voie de la civilisation.

(2) Labruyère, *Caractères* (ch. *de l'Esprit*).
(3) Horace, *Art poétique*.

TABLE DES MATIÈRES.

DEUXIÈME PARTIE.

TROISIÈME PARTIE.